한국 나쁜영화 100년:
역사의 기록과 영화의 기억

기획   ACC 시네마테크

A|C|C
ASIA CULTURE CENTER

목차

추천의 글

더 나쁜 영화를 위한 송시

(그렇습니다. 이건 송시(頌詩)입니다. 그러니 시처럼 읽어주시기 바랍니다) '나쁜'이라는 말의 반대말은 서로 다른 맥락에서 두 가지가 있습니다. 하나는 '좋은' 입니다. 그 말 뒤에 영화를 가져다 놓아보겠습니다. '좋은' 영화와 '나쁜' 영화. 그러면 설명은 단순해집니다. '나쁜' 영화는 심미적으로 혹은 정치적으로, 또는 윤리적으로 '나쁘다' 라는 어떤 판단의 대상이 되었다는 뜻일 것입니다. 물론 그 판단의 기준, 혹은 근거가 무엇이냐고 묻는다면 다소 까다로운 질문이 이어질 수 있습니다만 여기서는 잠시 원래의 자리로 다시 돌아가 보겠습니다. '나쁜'이라는 말의 또 하나의 반대말은 '착한'입니다. 한 번 더 그 말 뒤에 영화를 가져다 놓아보겠습니다. '착한' 영화와 '나쁜' 영화. 그러면 우리는 반대로 설명할 수 있는 가능성을 열어 보일 수 있을 것입니다. 먼저 이 문제

가 예술의 질문이라는 것을 생각해주었으면 좋겠습니다. 설명하는 대신 간단하게 말을 잠시 옮겨놓아 보겠습니다. '착한' 예술과 '나쁜 예술'. 여기서 문득 멈춰 설 것입니다. 왜냐하면 '착한'과 '나쁜'이 문자 그대로 머물고 있는데도 서로 의미가 자리 이동을 하는 역설이 벌어지고 있기 때문일 것입니다. 한 번 더 말하겠습니다. 이것은 예술의 문제입니다. 하지만 잊지 맙시다. 이것은 동시에 화폐와 사법의 문제입니다. 영화가 화폐와의 관계에서 '착한' 사이를 서로 나눈다는 것은 어떤 의미입니까. 화폐는 영화와 대중 사이를 매개하는 자리에서 자기 역할을 하게 될 것입니다. 그때 영화는 자본의 순환과정 안에 들어가서 자신을 상품의 자리에 가져다놓은 다음 잉여가치를 만들어내기 위해 애를 쓰기 시작할 것입니다. 말할 것도 없이 이 과정은 단계를 구별할 수 없는 하나의 흐름입니다. 그 흐름을 방해하지 않는 영화. 아니, 화폐의 뜻, 차라리 화폐의 욕망을 따라가며 마음껏 순환할 수 있도록 그 흐름에 순종하는 영화, 말하자면 '순종적인' 영화, 화폐의 욕망에 거슬리지 않는 영화, 그래서 그 흐름 안에 머물면서 화폐를 기쁘게 만드는 영화, 그 영화들을 보고 있으면 탄식하듯이 중얼거리게 됩니다. 얼마나 착한가. 소리 내어 불러보고 싶어집니다. '착한' 영화. 그 반대편에 '나쁜' 영화가 있습니다. 화폐의 욕망에 거절하는 영화. 왜 거절하는가? 그건 영화의 욕망이 아니기 때문입니다. 나의 욕망이 아니라 너의 욕망이기 때문입니다. 화폐의 욕망에는 단지 주인과 노예의 관계만이 있을 뿐입니다. 단순하게 말하겠습니

한국 나쁜영화 100년

다. 둘 사이에 어떤 평화로운 공존의 자리라는 건 없습니다. 그러므로 방해를 의도한 것이 아닌데도 그저 거기 있다는 이유만으로 그 흐름 위에서 표류하고, 그리고 난파당할 것입니다. '나쁜' 영화들이 자기의 욕망에 충실하기 위해서 견뎌보긴 하지만 흘러가는 유통과정의 용서 없는 순환과 회전이라는 이중운동은 방해물이라는 걸 깨닫는 순간 '착한' 영화들을 위하여 그 자리마저 약탈할 것입니다. 화폐의 흐름이란 늘 그렇게 무자비하지 않던가요? 안타깝지만 여기가 끝이 아닙니다. 다른 하나를 이야기합시다. 사법 앞에서의 '착한' 영화와 '나쁜' 영화. 사법은 명령처럼 말할 것입니다. 내 책에 쓰여 있는 대로 따르면 '착한' 영화이고 따르지 않으면 '나쁜' 영화라고 부를 것이며, (그렇습니다. 사법은 호명할 것입니다) '나쁜' 영화는 벌을 받게 될 거야. 어떤 벌? 지우고, 자르고, 개봉을 중단시키거나, 아니면 창고로 보내게 될 거야. 그때 그 책은 누가 쓴 책입니까. 우리에게 명령하는 자들, 우리를 지배하는 자들, 해묵은 이야기라고요? 그런데 왜 바뀌지 않고 있습니까. 그걸 알면서도 왜 바꾸지 않고 있습니까. 그러기는커녕 왜 거역할 수 없는 질서가 되었습니까. 그들에게 '복종하는' 영화. 한 번 더 말하겠습니다. '착한' 영화. 그 영화들은 말합니다. 모든 사람은 법 앞에서 자유롭고, 평등하다. '나쁜' 영화는 그 말을 이렇게 고쳐서 말합니다. 모든 사람은 본래적으로 자유롭고 평등하다. 법은 항상 무언가에 의지해서만 자신을 실행합니다. 무언가? '착한' 영화들은 법 안에서 자신의 예술적 자유를 누리고 있습니다.

추천의 글

그때 그 자유는 언제나 그 무언가를 인정하고 그 권위에 복종하고 있습니다. '나쁜' 영화는 바로 그 무언가가 도대체 무언지를 질문하는 자유를 누리길 원합니다. 너무 소중한 말이라 한 번 더 말하겠습니다. 자유. 저는 지금 이분법적으로 설명하고 있는 것이 아닙니다. 순종과 거절. 복종과 저항. '착한' 영화와 '나쁜' 영화는 단지 반대말이 아니라 반대편에 서 있는 영화입니다. 그런 다음 당신에게 질문할 것입니다. 영화는 어느 쪽에 서 있어야 합니까. 한 번 더 질문하겠습니다. 예술은 어느 쪽에 서 있어야 합니까. 우리는 '나쁜' 영화의 길을 선택한 사람들입니다.

《한국 나쁜영화 100년》에 초대받은 모든 영화를 만든 이들을 대신해서
　　　─정성일

초판 서문

2019년 100주년을 맞이한 한국영화를 기념하기 위해 국내외 다양한 장소에서 기념행사가 열렸다. 최초 한국영화는 시대적 상황과 제작방식, 상영방식에 따라 여전히 논쟁의 여지가 있지만, 대체로 1962년 '영화의 날 제정위원회'에서 명명한 김도산의 〈의리적 구토〉(1919년 10월 27일, 단성사 공개)를 최초의 한국영화라는 데 동의한다.

통시적 관점에서 한국영화는 80년대 이후 본격화된 영화의 산업화와 90년대 이후 대기업들의 영화산업 진출로 인해 양적 팽창과 함께 비약적 발전을 이루었다고 말한다. 실제로 90년대 중반 이후 본격화된 정부의 범국가적 차원의 문화정책과 대기업의 영화산업 투자는 영화의 질적 향상에 기여한 것이 사실이다. 이렇듯 한국영화의 비약적인 발전의 결과로서 봉준호의 〈기생충〉이라는 산물이 나왔다. 〈기생충〉의 화려한 성공으로 피날레를 장식한 한국영화 100주년은 대기업들의 투자 성과와 이를 통해 발전해 온 한국 상업영화들의 진취과정을 돌아보는 해이기도 했지만, 한편으로는 주류영화와 비주류영화, 상업영화와 비상업영화의 양극화 현상이 심해지고 있는 현실을 애써 외면했던 한 해이기도 했다.

영화는 제작비 규모, 장르, 제작시스템과 상관없이 감독의 의도와 표현방식이 중시되는 매체이다. 따라서 만드는 이가 추구하고자 하는 목적에 따라 영화는 시대의 부조리에 맞선 가장 날카로운 전달자가 되기도 하고, 정반대로 시대에 순응하는 이데올로기 전파자가 되기도 한다. 우리나라는 일제강점기와 6·25전쟁, 유신체제, 5·18민주화운동, 그리고 최근 문화계 블랙리스트와 같은 시대의 질곡을 겪으면서 수많은 저항영화가 제작되었지만, 한편에서는 이러한 영화들을 검열하고 규제하고자 했던 이중의 역사를 갖고 있다. 또한, 저항영화가 보여주는 표현의 자율성과 대안적 형식들이 한국영화의 스펙트럼을 넓히는 데 기여했다는 점은 인정하지만, 그러한 영화의 정치성을 불편해하는 집단도 있다.

한국영화가 지닌 이중적 역사에서 은폐되어 왔거나 외면해왔던 부분을 드러내기 위해, ACC 시네마테크에서는 한국영화 100주년 기획전을 다음의 세 가지 주제를 가지고 준비했다: 첫 번째, 한국영화는 어떤 영화들을 검열해왔는가? 두 번째, 당시의 시대정신을 반영 혹은 비판적으로 다룬 영화들은 어떤 것들이 있는가? 마지막으로, 영화감독 스스로는 한국영화사를 어떻게 서술하는가? 세 주제에 맞게 수집된 작품목록 가운데 총 35편의 영화들이 《한국 나쁜영화 100년》이라는 타이틀의 기획전으로 열렸다. 같은 제목을 단 이 책은 《한국 나쁜영화 100년》 기획전에서 상영된 영화들이 그대로 수록되어 있으며, 국내 대표 영화평론가들의 글을 통해 이 영화들의 의의를 다시 한 번 짚어보고자 했다.

이 책에서는 우리나라의 경우 정권이 바뀔 때마다 영화정책도 함께 달라져왔으며 영화의 유형과 재현방식도 다양하게 변화해왔다는 점을 고려하여 한국 최초의 발성영화인 〈미몽〉을 시작으로 연대별로 나누어 상영된 영화들을 소개하고자 했다.

20세기 우리나라는 일제강점기의 고통을 겪었고, 해방된 이후 분단의 아픔을 겪었다. 이후 근대화와 산업화를 이뤘지만, 그 과정에서 권위주의 정치체제(유신체제)의 잔혹함을 경험했다. 20세기 한국영화는, 적어도 1987년 이전까지는 국가시책에 따라 국가 이데올로기가 반영된 홍보성 영화들이 많이 제작되었고, 이와 반대진영에 있던 영화들, 가령 보수적인 사회에 대한 비판, 빨치산의 인간적 묘사를 통한 반공주의에 대한 반문, 영화의 예술적 가치에 대한 탐구를 시도했던 영화들에는 각종 제재와 검열이 뒤따랐다.

1980년 5·18민주화운동을 기점으로 우리나라에는 사회적 리얼리즘을 보여주는 새로운 문화운동 세대가 등장한다. 이들은 내용의 정치성 외에도 이전보다 세련된 표현을 통해 상업영화 시스템 내에서 기성영화와 다른 존재감을 드러내었다. 영화산업 바깥에서는 대학의 영화동아리들이 늘어났고, 이들은 상업영화와 다른 대안적 형식으로서 내용적, 미학적 실험들을 시도하면서 한국 독립영화의 토대를 만들어갔다. 이 책의 세 번째 장에 해당하는 1988년부터 그 이후의 영화들—박정희 정권을 다룬 임상수의 〈그때 그사람들〉, 장선우의 작품, 그리고 임권택의 영화적 삶을 다룬 정성일의 작품 2편을 제외하고—대부분은 독립영화에 해당한다고 볼 수 있다.

　　90년대는 영화검열이 다소 완화되고 영화산업의 양적 성장이 고도화되어가는 시기였다. 그러나 이 시기 한국영화는 양적으로 풍성해진 반면, 상업영화와 독립영화의 양극화 문제는 더욱 심각해졌다. 형식주의와 사실주의 사이의 치열한 고민은 상업영화 안에서 점점 사라져갔으며, 작가로서 감독의 철학과 미학적 고민을 독립영화 안에 담아내는 것은 너무도 비현실적인 투쟁이 되었다. 이러한 문제를 함께 성찰하고자 《한국 나쁜영화 100년》 기획전에는 '인디포럼 작가회의'가 함께 참여했다. 독립영화 감독, 제작자, 영화평론가 등이 자발적으로 모여 만들어진 '인디포럼 작가회의'는 1996년 출범 이후 2018년까지 비경쟁영화제를 개최해왔다(그러나 안타깝게도 올해는 무산되었다). 이 책에서는 《한국 나쁜영화 100년》 기획전을 통해 상영된 지난 20여 년간 인디포럼 영화제의 주요 상영작을 돌아보면서 독립영화가 보여주는 상업영화와 다른 표현과 소통의 방식을 이해하는 계기로 삼고자 했다. 역사적으로 볼 때, 우리나라의 정치권력은 예술 중에서 불온한 것을 분리해내고, 불온 예술가를 예술가로부터 분리해내는 블랙리스트를 만들어왔다.

ACC 시네마테크는 이들과 이들이 만든 작품에 부여된 '나쁜'이란 의미를 새롭게 정의함으로써 '나쁘다'는 것을 곧 '저항한다'라는 의미로까지 확장하고자 했다. 한국영화 100년 동안 무수한 '나쁜 영화'들이 있었고 이 영화들을 딛고 더 새로운 영화가 만들어지고 있다. 다만, 영문 타이틀에서는 의미가 오역될 수 있다는 점을 감안하여 'marginalize(주변화, 과소평가하다)'로 대체했다.

ACC 시네마테크는 올해 3년 차를 맞이했다. 지난 3년 동안 시네마테크에서는 다양한 장르의 영화를 수용하고 상업 극영화 바깥에서 제작된 실험, 독립영화들을 적극적으로 보여주고자 했다. 그러나 관객 수와 흥행 실적 평가에 대한 압박은 ACC 시네마테크도 일반상업영화와 별반 다르지 않다. 《한국 나쁜영화 100년》은 ACC 시네마테크만의 독자적인 방식으로 한국영화 100년을 기념한 기획전이었다.

안타깝게도 이 책과 기획전에서 다루지 못한 영화들이 너무 많다. 특히 5·18민주화운동 관련 영화, 노동영상, 초창기 한국 실험영화 등은 한국영화사에서 빠트릴 수 없는 중요한 작품이자 사료들임에도, 이 영화들 가운데 어느 한두 편만 대표적으로 거론하기가 어려워 불가피하게 제외할 수밖에 없었다는 점을 밝힌다. 이들 작품은 이후 별도의 특별전을 통해 다뤄보고자 한다.

ACC 시네마테크의 개관 타이틀은 '씨네 코뮌'이었

다. ACC 시네마테크와 같은 공간에서 무엇보다 중요한 것은 함께 지지해 줄 수 있는 사람들과 공동체이기 때문이다. ACC 시네마테크는 개관부터 지금까지 국내외 다양한 영화공동체와의 협력을 이어왔다. 《한국 나쁜영화 100년》도 광주극장, 광주독립영화관, 인디포럼 작가회의, 한국영상자료원과 함께 만들어낸 결과물이었다. 기획전을 위해 함께 해준 상영작품의 감독 및 관계자들, 그리고 이 책을 위해 귀한 시간을 할애해준 많은 평론가들께 감사의 말씀을 전한다. 특히 상영 후 감독들 간의 대화와 영화이야기는 매순간이 중요한 기록이자 증언의 시간이었다.* 이 책이 나오기까지 도와주신 모든 분들께 감사드리며, 작품선정부터 기획까지 함께 진행해준 모은영, 신은실 프로그래머께 특별히 감사드린다. 마지막으로 나쁜영화들을 끝까지 응원하고 보고싶어 하는 이들에게 본 책이 작은 즐거움이 될 수 있기를 바란다.

　　-김지하(ACC 시네마테크 프로그래머)

* 해당 내용은 본 책의 '2장: 기억들'에 들어가 있다.

《한국 나쁜영화 100년》 특별기획전
2019.11.28－2019.12.4
ACC 시네마테크, 광주극장, 광주독립영화관

초판 서문

1장:
기록들

1장: 기록들

1936–1979

미몽 [죽음의 자장가]

감독 양주남 | 1936 | 47min

2005년에 발굴되어 2006년 대중에 공개된 양주남 감독의 데뷔작 〈미몽〉은 말 그대로 '발견된 영화'라고 할 수 있을 것이다. 1936년에 제작된 이 영화는 한국에 현존하는 가장 오래된 발성영화이자 식민지 조선 시기 통념을 벗어나는 근대적 여성의 모습과 그에 대한 시선을 노골적으로 담고 있는 작품이다. 민족적 정서를 표현하는 남성 주체들로 이루어진 영화사 서술의 측면에서 보자면 이 발견은 예외적 사례로 기입될 수도 있을 것이다. 그렇지만 〈미몽〉의 존재는 오히려 그것을 예외로 만들어낸 구조 자체를 성찰할 수 있는 계기를 제공하기도 한다.

초기 발성 영화 시기를 대표하는 여성 배우 문예봉

이 연기한 주인공 애순은 참한 부인과 자애로운 어머니의 역할을 거부한다. 그녀는 집안의 여성을 새장 속의 새에 비유하며 남편의 만류도 뿌리치고 '데파트'(백화점)에 가 소비생활을 즐기는가 하면, 아예 집을 나가 젊은 애인과 호텔에서 지내기도 한다. 남자 무용수를 보고는 그를 적극적으로 쫓아다니거나 부유한 줄 알았던 애인이 도둑질을 일삼는 하숙생임을 알자 가차 없이 그를 밀고해버리는 등 애순의 행보는 거침없고 과감하다. 이처럼 자기 욕망에 충실하고 사적 공간인 가정을 벗어나 공적 공간에 진입하는 애순의 모습은 근대 초기의 매혹과 불안을 고스란히 보여준다. 그리고 이 위태로운 질주는 '규칙 위반'이라는 표현과 함께 거리 위에서 갑작스러운 종결을 맞는다. 이는 욕망하며 규범을 위반하는 여성에 대한 가혹한 처벌이지만, 애순의 날카롭고 서늘한 표정과 새장을 나가 세상을 날아다니는 듯한 자유로운 모습이 그러한 서사적 기획과 마찰하며 영화 전반에 새겨진다. 담배 연기를 유유히 내뿜는 신여성의 얼굴과 더불어 당대 거리의 풍경 또한 확인할 수 있는 작품이다.

　　－손시내

[1936-1979]

자유만세

감독 최인규 | 1946 | 51min

1945년 해방전야, 일본 헌병을 피해 두 남자가 도망친다. 그러다 동료를 잃고 홀로 살아남은 이는 독립운동을 하다 투옥되었던 한중. 그는 몸을 숨겨 다시 지하조직을 이끌며 배신자를 처단하고 일제에 저항하는 무장투쟁을 준비하려 한다. 그의 주위엔 망설이는 자들도 있지만, 뜻을 함께하는 이들도 있다. 그에게 거처를 제공하고 도움을 주는 대학병원 간호사인 혜자와 다이너마이트를 운반하게 된 동료 박, 그리고 도망치는 한중을 자신의 아파트에 잠시 숨겨준 미향까지. 이처럼 해방을 향한 열망과 독립운동가들의 결연한 의지, 그 속에서 피어오른 연정과 동지의식, 긴장감 있는 도주극과 총격 장면이 두루 담긴 최인규 감독의 〈자유만세〉는

해방 이듬해인 1946년 제작된 대표적인 '광복 영화'다. 8·15 해방 1주년을 기념하며 당시의 영화인들이 대거 모인 프로젝트였고, 해방 후 만들어진 항일활동과 광복을 주제로 한 첫 번째 극영화이기도 하다.

헌병대에 의해 총상을 입고 병원에 누워있는 한중을 혜자가 탈출시키고, 두 사람이 풀숲의 어둠 속으로 도망치며 영화는 갑작스럽게 끝난다. 정확히 말하면, 현재 우리가 볼 수 있는 영화의 분량이 여기까지인 것이다. 추격전 끝에 한중이 목숨을 거두고, 해방의 동이 트며 만세의 함성이 들려온다는 영화의 결말부는 기록으로만 남아있다. 이후 6·25 전쟁 등을 거치며 필름이 유실되었기 때문이기도 하겠지만, 영화가 제작되고 대중에게 공개되었던 당시에도 상당 부분이 삭제되었던 것으로 전해진다. 박학, 독은기 등 월북한 배우들의 출연 장면이 영화에 고스란히 들어있었기 때문이다. 월북 영화인이 제작에 참여한 영화들이 대개 상영 금지되었던 것과 달리 〈자유만세〉는 월북한 배우들의 모습이 삭제된 채로 한국영화사의 중요한 부분을 차지하게 되었다.

— 손시내

피아골

감독 이강천 | 1955 | 107min

한국전쟁 이후 '반공'은 남한의 국시가 되었다. 이런 이유로
반공이 국시였을 때 만들어진 대다수의 한국영화는 북한군
을 악랄하고 야비하며 비인간적인 모습으로 그리는 것을 주
저하지 않았다. 그렇게 한국영화는 공산주의자와 북한군을
'적'이나 '원수'로 그려내며 '반공'을 강화시키는데 앞장섰다.
그런 점에서 〈피아골〉은 북한군을 절대악으로 설정한 부지
기수의 한국영화들이 나오기 이전, 북한군의 다양한 얼굴을
담고 있는 귀한 사례에 속한다.

　　〈피아골〉은 한국전쟁 이후 퇴로가 막혀 지리산 일대
에 잔재해 있던 빨치산들의 최후를 담고 있는 영화다. 영화
의 초중반까지는 과하다 싶을 만큼 빨치산들의 어처구니를

나열한다. 국군토벌대가 쏜 총에 맞은 동지를 구하기는커녕 총으로 사살해 버리고, 부상을 입어 미처 총을 챙기지 못한 대원을 총살하는 행위 등이 그 예다. 이들을 이끌고 있는 인물은 부대장인 '아가리'(이예춘)다. 이 캐릭터는 여성 동지를 강간하는 등 온갖 만행을 서슴지 않으며 악랄하고 야비하며 비인간적인 북한군을 대변한다. 그리고 부상으로 죽어가는 여성 동지를 성추행하고, 이 사실이 발각될 것이 두려워 동료를 죽이게 되는 만수(허장강) 역시 비열함을 투영시킨 인물이라고 할 수 있다.

이에 반해 철수(김진규)는 이데올로기에 대해 회의하고 사색하는 빨치산이라는 점에서 아가리나 만수와는 다른 인물이다. 그리고 애란(노경희)은 시대를 멀리 앞서간 당당한 여성 캐릭터라고 할 수 있다. 하고 싶은 말을 하는 것은 물론, 대장 아가리의 구애를 냉정하게 거부하고, 자신이 좋아하는 철수에게 적극적인 애정공세를 펼치며 사랑을 쟁취하는 모습을 보여주기 때문이다.

이밖에도 다양한 존재들로 구성된 빨치산들은 잔인한 모습을 보여주기도 하지만, 가족을 그리워하고, 배고픔에 힘들어하며, 이념과 현실 사이에서 갈등하고, 자기가 살기 위해 동지를 모함하는 등 나약한 인간의 모습을 노출한다. 그러니까 〈피아골〉을 통해 관객들은 빨치산의 인간적인 면모를 확인할 수 있다.

안타까운 것은, 〈피아골〉이 빨치산을 절대악으로 그리지 않고, 인물들의 심리와 인간적 묘사를 드러냈다고 해서 상영금지 처분을 받았다는 점이다. 검열 당국의 입장에서는 피도 눈물도 없는 악인으로 묘사하면 그만일 인물들을, 인간적으로 접근한 영화적 자세가 못마땅했을 것이다. 우여곡절 끝에 제작사는 여섯 장면의 삭제 및 수정을 가해서 검열당국의 최종 허가를 받을 수 있었다. 엔딩장면에서 애란이 백사장을 걸을 때 태극기가 오버랩 되는 장면은 이때 만들어진 것이다.

〈피아골〉은 영화의 리얼리티를 살리기 위해서 지리산 현지에서 촬영했으며, 이 올로케이션을 통해 사실적인 분위기를 확보할 수 있었다. 여기에다 이 영화는 현지 지형 지물을 적극적으로 활용하여 미장센을 설계한 점이 돋보인다. 그리고 초창기 한국영화라고는 믿기지 않을 정도로 카메라의 이동을 통해 인물의 감정을 실어내고 있는 점도 탁월하다. 그러니까 카메라가 인물의 얼굴에 다가가거나 빠져나오면서 인물의 심경이 관객들에게 스며들도록 하고 있다는 말이다.

정리하자면, 〈피아골〉은 영화의 내용과 형식에 있어서 빨치산을 '북한군'이 아닌 '인간'으로 접근하기 위해 매진한 영화라고 할 수 있다.

　　−조대영

미망인

감독 박남옥 | 1955 | 90min

한국 최초의 여성 영화감독 박남옥은 한국 영화 100년을 맞아 꽤 자주 호명되는 이름인 것 같다. 그건 1955년에 첫 영화이자 유일한 작품인 〈미망인〉을 내놓았던 그를 시작으로 한국에서 활동했던 여성 영화인들의 역사를 새롭게 조명하기 위한 시도의 일환일 테다. 그렇지만 여성 영화인들을 누락해 온 기존 영화사에 그들을 다시 기계적으로 덧붙이는 것만으로는 역사 '다시 보기'와 '다시 쓰기'의 작업은 충분히 이루어지지 않을 것이다. 그러한 성찰적 작업은 영화 안팎의 주된 구조를 구축해온 질서에 대한 냉정한 검토 또한 필요로 하기 때문이다. 그런 면에서, 전쟁 이후 사회에서 여성의 위치와 정체성에 대해 질문하며 전쟁 과부 신자(이민자)

의 선택을 응시하는 〈미망인〉의 존재는 흥미롭고 의미심장하다. 전쟁과 근대화로 인해 흔들리는 가부장적 구조의 모순을 드러내는 영화의 내용은 아이를 등에 업은 박남옥 감독의 사진과 공명하는 듯 보인다.

　　어린 딸과 함께 생활하는 신자는 경제적 곤궁을 겪고 있는데, 그녀에게 종종 도움을 주는 죽은 남편의 친구인 이 선생을 비롯하여 그의 부인, 그 부인의 젊은 애인인 택이 영화의 주요 인물로 등장한다. 이들은 줄곧 조합을 달리하여 만나며 연애하고 서로를 배반한다. 그러는 동안 신자에게 남겨지는 가장 큰 고민은 딸의 존재. 결말부가 유실되고 후반부의 사운드 또한 온전치 않은 상태로 남아있는 현재의 판본에선, 결국 신자는 딸과 떨어져 지내며 돈을 벌고, 옛 애인을 찾은 신자의 연인은 다시 돌아오지 않는다. 박남옥 감독의 회고에 따르면, 유실된 결말부는 다시 아이를 데리고 꿋꿋하게 살기 위해 이사를 가는 신자의 모습을 비추며 끝난다. 이처럼 〈미망인〉은 여성이 처한 당대의 불안정한 조건을 보여주며, 여성의 욕망과 선택을 단죄하거나 신성시하지 않는 방식으로 섬세하게 담는다. 제작비 마련에서부터 배급까지 온갖 고군분투 끝에 탄생했으며 오랫동안 잊혔던 이 영화는, 1997년 제1회 서울국제여성영화제 개막작으로 상영되며 새로이 주목받았다.

　　－손시내

춘몽

감독 유현목 | 1965 | 100min

부끄럽지만 1960년대 초반 한국영화는 일본영화의 원작을
가져다가 영화로 만드는 것이 유행이었다. 김수용의 〈청춘
교실〉(1963)은 〈그 녀석과 나〉(나카히라 고우, 1961)와 무관
하지 않고, 김기덕의 〈가정교사〉(1963)는 〈태양이 비치는 언
덕〉(다사카 도모타카, 1958)을 한국의 상황에 맞게 각색한
작품이었다. 청춘영화의 대명사 격인 〈맨발의 청춘〉(1964)
역시 훗날 표절시비에 휘말리며 구설수에 오르기도 했다.
일본과의 국교가 없었고, 표절에 대한 인식이 희박했던 시
절에 한국영화는 일본영화 속의 장면과 설정들을 슬쩍 베끼
기도 했던 것이다.

　　〈춘몽〉도 이런 흐름과 무관하지 않다. 도색영화인

〈백일몽〉(다케치 데지쓰, 1964)이 일본에서 크게 성공하자 한국의 제작자는 일본으로부터 영화화 판권을 샀고, 〈백일몽〉의 외설성을 누그러뜨리기 위해 유현목에게 연출제안을 했다. 그러나 결론부터 말하자면, 유현목은 이 원작을 가져다가 자신만의 새로운 영화로 창조했다. 그러니까 유현목은 기존의 스토리텔링에 충실했던 내러티브 영화가 아니라, 이미지와 사운드의 연쇄로 이어지는 실험적인 성격의 작품을 내놓았던 것이다.

영화의 도입부는 치과장면이다. 남자(신성일)는 이를 뽑고자 치과를 방문한다. 그리고 이를 뽑게 되는데, 통증을 견디지 못하고 잠들어 버린다. 그러니까 이를 뽑는 도입부의 설정은, 〈오발탄〉(1961)을 의식한 것으로 해석해 볼 수 있다. 유현목은 〈오발탄〉에서 한국전쟁 후 실향민가족의 절망적인 상황을 리얼리즘의 형식을 통해 고발한 적이 있다. 〈오발탄〉의 클라이막스는 철호(김진규)가 한쪽 이를 뽑고 다른 쪽마저 뽑아달라고 하지만 거절당하자, 다른 치과에서 썩은 이를 모두 뽑고 나와서 집과 병원과 경찰서 중 어디로도 가지 못하고 방향감을 상실한 채 끝난다. 그러니까 〈오발탄〉은 냉혹한 길 위에서 끝나는 영화였다. 그러나 〈춘몽〉은 〈오발탄〉의 세계와 결별한다. 판타지의 세계, 즉 꿈속을 유영하며 온갖 영화적인 상상을 펼쳐놓기 때문이다.

〈춘몽〉은 치과에 치료를 받으러 온 남자(신성일)와 여자(박수정)가 의사(박암)의 마취로 잠에 빠져들고, 그 꿈속에서 의사가 수염 난 신사가 되어 여인을 성적으로 학대하고, 이런 여인을 주인공 남자가 탈출시키고자 하지만 실패하다가 꿈에서 깬다는 내용으로 요약할 수 있다.

이 기본적인 이야기를 전제로 유현목은 다양한 영화형식을 실험한다. 점프컷과 패스트 모션 그리고 극단적인 클로즈업이 자유자재로 넘나드는 것은 단적인 예다. 그리고 이 형식 실험에서 두드러지는 것은, 소비에트 몽타주와 독일 표현주의의 초현실주의적 세트다. 치과장면에서는 몽타주가 두드러진다. 병원의 전동 드릴이 암반을 깨는 드릴로 연결되고, 이빨을 가는 의료용 사포의 움직임이 톱날을 가는 숫돌과 연결되는 식이다. 이 몽타주를 통해 영화는 환자가 치료과정에서 느끼는 공포와 불안감을 극대화시키고 있다. 꿈속의 공간들은 독일 표현주의의 영향이 두드러진다. 사선으로 누운 그로테스크한 건물들이 즐비한 거리와 백화점은 인물들의 불안을 암시한다.

이렇듯 〈춘몽〉은, 몽환적이고 불연속적인 이미지의 연쇄로 이루어진 전위적인 형식의 영화다. 그리고 〈춘몽〉은 여배우의 뒷모습 전라 장면이 수 초간 노출되었다 하여 (감독은 검열 전에 자진 삭제했지만 스틸사진이 문제가 되었다), 최초의 '외설죄' 논란이 일었던 작품이기도 하다.

―조대영

야행

감독 김수용 | 1977 | 76min

은행원 현주는 같은 은행에 다니는 행원 박과 2년째 은밀한
동거중이다. 베트남전에서 전사한 옛 애인이 묻혀있는 국립
묘지가 멀리 보이는 아파트에 살고 있는 그녀는 낮에는 은
행에서 일하고, 버스를 타고 퇴근해 국립묘지 앞에서 내려
경비병의 곁눈질을 받으며 집으로 돌아온다. 그리고 밥을 짓
고 나면 동거중인 남자가 돌아온다. 매일같이 반복되는 삶에
혐오를 느낀 현주는 휴가를 받고 고향으로 내려가 마을의
젊은 사장을 유혹하고 서울에 돌아와 밤늦게 술을 마시며
유혹하는 남자들과 하룻밤을 보낸다. 김승옥의 원작을 영화
로 옮긴 이 작품은 여주인공의 반복되는 일상과 정신적 방
황에 초점을 맞춤으로써 70년대 급격한 근대화 과정에 휩싸

1장: 기록들

였던 당시 한국사회의 일그러진 욕망과 무의식을 예리하게 포착한다. 1973년 제작됐지만 검열에 묶여 3년간을 창고에 있다 1977년, 국립묘지 경비병이 여자의 스타킹을 올리는 모습을 훔쳐보는 장면 등 53군데가 잘려 나간 채 개봉됐다.

　　　　ー모은영

1장: 기록들

1980-1987

바람불어 좋은날

감독 이장호 | 1980 | 113min

이장호는 나이 스물에 신상옥의 연출부로 영화를 시작했다. 그리고 서른에 찍은 〈별들의 고향〉(1974)으로 한국영화에 혜성같이 등장했다. 그리고 이때 갓 서른의 나이였기에 그가 한국영화를 이끌고 갈 차세대 주자임을 누구도 의심하지 않았다. 그러나 1976년 그는 대마초 파동으로 감독자격을 박탈당하며 고비를 맞게 된다. 그렇게 4년을 쉬면서 각성의 시간을 보내는 동안, 이장호는 한국사회의 부조리한 현실을 깨닫게 된다. 그렇게 의식화된 눈을 가지고 이장호는 〈바람불어 좋은날〉을 찍었다.

　　〈바람불어 좋은날〉은 최일남의 소설 『우리들의 넝쿨』을 시인이자 소설가인 송기원이 각색했다. 영화의 주인공은 고향을 등지고 서울로 올라 온 세 명의 청년들이다. 각 인물들의 고향이 영화 속에서 구체적으로 언급되고 있지는 않지만, 사투리로 보건데 덕배(안성기)는 충청도에서, 길남(김성찬)은 전라도에서, 춘식(이영호)은 경상도에서 올라왔다. 이처럼 영화는 당시의 전국적인 이농현상을 세 인물의 상경을 통해 상징적으로 보여준다. 시골에서 올라온 이들이 할 수 있는 일이라고는 빤하다. 덕배는 중국집에서 배달부로 일하고, 길남은 여관의 잡일을 봐주는 인물이며, 춘식은 이발사의 조수다. 이렇듯 영화 속에 등장하는 주인공들은 밑바닥 인생들이다. 이들에게는 공통점이 있다. 고향은 각기 다르지만 서울에서 성공하겠다는 희망을 가지고 있기 때문이다. 그러나 영화는 이들의 꿈이 어떻게 좌절되는지를 연출한다.

〈바람불어 좋은날〉은 세 명의 인물이 사람들과의 관계에서 상처받는 것을 통해 씁쓸한 현실을 드러낸다. 여관에서 일하는 길남은 미용사 진옥을 좋아하고, 이발소에서 일하는 춘식은 면도사 미스 유(김보연)를 좋아한다. 그리고 덕배는 부잣집 명희(유지인)를 마음에 두고 있다. 그러나 이들의 사랑은 모두 좌절된다. 길남이 호텔을 짓겠다며 한 푼 두 푼 모은 돈을 들고 진옥은 잠적해 버리고, 덕배는 상류계급인 명희를 만나 데이트 비슷한 것을 해보지만 결국 자신이 놀아났다는 것을 깨닫는다. 그리고 춘식은 자신이 좋아하는 미스 유가 아버지의 병치레와 동생들의 학비를 위해 나이 많은 김 회장(최불암)의 첩이 되는 것을 멀거니 바라볼 뿐이다.

이렇듯 영화는 희망을 안고 상경했지만 결국 좌절되는 인물들의 쓸쓸한 현실을 직시한다. 그러나 영화는 작은 희망을 남겨두는 것을 빠트리지 않는다. 덕배는 춘식의 여동생인 춘순(임예진)과 만나게 된다. 춘순은 영화 속에 등장하는 다른 여성캐릭터에 비해 건강한 인물이다. 춘순은 배운 것 없고 가진 것 없지만, 현실에 낙담하지 않고 주체적인 삶을 살아가는 여성이다. 그런 점에서 고향으로 내려가는 길남을 배웅하며 춘순과 덕배가 맞잡은 손에서 희망의 기운이 감지된다. 그렇게 〈바람불어 좋은날〉은, 시골에서 상경한 가난한 이들의 희로애락을 생동감 있게 연출하며 한국 리얼리즘 영화의 부활을 알렸다.

　　당대의 현실을 날것 그대로 담아내고 있기에 이 영화는 여차하면 가위질을 당할 수도 있었다. 그러나 검열위원으로 참여했던 소설가 박완서가 〈바람불어 좋은날〉은 한군데도 잘라서는 안 된다고 맞서며 이 영화를 지켜냈다.

　　－조대영

도시로 간 처녀

감독 김수용 | 1981 | 105min

가족들의 생계를 책임지기 위해 버스 안내양이 된 소녀들. 그들은 하루하루 열심히 살아가려 하지만 현실은 그렇게 너그럽지만은 않다. 이른바 '삥땅'을 이유로 버스 안내양들이 남자 감시원 앞에서 알몸 수색을 당하는 일이 계속되자 이문희(유지인)는 회사 측에는 몸수색의 중지를, 동료들에게는 정직하게 살 것을 호소하며 옥상에서 몸을 던진다.

지금 봐도 꽤나 충격적인 영화는 1961년 시내버스의 차장을 남성에서 여성으로 대치하며 등장한 '버스안내양'들의 열악한 근로환경과 비인간적인 처우 등 인권의 사각지대를 고발한 작품으로, 〈혈맥〉(1963)에서 이어져온 사회적 주제에 대한 김수용의 비판의식이 돋보이는 작품이다. 하지만 이 작품은 회사 측이 동원한 노조의 압력에 직면, 상영 도중 간판을 내리는 초유의 사태를 맞았던 비운의 작품이기도 하다. 이는 해방 이후 한국영화사에서도 처음으로 일어난 일로 당시 영화평론가협회에서는 〈도시로 간 처녀〉의 상영중지에 대한 우리의 주장'이라는 성명을 발표하는 등 커다란 사회적인 파장으로 확대됐던 작품이다. 더욱이 이것이 단순히 검열당국의 조치가 아닌 이해관계에 따른 사적인 차원에서의 압력 때문이었다는 점은 한국영화에서 존재했던 또 다른 강압의 사례를 보여주는 것이기도 했다. 이와 함께 영화 속에 담겨진 '버스 안내양'이라는 직업군의 존재와 버스에서 물건을 파는 상인 등 80년대 서울의 풍경은 또 다른 의미에서 인상적이다. 2009년 한국영상자료원에서 오리지널 네가티브의 유실된 부분을 프린트에서 찾아 보완하는 방식으로 부분 복원했지만 여전히 영화 중반 일부 이미지가 유실된 장면이 존재한다.

　－모은영

반금련

감독 김기영 | 1981 | 90min

한국 영화의 70년대는 통제와 불황으로 어두운 시기였고,
이는 그 이후 영화사를 기억하는 방식에도 큰 영향을 미쳤
다. 시나리오와 필름의 이중 검열을 포함한 통제 정책으로
많은 영화들이 몸살을 앓았으며 적지 않은 장면들이 촬영되
지 못하거나 잘려 나가고 대체되었다. 김기영의 〈반금련〉 또
한 그러한 고난을 겪은 영화들 중 하나다. 중국 고전 문학인
『금병매』를 각색해 영화화한 이 작품은 제작에만 4년여가
투여된 대작 프로젝트였으나 당시의 검열 정책에 따라 내용
이 대폭 축소, 삭제되었고 7년의 지연 끝에 1981년이 되어서
야 개봉할 수 있었다. 당시의 신문 기사는 '지나친 노출과 성
행위 묘사'가 문제가 되었다고 전하고 있다.

영화의 배경은 몽골족이 중국을 지배하던 원나라. 영화는 소금전매업을 하게 된 거상 서문경(신성일)과 그 부인(박정자)이 출세를 위한 모험을 감행하면서 벌어진 일을 담는다. 서문경은 현감의 도움으로 화자허와 황무대 집안의 재산과 부인들을 빼앗는데, 이후 서문경의 집은 10여 명의 부인들이 서로를 견제하고 계략을 꾸며 피바람이 부는 공간이 된다. 그 중심에 있는 건 황무대의 부인이었던 반금련(이화시)이다. 이 집에 모인 모두가 복수나 출세 등 각자의 목적과 동기를 가지고 있지만, 그것들은 매번 불분명하게 표현되고 정념은 불균질하게 표출되며 음산한 기운과 광기가 영화 전체에 흩뿌려진다. 군데군데 잘려 나간 탓이 크겠으나, 그럼에도 영화를 감싸고 있는 괴이한 성적 에너지, 가정의 권력과 통제력을 장악하려는 여성 캐릭터, 인간의 본능과 욕망에서 비롯되는 파국 등 김기영의 독특한 인장이 고스란히 새겨진 작품이다.

　　－손시내

중광의 허튼소리

감독 김수용 | 1986 | 105min

전두환은 군사반란을 통해 집권한 까닭에 국민들로부터 따가운 시선을 피할 길이 없었다. 대학가에서는 연일 전두환은 물러가라는 시위가 계속되고 있었고, 시민들 역시 이에 동조했다. 신군부는 이 소요를 진압할 필요가 있었다. 그렇게 '광주'는 첫 희생양이 되었다. 이 사태를 포함해 전두환 정권을 달갑게 보지 않았던 불교계의 조계종은 전두환 정권에 대한

지지 성명을 거부했고, 월주스님은 불교계의 수장으로서 광주항쟁의 현장을 방문하여 위문금을 전달했다. 이에 신군부는 불교계를 눈엣가시처럼 생각했다. 그리고 1980년 10월 27일 새벽 4시를 기해서 신군부는 불교계를 유린한다. 그들은 전국의 사찰을 일제히 수색해 승려들을 연행하고 고문했다. 한국불교의 최대 수난이었던 10·27법난이었다. 그러나 불교계에 대한 무지막지한 만행은 두고두고 신군부에게 짐이 될 수밖에 없었다.

그렇게 10·27법난은 두 편의 한국영화에 영향을 미쳤다. 1984년 임권택의 〈비구니〉는 전체 시나리오의 5분의 1가량을 촬영하다가 불교계의 거센 반발로 제작이 중단되었다. 서울 조계사에서 비구니 천여 명이 자신들을 욕보이는 영화라며 제작 중단을 촉구했기 때문이다. 불교계에 원죄가 있던 신군부는 〈비구니〉의 제작을 중단시키는 것으로 일단락 지었다. 깨달음과 세속적 구원의 문제를 다룰 예정이었던 〈비구니〉는 그렇게 사산되었다.

〈중광의 허튼 소리〉 역시 불교계의 거센 반발로 만신창이가 되었다. 중광이라는 한 기인의 행적을 통해 한 개인의 지극히 독특한 삶을 살펴보고, 나아가 인간존재의 문제, 불교정신까지를 담아보려고 했던 영화는 12장면이 잘려나가며 불구가 되었다. 중광이 분뇨통을 메고 오다 머리에 뒤집어쓰는 장면, 중광이 방생의식도중 물고기를 뜯어먹는 장면, 산을 헤매던 중광이 군인철모와 해골을 발견하고 적군과 아군의 구분 없이 묻어주는 장면, 중광이 김구 선생 동상 앞에서 "뵐 낯이 없습니다"라고 말하는 장면, 중광이 병원 영안실에서 죽은 여인의 몸 위로 옷을 벗고 올라가는 장면 등 감독이 의미를 부여하고 연출한 중요한 장면들이 모조리 가위질 당했다. 그러니까 〈중광의 허튼 소리〉는 중광의 별명처럼 '걸레'가 되었다. 이에 김수용은 은퇴선언으로 맞섰다. 그러나 이 항의는 계란을 바위에 던지는 것과 같았다. 신군부의 공연윤리위원회는 꿈쩍도 하지 않았다. 그렇게 세월은 흘러 제7회 부산국제영화제는 김수용 회고전을 통해 〈중광의 허튼 소리〉를 복원시켰다.

영화는 중광의 온갖 기행을 나열한다. 이때 카메라는 중광의 자유롭고 거침이 없는 행동을 대변하려는 듯 쉴 새 없이 움직이고 흔들린다. 영화는 주도면밀한 이야기 형식을 거부하고 플래시백을 활용해 현재와 과거를 자유자재로 오가며 중광의 삶을 조명한다. 물론 여기에는 영화적인 허구가 가미되어 극적인 장면이 연출되고 있기도 하다.

그리고 영화 속에서 보이는 중광은, 탐욕과 타락의 세상 속에서 초연하고 거짓과 가식이 없는 인물로 그려진다. 여기에다 중광의 입에서는 해탈의 언어도 쏟아져 나온다. "멀쩡한 육체를 가진 병든 영혼이 세상에는 많이 있다", "종교마다 행하는 방법은 달라도 도달하는 곳은 같다" 등이 바로 그런 말이다. 〈중광의 허튼소리〉는 '중광'을 해석함에 있어, 속세에 찌든 파계승보다는 삶을 달관한 인물로 접근하고 있음을 확인할 수 있는 영화다.

－조대영

서울예수

감독 선우완·장선우 | 1986 | 110min

〈서울예수〉는 장선우의 첫 장편 영화로 TV 드라마를 함께
작업해온 선우완 감독과 공동 연출한 작품이다. 장선우가
70년대 마당극과 80년대 텔레비전 드라마에서 실험한 풍자
와 알레고리는 〈서울예수〉라는 영화 우화로 이어진다. "예수
가 지구에 돌아온다면 어떤 일이 벌어질까?" 라는 천진난만
한 상상의 시작은 정의가 불가능한 시대를 유쾌함과 슬픔으
로 그려낸다. 자신을 예수라 여기는 한 남자를 쫓아 카메라
는 대도시와 벌판, 재력가의 아파트와 고아들의 판잣집을 횡
단한다. 세상의 진실을 알았기에 미쳐버린 남자와 그를 정신
병원에 감금하려고 뒤쫓는 자들의 이야기, 한국 사회의 초고
속 자본화와 인간 소외를 비판한 영화인데 검열의 칼은 다

소 엉뚱한 데서 왔다. 상영을 앞두고 기독교 단체들이 영화가 "예수"를 모욕한다며 항의 시위를 벌인 것이다. 〈서울황제〉로 제목을 바꾸었으나 결국 극장 상영은 좌절되고 비디오로만 출시됐다. 페사로 영화제 회고전을 계기로 2005년에서야 본래의 제목을 되찾는다. 이탈리아 네오리얼리즘처럼 〈서울예수〉의 소박한 제작 여건은 열린 영화의 미학을 도왔다. 허가 받지 않은 카메라는 거리의 군중들 사이를 비집고 그들의 일상을 깨운다. 오늘의 관객은 80년대 서울역 앞, 남산, 명동 거리에서 비릿한 향수를, 행인의 힘찬 발끝에서 시대의 우울을 맡을지도 모른다. 알레고리와 은유로 동시대를 그린 〈서울예수〉, 한국영화사에 상상적 인간이 탄생했다.

　　—조경희

1장: 기록들

1988–1997

상계동 올림픽

감독 김동원 | 1988 | 27min

88년 서울올림픽 개최로 떠들썩하던 시절, 발전한 대한민국의 허상으로 들뜨던 시기에 어김없이 착취는 진행되고 있었다. 영화의 오프닝 시퀀스에서 올림픽 홍보 노래가 흐르는 가운데, 가정과 사회의 화합이라는 이미지와 교차하는 철거민들이 내쫓기는 영상이 매끈한 표면에 내재한 기만성을 가시화한다. 이후 영화는 상계동 철거민들의 투쟁 타임라인을 따라가며 강압적인 독재 정권에 맞서 맨몸으로 저항한 이들의 현재진행 중인 투쟁을 전한다. '저항의 영화'라는 맥락에서 〈상계동 올림픽〉을 볼 때, 두드러지는 것은 온건하고도 친근한 화법이다. 정치성의 탈각이라고 오해할 수 있는 이러한 화법은 실제로는 가장 강력한 감염성을 내포한

다. 김동원이 〈상계동 올림픽〉에서 보여준 것은 일종의 침투이다. 침탈을 끝장내기 위해 상계동 주민의 사회 속으로 침투하기, 이를 대중적인 말하기 방식을 통해 전달하며 지역 사회에 침투하기. 김동원이 보여준 것은 국가로부터의 침투의 논리를 안에서 밖으로 바꾸어 낸 것과 같다. 그것은 다큐멘터리스트가 시도할 수 있는 가장 적극적인 방식의 전환일 것이다. '우리'를 고수하며 상계동 주민의 시선에서 쓰인 내레이션은 단지 '우리의 억울함을 보라!'라고 외치는 것이 아니라, 이들의 투쟁이 국가 폭력을 체감하면서 다른 투쟁에 대한 이해로 향해가는 '인간-되기'의 여정임을 보여준다. 열 번이 넘는 강제 철거 끝에 땅굴을 파고 생활하면서도 '우리보다 더 억울한 일'이 있을 거라는 감각을 영화는 놓지 않는다. 이를 통해 영화는 상계동만의 투쟁이 아닌, 미래의 연대 투쟁을 노정하는 너른 품을 지니게 된다.

　　　－김소희

레드헌트

감독 조성봉 | 1996 | 67min

미군정 치하에서 시작된 '빨갱이 사냥'을, 1948년 수립된 이
승만 정권이 승계하여 단독정부 수립을 노림수로 제주도민
들을 표적 살해했다. 휴전 후 1954년에야 한라산 금족지역
이 해제되며 일단락된 듯한 4·3은, 기실 냉전시기를 거치며
더욱 강고해진 반공 체제를 방어하는 정치적 전술로 반세
기 넘게 작동했다. 1987년까지 4·3은 "폭동"으로 공식 역사
에 기록되었으나, 1988년부터는 새로운 재현 의지의 표징
인 "사건"이라 불리기 시작하더니, 1989년 이후 "항쟁"으로
더러 재현된다. 김대중 정부 시절인 1999년 12월 16일, 국회
는 '4·3 특별법'을 제정해 진상규명과 제주도민 명예회복을
위한 첫 발을 내딛는다. 2003년에는 노무현 대통령이 "과거

1장: 기록들

국가 권력의 잘못"을 사과하고, 2018년 4·3 70주년 추념식에는 문재인 대통령이 참석하는 등, 4·3을 기록하는 공식 역사의 양상은 변하고 있다.

이러한 변화는 거저 오지 않았다. 이를테면, 현기영의 소설『순이 삼촌』(1979), 이산하의 시『한라산』(1987) 등 작가들이 고문·구속을 겪으면서도 4·3을 증언하는 문학이 있었다. 부산에서 활동하던 하늬영상이 제작한 〈레드헌트〉도 이 흐름에 합류한다. 1997년 큐 채널이 주최한 다큐멘터리 영상제 본선에 진출했으나 '심의'와 '방송부적합'을 핑계로 상영 취소된 이 작품은, 같은 해 서울인권영화제와 부산국제영화제에서 비로소 관객을 만난다. 한데 〈레드헌트〉를 상영했다는 이유로, 서울인권영화제는 압수수색을 당하고 집행위원장이 구속된다. 조성봉 감독도 국가보안법 위반으로 3개월간 구속되었으나, 굴하지 않고 '국가범죄'라는 부제를 단 속편(1999)을 만든다. 이 싸움은 21세기까지 이어져, 강정해군기지 건설 반대 투쟁 현장을 지킨 조성봉은 〈구럼비—바람이 분다〉(2013)을 근작으로 상재했다.

　　　—신은실

다우징

감독 김윤태 | 1996 | 15min

모호한 기억과 불길한 예감에 감응을 보이는 소녀의 몽유. 영화는 서사적 인과성에서 벗어나 초현실주의적 이끌림을 따른다. 학교에서 신체검사를 받은 날 소녀는 망자의 유품을 보며 기억의 회로로 빠져든다. '다우징'이란 나무나 금속의 펜듈럼을 사용해 의문의 에너지 반응을 감지하는 것이다. 누군가의 죽음이 있고 슬픔과 불안을 고요히 봉인한 채 초경을 맞이한 소녀는 현실과 환상의 경계가 모호해진 공간 속을 떠돈다. 낡은 옷장, 작은 방, 어두운 극장, 헌책방, 기차와 버스 내부 등 기억의 공간에는 이제는 부재하게 된 누군가와 공유했던 물건이 암호인양 놓여있다. 〈다우징〉은 1990년대 한국 단편의 미학적 실험을 이끌었던 김윤태의 작품으로, 〈Wet Dream〉(1992), 〈비디오 리츄얼〉(1998)과 함께 '죽음 혹은 제의의 3부작'을 이룬다. 우연한 조응과 암시적 연상으로 이어진 영화는 소녀가 겪는 애도와 불안의 감정을 불길하고도 아름답게 담아낸다.

　　ー송효정

　　　　　　　　　　　　　　　1장: 기록들

오버 미

감독 임창재 | 1996 | 18min

깃발, 기차, 다리, 거울, 젖은 머리와 선풍기. 집에 도달한 여자의 앞엔 꿈인 듯 환상인 듯 비현실적 이미지들이 낯설게 조합된다. 죽음을 받아들이지 못하는 여자는 물이 인도하는 이미지에 따라, 바람의 인도에 따라 서서히 이행과 초월로 나아가게 될 것이다. 영화 전체가 한 노동자 남성의 죽음, 혹은 어떤 시대의 종언에 대한 제의의 과정이자 죽음 자체에 대한 형이상학적 형상들로 구축되어 있다. 깃발의 시대는 끝나고 모던한 서정의 시대가 열린다는 것일까. 임창재의 현대성은 탈냉전과 이념의 종언기에 맞이한 새로운 미학에 대한 긴장으로 가득하다. 설명적 서사는 극소화되고 빛과 그림자의 조율을 통해 증폭된 상징들이 창궐한다. 메시지를 이미지로 선언하는 〈오버 미〉는 실험영화연구소를 통해 한국에서 실험영화를 개척해온 임창재의 초기작으로 16미리 흑백필름으로 촬영되었다.

　　－송효정

스윙 다이어리

감독 이난 | 1996 | 13min

삶은 변기에, 춤추는 아주머니들의 고속버스 안에, 김건모 노래의 사랑타령에, 분리 수거되지 않은 쓰레기에. 영화가 보여주는 건 더럽고 세속적인 서정성이다. 포르노 배우인 사내의 일상은 화장실에서의 배변의 만족감과 자신의 육체가 주는 자존감으로 충만하다. 포르노를 촬영하며 불합리한 고용상태에서 겁박당하지만 굴하는 법은 없다. 내밀한 사적인 기록인 다이어리를 표방했지만 영화는 겁 없는 노출광의 내적 검열 없는 과시욕으로 점철된다. 포르노 배우가 주인공인 극영화인지 고백 장치를 동원한 사적 다큐인지 애니메이션이 삽입된 실험영화인지 구분할 수 없이 실로 유쾌하게 장르를 횡단한다. 즉흥성과 스윙을 재즈의 본질로 본

감독 이난은 "보이지 않고 무의식적이며 증흥적인 삶이 자아와 타인의 시간 위에 어떻게 스윙하는지를 형상화"하려 한다고 밝혔다. 무엇이 사실이고 무엇이 가공된 것인지 구분하는 것이 무의미하지만 작품 전체는 정서적으로 애달픈 진실이다.

　　　－송효정

엄마의 사랑은 끝이 없어라

감독 김정구 | 1997 | 10min

게이 아들이 연인과의 섹스에 골몰하는 동안 엄마는 아들 방을 걸레로 훔친다. 아들의 퇴폐에 엄마라는 상식을 대입 시키니 낯설고 당혹스러운 감성이 도출된다. 감독 김정구는 지하 창작 집단인 '파적' 출신이다. 소음, 교란, '적막을 깨뜨림'의 의미를 지닌 '파적'은 1997년 창단 이후 음악, 미술, 공연, 문학, 영화를 넘나드는 예술창작 집단으로, 비타협적인 언더그라운드 예술을 지향했다. 완고한 도덕과 상식, 사회의 엄숙주의를 역설적으로 기습 공격하는 이들의 작업은 종종 아트 테러로도 묘사되었다. 김정구는 이 작품에서 모성신파와 외설적 포르노를 갖고 명랑하게 유희하는데, 모성의 숭고함을 확장시켜 그로테스크하게 만드는 동시에 모성에

그 반대말이라고 생각되는 포로노와 폭력을 접합하는 당돌한 시도를 보여준다. 만듦새는 비록 거칠지만 독립영화로서 보여줄 수 있는 맹랑한 불온성과 전복적 에너지는 상당하다.

　　　　　—송효정

나쁜 영화

감독 장선우 | 1997 | 125min

〈나쁜 영화〉는 행려자와 가출청소년의 일상을 평행적으로 그린다. 직접적인 서사적 연관성이 없지만 두 무리는 우연히 스치기도 한다. 편의점, 지하철, 쓰레기 더미 옆, 혹은 각자가 거쳐 갔을 거리 등 익명의 공간에서 마주치는 이들의 공통점이 있다면 사회적 소외감 혹은 통념이나 규범에 두려울 게 없다는 점인지도 모른다. 영화에서 이들의 세계를 가로지르던 카메라, 영화가 '나쁘다'라고 아파하는 사람은 카메라를 든 스틸 작가다. 무엇이 나쁠가. 사회 규범 밖의 세상을 카메라에 담는 행위 혹은 정해진 규칙 없이 세상을 향해 카메라를 들이대는 행위 혹은 스크린에 가볍게 그려질지도 모를 인물들의 상처? 그것을 바라보는 우리의 시선? 현실과 영화, 다큐멘터리와 픽션의 경계에서 던져진 질문인데, 영화 밖에서 먼저 답이 날아왔다. 〈나쁜 영화〉에서 성과 폭력을 다룬 장면이 사회 질서와 정서를 해친다는 이유로 등급 외 판정을 받은 것이다. 영상물 등급법안은 보류 판정 받은

1장: 기록들

영화를 위한 전용관이 없이 발포된 사실상 검열의 다른 얼굴이었다. 제작사는 청소년들의 윤간 장면을 걷어 냈고 그 장면을 연기한 배우의 인터뷰만 남았다. 전체적으로 약 20분 분량의 영상이 삭제됐다. 〈나쁜 영화〉에 가해진 검열은 권력과 폭력, 국가 존재 이유와 개인의 자유, 사회 정의와 질서 전복 등의 관계를 질문하게 한다. '정해진 것'과 '확실한 것'을 부정하는 〈나쁜 영화〉, 복합적이고 이질적인 형식과 장르의 사용, 도처에 있는 카메라와 여러 인물의 개별적 서사, 각각 고요하고 들썩이는 빠르고 느린 그러나 멜랑콜리를 공유한 두 개의 공동체, 두 개의 삶, 그 가운데서 장선우의 '열린 영화'가 실현됐다.

　　　　　－조경희

낮은 목소리 2

감독 변영주 | 1997 | 71min

변영주는 제주 '기생관광' 실태 등 성매매를 다룬 〈아시아에서 여성으로 산다는 것은〉(1993)을 만들며, 당대 여성 문제의 뿌리가 전시 성폭력에까지 닿아 있음을 간파한다. 변영주와 프로듀서 신혜은 등이 의기투합한 영화제작소 보임은, '위안부' 피해자 쉼터 '나눔의 집'을 베이스캠프 삼아 후속작 〈낮은 목소리─아시아에서 여성으로 산다는 것〉(1995, 이하 1편) 촬영에 돌입한다.

극장 개봉을 추진하며 스스로 심의를 받았기에 "독립영화가 아니"라는 표명을 감독이 직접 하기도 했으나, 〈낮은 목소리〉 연작이 '위안부' 문제 인식의 저변을 넓혔다는 점은 부인할 수 없다. 제작 후원을 위한 '백 피트 회원' 모

1장: 기록들

집에 뜨겁게 화답한 관객들은, 촬영 대상으로 카메라 앞에 선 "할머니"들이 과거 역사의 피해자일 뿐 아니라 현재 삶을 일구며 싸우고 있는 역사의 주체임을 비로소 깨우쳤다.

　　　1편이 "할머니들의 고통과 역사적 의미를 형상화"하려 했다면, 〈낮은 목소리 2〉(1997)는 할머니들의 일상을 함께 호흡하는데 공들인다. 1편을 개봉하며 관객과 직접 만난 할머니들이 흥을 내 "한 편 더 찍자"고 "의뢰"했다는 〈낮은 목소리 2〉는 강덕경 할머니 부음 등 "일상에 스며있는 슬픔"을 직시하는 한편, 그 해 한국영화 최고의 '엔터테이너'로 꼽혔던 박두리 할머니의 노래와 해학을 들려주기도 한다. 〈낮은 목소리〉 연작은 다큐멘터리 제작 방법론과 윤리에 대한 고민도 치열하게 이어갔다. 그리하여, 2018년 구순잔치를 여신 이용수 할머니가 직접 마이크를 잡고 인터뷰어로 활약하는 〈낮은 목소리 3−숨결〉(1999)이 뒤를 따른다.

　　　−신은실

1998–2007

거짓말

감독 장선우 | 1999 | 95min

〈거짓말〉은 〈나쁜 영화〉가 겪은 검열 소동을 거름 삼아 시작
됐다. 원작자 장정일은 음란물 유죄를 선고받고, 〈거짓말〉
은 두 차례나 등급 보류 판정을 받았다. 1년의 기다림 끝에
몇몇 극장에서 상영됐으나 다시 3개월 보류를 받았다. 때는
90년대 말, 예술 작품의 검열이 헌법에 위배된다는 판결을
받은 시점이었다. 〈거짓말〉에 가해진 19분 분량의 장면 삭
제, 신체 일부의 모자이크 처리는 아이러니하게도 '검열의
미학'에 대한 관심을 일으켰다. 사실, 검열은 〈거짓말〉의 제
작 과정에서 미적 장치로 여겨질 정도였다. 특정 신체 부위
의 노출을 피하고자 카메라의 앵글, 인물의 제스쳐, 움직임
을 고려한 것은 물론이고, 다큐멘터리를 연상시키는 사실적

인 미장센은 동시에 비현실, 환영, 몽환의 차원에서 존재한다. 검열이 〈거짓말〉을 경계의 영화로 만든 것일까. 〈거짓말〉은 '시선'과 '보는 행위'를 직접적으로 다룬 드문 영화일 것이다. 뒷자리를 흘끗대는 택시기사, 호텔 엘리베이터의 감시 카메라 외에도 백만을 위한 사회를 향한 열망, 집 나간 여동생의 머리채를 잡는 오빠, 자신을 채찍질하면서 비로소 용서받는 자의 내면적 시선 등을 도처에서 마주친다. 〈거짓말〉의 카메라는 특별하다. 숨거나, 감시하거나, 훔쳐보는 카메라의 행동이 적극적으로 표현되면서 카메라는 존재감을 갖추고, 당당히 영화의 인물, '보는 행위'의 주체가 된다. 제목 〈거짓말〉은 사회의 윤리적 잣대를 진실이라 믿는 왜곡된 현상을 은유하고, 미학적으로 정치적으로 검열을 다룬 영화인가? 혹은 한 커플의 불가능한 사랑과 그것을 바라보는 우리의 시선을 질문하고자 한 것은 아닐까.

　　　　—조경희

황홀경

감독 김소영 | 2003 | 52min

여성사전시관 상설 프로그램을 위해 여성부 지원으로 만들어진 컴필레이션 영화 〈황홀경〉은, 방대한 한국영화사를 연구한 결과이기도 하다. 〈귀로〉(이만희, 1967)에서 문정숙이 분한 지연의 행로를 따르며 영화는 시작된다. 힘 있는 발걸음으로 서울역을 나서는 지연의 최종 행선지는 어디일까. '근대'라는 시간이 공간으로 응축된 도시를 빛나는 눈으로 바라보던 그녀가, 하반신 마비로 성생활을 할 수 없는 남편 곁으로 고이 돌아갈 거라 여기는 관객은 많지 않았다. 일제 강점기와 군사독재 정권기에 영화와 조응하는 관객들 다수가 주변인, 특히 여성이었다. 〈황홀경〉은 부산, 진주, 서울의 극장가를 찾아 그들의 목소리를 담는다.

"국가 근대성이 대낮을 밝히고 있는 와중에, 근대화 정책이 '현실'에서 혹독하게 말살해버린"(『근대성의 유령들−판타스틱 한국영화』, 김소영 저) 이들도 여성들이었다. 〈하녀〉(김기영, 1960), 〈충녀〉(김기영, 1972), 〈살인나비를 쫓는 여자〉(김기영, 1978) 등에서 식모, 여공으로 불린 이들은, 〈미워도 다시 한 번〉(정소영, 1968) 같은 멜로드라마와 함께 "여귀, 야수, 괴물, 영매, 무당"이 출몰하는 공포영화를 보러 극장을 찾았다. 〈살인마〉(이용민, 1965) 등 한국 공포영화는 전근대와 근대를 짝짓기하며 판타지로 태동하여, "부재의 증후가 아니라 모든 것이 결핍되어야 할 때도 존속하는 낯설고 과도한 존재의 흔적"을 현전하고, "부재하는 무엇인가의 지표가 아니라 사라지기를 거부하는 무엇인가의 주장"(모리스 블랑쇼, 『근대성의 유령들−판타스틱 한국영화』에서 재인용)을 펼친다.

이렇듯 여성이 주체가 된 한국영화사의 새로운 경관(景觀)을 직조하는 〈황홀경〉은, 리얼리즘이나 모더니즘이라는 틀이 구획하는 남성 감독들의 '작가 영화'라는 경계(境界)를 돌파할 길(經)을 21세기의 디지털-페미니스트들이 창출하는 "여성장"이 낼 것임도 경쾌하게 밝힌다.

　−신은실

지옥: 두 개의 삶

감독 연상호 | 2003 | 34min

한 줌의 희망도 허락되지 않는 세계. 연상호의 애니메이션은 처음부터 끝까지 절망적이다. 절망 속에서 벗어나려 안간힘을 쓰는 주인공들이 잠시 그렸던 희망은 더 날카로운 비수가 되어 그들을 겨눈다. 〈돼지의 왕〉(2011)의 지옥 같은 학교에서 벗어나게 해줄 것 같던 영웅은 괴물을 거쳐 희생양으로 떨어지고 지옥은 사회로 확장되어 지속한다. 〈사이비〉(2013)에서 절대 악에 맞서 거짓을 폭로한 주인공은 처음부터 그에 못지않은 악한이었고 그에겐 견딜만한 거짓보다 더 참혹한 현실이 이어질 뿐이다. 달려드는 좀비 떼를 피해 생사를 건 탈주 끝에 마주한 아버지가 좀비보다 더 악랄한 포주로 돌변하는 〈서울역〉(2016)의 결말은 어떤가. 영원히 벗어날 수 없는 지옥도.

그 모든 것의 시작이 여기 〈지옥: 두 개의 삶〉에 담겨 있다.

—김선명

그때 그사람들

감독 임상수 | 2005 | 102min

〈그때 그 사람들〉은 임상수의 네 번째 장편영화이고, 임상
수의 '꼰대'에 대한 저항이 가장 전경화되어 드러나는 작품
이다. 앞선 '떡' 삼부작—〈처녀들의 저녁 식사〉(1998), 〈눈물〉
(2000), 〈바람난 가족〉(2003)—을 통해 에둘러 했던 작업
을, 이제 '꼰대들의 세계' 앞에 카메라를 정면으로 세워놓고
수행하고 있다. 한 명의 꼰대가 된 어떤 남자(〈바람난 가족〉)
뒤에는 그를 꼰대로 만들어내는 어떤 세계가 있다. 오해하
지 말아야 할 것이 있다. 임상수의 영화는 그 꼰대에 대한 단
순한 풍자와 비판의 영화가 아니다. "나는 아닌데 너는 꼰대
다"라는 전제에서가 아니라 "우리 안에 그 꼰대가 있다"는
전제에서 시작되는 영화라는 말이다. 다시 말해서 그 영화

1장: 기록들

들은 '꼰대의, 꼰대에 의한, 꼰대를 위한' 영화이기도 하다.

〈그때 그 사람들〉이 '그때 그 사람'이 아니라 '그때 그 사람들'에 대한 영화라는 것이 중요하다. 그 사람들 사이에는 (그들 각자로서는 벗어날 수 없는) 어떤 정동의 흐름 또는 욕망의 메커니즘이 작동하고 있다. 그 메커니즘은 오로지 '블랙코미디'의 화법을 빌려서만 감지되고 가시회될 수 있는 그 무엇이다. 무엇보다 〈그때 그 사람들〉은 '부감'의 영화다. 그 부감의 시선에는 대상에 대한 냉정한 거리두기의 태도만큼이나 안타깝고 처연한 연민의 감정이 담겨있다. 이 영화는 그 부감 시선의 이미지에 그 세계 밖의 어떤 목소리를 겹쳐 놓는 영화이기도 하다. 그 목소리들은 어떤 여성들의 목소리다. 스스로 그 꼰대 세계의 법칙과 감각으로부터 자유로울 수 있는 지 확신할 수 없다면, 달리 어떤 선택이 가능할 수 있겠는가?

　　　－변성찬

이렇게는 계속할 수 없어요

감독 윤성호 | 2005 | 22min

영화와 연애와 정치. 이 셋의 공통점은 실패를 거듭한다는 것, 그럼에도 불구하고 말해질 수밖에 없다는 것, 무엇보다도 매혹적인 '활동'이라는 것이다. 윤성호의 세계는 이 세 영역 사이에 마치 필연적인 관계라도 있다는 듯이, 능치는 표정을 하고서 짐짓 진지하게 발언하다 어느새 유희적으로 이행하며 이들을 뒤섞고 서로 마주보게 만든다. 지치지 않는 인용과 재조립의 과정, 온갖 상투들을 생각지 못한 방향으로 배열하는 윤성호의 인장은 영화에서도 여전하다. 연인에게 감정이 남은 남자, 미국 대사관 앞에서 성조기를 흔드는 남자, 문을 닫은 극장. 서로 무관한 세 개의 활동이 (감독의 표현대로라면) "UCC적인 감성"으로 익숙함과 낯섦, 정치적인 것과 비정치적인 것, 응석과 냉소 사이의 경계를 뭉개며 생기로운 리듬을 자아낸다.

　　　　　　　　　　　　　　　　　　　　　　　　　　　　—남다은

빛나는 거짓

감독 채기 | 2005 | 70min

〈빛나는 거짓〉은 세 편의 에피소드로 구성된 영화다. 사소한 공통점이 있다면 주인공들이 어딘가로 떠나가거나 떠나려 한다는 점이다. 제목으로 짐작해 스토리를 재구성하려는 시도는 무용하게 될 것이다. 우주비행사, 출판사 직원, 제주도 여행자 세 인물이 등장하지만 이들이 어떠한 관계를 맺고 있은 것은 아니며, 영화 전체가 사건 중심의 드라마를 따르고 있지도 않다. 첫 번째 에피소드는 우주관리공사에 근무하는 남자의 일상을 보여준다. 거울을 응시하고 책을 뒤적이며 침대에 눕는다. 불현듯 우주복을 입은 남자는 어두운 공단의 통로를 지나 광활한 우주로의 여행을 떠나게 될 것이다. 두 번째 에피소드는 잡지사에 갓 취직한 남자의 조금씩의 차이를 보이며 반복되는 일상을, 세 번째 에피소드는 홀로 제주도로 떠난 여성의 여정을 중심으로 진행된다. 분절, 생략, 묵언이 인상적이던 단편에 비해 장편은 적게나마 대사는 있지만 고독한 일상과 우연적 이미지의 연쇄는

여전하다. 그럼에도 엄밀하게 포착되고 조금씩 변주되는 쇼트들을 통해 여기에서 저기로의 이행이, 존재에서 초월로의 열망이 포착된다. 영화는 원인과 단서와 징후를 읽어내려는 관습적 독해를 묵살하며 무의미, 무관계성, 우연이 만드는 예측 불가능성을 미니멀하게 그려낸다. 그렇다, 〈빛나는 거짓〉은 낯설고 불친절하다. 그렇지만 쓸쓸하고 공허하며 건조한 감성과 함께 우리를 어딘가 근사한 곳으로 데려다 줄지도 모른다.

　　　－송효정

자살변주

감독 김곡·김선 | 2007 | 15min

한 여자가 누군가를 살해하는 꿈, 그녀에게 걸려온 협박전화, 폐쇄된 상황과 공간, 그리고 이 시공간을 벗어날 수 있는 유일한 방법인 자살. 이것이 〈자살변주〉에 주어진 설정이지만, 곡사(김곡, 김선)의 다른 작품들과 마찬가지로 이러한 설정은 그 세계를 설명하는 데 무용하다. 아니, 설명은 애초 시도되지 않으니 '체험'이라는 표현이 맞겠다. 이미지란 보는 게 아니라 듣는 것에 가까우며, 빛과 어둠의 엠비언스를 찍어내는 일이 중요하다고 믿는 곡사의 세계답게 이 영화에서도 강렬한 플리커 효과와 지독한 노이즈가 팽창하며 밀폐된 시공간을 찢는다. 감독의 말에 따르면 "시나리오도 아니고 콘티도 아닌 개요 같은 것, 일종의 표 같기도 하고 설명서 같기도 한 것을 바탕으로" 시도된 영화들—〈역습〉(2006), 〈디그레션〉(2009)—중 한 편이다.

　　　　—남다은

1장: 기록들

2008-2016

싱킹 블루

감독 서원태 | 2008 | 108min

페이드인하면 카메라를 정면으로 바라본 채 러닝셔츠 차림
으로 앉아 있는 무료한 표정의 한 남자가 보인다. 관객에게
이 대면이 불편한 건 인물이 마치 관객의 거울상처럼 보이
기 때문이다. 남자가 하는 일은 주로 섹스 비디오를 시청하
며 자위하는 것이다. 영상이 상영될 때면 이방인처럼 고립
된 남자의 방에 다국적 언어가 섞여든다. 관객은 상영되는
섹스 비디오와 이를 보는 남자를 동시에 보게 되는데, 이는
마치 섹스 비디오와 섹스 비디오를 관람하는 '나'를 동시에
보는 것 같은 느낌을 준다. 영화가 공간감을 왜곡하는 카메
라 세팅을 통해 왜소화된 인물을 관찰하는 느낌을 강화한다
는 것을 염두에 둘 때 무척이나 생소한 감각이다. 남자는 자

위 도중 특정 장면에서 멈추고, 되돌리고, 재생하기를 반복하면서 영상의 속도와 자신의 속도를 맞춘다. 이는 본다는 것과 행위의 경계를 없애려는 불가능의 몸짓에 가깝다. 남자의 자폐적 행위는 한 여성이 코인세탁소에 흘리고 간 빨간색 속옷을 주워 변태적으로 탐하는 일종의 관계적 행위로 이어진다. 영화의 목적은 어떤 서사를 전달하는 것도, 캐릭터를 표현하는 것도 아닌 것 같다. 남자가 흘리는 땀, 정액이 묻은 휴지 뭉치들처럼 영화가 전달하는 것은 축축함의 이미지들에 가깝다. 영화의 다른 중심 공간인 수영장은 이 축축한 이미지의 총체처럼 보인다. 수영장에서 싱크로나이즈드 스위밍을 연습하는 인물들의 행위, 혹은 욕조에 몸을 담그는 남자의 행위가 꽉 막힌 싱크대에 둥둥 뜬 물체와 어딘가 비슷한 모양을 하고 있다. 영화는 거의 물체에 가까운 인간의 형상을 통해 고립의 감각을 전하는 동시에 여기에서 어떻게 관계가 가능한지 묻는다.

　　　－김소희

고갈

감독 김곡 | 2008 | 128min

공사장 옆 진흙탕에서 한 여자가 흙을 헤치고 있다. 다리 위에서 이를 목격한 한 남자가 호루라기를 불며 물러나라고 소리치지만, 여자는 들은 체도 하지 않는다. 남자는 여자에게 다가가고 두 사람은 서로에게 찐득한 흙을 던지며 몸싸움을 벌인다. 몸싸움이라기보다는 엄밀히 말해 서로 거리를 둔 채 허공을 마구 휘젓는 모양이 된다. 그 모습이 우스꽝스러우면서도 애처롭다. 두 사람은 한 모텔에 임시로 기거하면서 여자가 몸을 팔고, 남자가 이를 관리하는 착취 관계를 이어간다. 제한상영가 등급을 받으며 검열 논란을 불러온 〈고갈〉은 많은 자극적인 표현을 내포하며, 그 내용은 관객들에게 영화 관람을 포기하게 한만큼 강력하다. 영화는 인물의 고통을 전시하는데, 이들이 왜 고통을 당해야 하는지 서사적 이유를 마련해 두지 않는다. 의사소통으로서의 언어가 아닌, 감정과 저항의 표현으로서 육체의 언어를 사용하는 여자는 영화가 보여주는 대상이 아니라, 그녀가 곧 영화다.

영화는 고통을 인물들의 것으로 버려두지 않고, 관객에게 전가한다. 영화가 주는 불쾌감에 관해 비판하기 위해서는 영화가 인물에게 행한 것이나 표현 방식에 관해서만이 아니라 영화가 관객에게 직접 끼친 불쾌감에 관해서 이야기해야만 한다. 〈고갈〉에서 본다는 것은 고통이고, 고통을 통과하지 않고서는 영화를 볼 수 없다. 표현의 강렬함이 야기하는 것은 어떤 의미화도 불가능한 상태다. 모든 의미에서 탈출한 이미지를 관객은 다만 견딜 수밖에 없다. 이것이 무엇인가. 이에 대해 영화적 체험을 논하는 것은 무지의 소산일 것이다. 체험마저 불가능한 단지 견디기의 상태를 영화는 촉발한다.

　　　－김소희

아메리칸 앨리

감독 김동령 | 2008 | 97min

한 때 '리틀 시카고'로 불리던 그곳의 현재 이름은 '아메리칸 앨리'다. 동두천 기지촌. 가난한 한국 여인들이 온갖 사연을 안고 밀려온 마지막 피난처는 언제부턴가 러시아, 우즈베키스탄, 필리핀 등지에서 온 이주민 여인들의 터전이 되었다. 이곳은 주인을 알 수 없는 버려진 무덤들과 을씨년스러운 폐가들이 즐비한 시간이 멈춰진 과거의 공간이지만, 동시에 이국의 여인들과 아직 살아남은 노년의 한국 여인들이 여전히 개별의 삶을 꾸리는 동시대적 장소다. 영화는 이들의 과거를 캐묻지 않고 어떠한 감상도 개입시키지 않으며 섣부른 사회구조적인 분석을 거부한 채, 여전히 그곳을 떠나지 못하는 여자들의 나날을 그저 바라본다. 여인들이 카메라 앞

1장: 기록들

에서 하는 말들보다 인상적인 건 이들을 둘러싼 삶의 구체적인 풍경이다. 낡고 초라한 세간살이, 여기저기 흩어진 술병들, 집 한쪽 구석에 놓인 인형들, 바닥에 널브러진 각종 약봉지, 오래된 텔레비전과 오래된 라디오. 혹은 좁은 골목길, 잡초로 우거진 무덤들, 쓰러져가는 집들, 폐허가 된 클럽. 영화가 응시하는 이러한 풍경의 파편들에서 우리는 기록되지도 기억되지도 않는, 그러나 기지촌 곳곳을 부유하는 여자들의 역사를 아프게 체감한다. 이 영화는 (감독의 말처럼) "어떤 교훈도 메시지도" 배제하고 기지촌 여성들의 삶의 시간을 함께 버텨 가는데, 그 과정에서 그들로 향하던 질문들은 어느새 카메라를 든 자신에게 돌아온다. 타인의 고통을 찍는 일, 카메라와 대상 사이의 거리를 설정하는 일에 대한 고민이 치열하게 묻어난다.

　　　－남다은

자가당착: 시대정신과 현실참여

감독 김선 | 2009 | 74min

스크래치와 줌, 노이즈 등 광학적 요소와 음향의 실험적 사용, 촛불 시위 현장 퍼포먼스 장면 등으로 "아방가르드와 다큐멘터리의 결합"으로 불린 단편 〈철의 여인〉(2008)을 장편으로 확장한 〈자가당착: 시대정신과 현실참여〉(이하 자가당착)는, 전편의 '퍼포먼스'들을 영화적 사건으로 탈바꿈시킨다. 2008년 촛불정국을 경험한 관객들은, 법질서의 상징 '포돌이'의 난행과 촛불소녀를 타격하는 물줄기를 보며 굳이 알레고리를 찾을 이유가 없었다.

그 후폭풍은 컸다. 영상물등급위원회(이하 영등위)는 2011년 6월과 2012년 9월 두 번에 걸쳐 "국가원수에 대한 살인적 시도… 살인무기 같은 영화", "스크래치 장시간 지

속돼 일반상영관에선 상영에 무리가 있다" 따위 사유로, 〈자
가당착〉에 제한상영가 등급 판정을 내렸다. 국내에는 제한
상영관이 아예 없기에, 제한상영가 등급 판정은 사실상 상
영금지 조치였다. 2018년 발표된 문체부 '문화예술계 블랙
리스트 진상조사 및 제도개선위원회' 조사결과에 따르면,
〈자가당착〉은 정권이 영등위를 통해 예술 표현의 자유를 침
해하고 검열과 배제를 체계적으로 자행한 대표 사례였다.
영등위는 아직 공식 사과 한 마디조차 한바 없다.

　　그 와중에도 〈자가당착〉 제작진은 관객을 만나길 포
기하지 않았고, 영등위를 상대로 행정소송 등 5년 동안 법정
공방을 벌인 끝에 "〈자가당착〉 제한상영가를 취소하라"는
대법원 판결을 이끌어 내, 박근혜 정권의 '자가당착'이 깊어
가던 2015년 9월 개봉을 성취했다.

　　—신은실

골든 라이트

감독 임철민 | 2011 | 9min

⟨골든라이트⟩는 의도적으로 영상과 자막, 사운드 영역 간의 불일치를 만들어낸다. 카메라가 어디인지 정확히 알 수 없는 실내와 해질녘의 하늘 등을 보여주는 동안 나레이션은 초현실주의적 분위기의 무의미한 문장을 읊는다. 그리고 자막은 영상과 나레이션 둘 중 어디에도 봉사하지 않는 자신만의 맥락을 따로 만들어낸다. 영화가 끝난 후에야 관객은 엔딩크레딧을 참고해 '최면', '일기', '명상' 등의 키워드로 이 혼란을 정리해볼 수 있다.

그러나 기억해야 할 건 ⟨골든라이트⟩가 그저 혼란과 무의미로만 가득찬 작품이 아니라는 점이다. '안성탕면', '시금치 500원' 같은 일상의 기표들과 저녁노을의 이미지,

"사랑해"라는 자막, 남자의 낮은 목소리는 어떤 일관된 쓸쓸한 우울의 분위기를 만들어낸다. 이 정서는 작품의 구조를 곱씹을수록 더욱 강해지며 결과적으로 관객을 몽롱한 최면의 상태로 밀어 넣는다.

　　　　－김보년

오목어

감독 김진만 | 2012 | 10min

〈오목어〉는 핀스크린 애니메이션 기법을 재치 있고 독특하게 활용한 작품이다. 감독은 얇은 굵기의 소면을 빼곡하게 쌓아 '스크린'을 만든 뒤, 이 소면을 앞뒤로 살짝 밀어 다양한 형태를 만들어낸다. 평면의 스크린에 높낮이라는 변수를 개입시켜 이미지를 만드는 방식은 그 자체로 흥미로운 아이디어이며, 그 결과물은 눈으로 볼 때도 큰 재미를 선사한다. 특히 롱숏일 때는 단순한 빛과 그림자로 보이던 피사체가 클로즈업 장면에서 가는 원기둥의 질감을 드러낼 때 〈오목어〉는 서사와는 별개로 역동적인 시각적 리듬을 만들어낸다. 그리고 영화의 마지막, 감독은 작품의 안과 밖을 한순간에

관통하는 과감한 도약을 시도한다. 바깥 세계를 꿈꾸던 물고기의 (비극적인)모험 이야기로 읽든, 소면으로 만들어진 작품의 물질적 성격을 전면화하는 시도로 읽든 이 충격적인 결말은 관객에게 깊은 인상을 남기는 데 성공한다.

　　　　－김보넌

2017-2019

내 친구 정일우

감독 김동원 | 2017 | 84min

죽을 때까지 인간이 되고자 했던 사람. 1935년 미국에서 태어나 2014년 한국에서 생을 마감한 정일우 신부는 누구보다 인간이고자 했으며, 인간이 되는 유일한 길은 가난한 자들과 함께 하는 것이라 여겼다. 정일우 신부의 발자취를 따라가다 보면 한국 사회가 어떻게 가난한 자들을 착취해왔는지의 역사가 겹쳐 보인다. 다만 인간이고자 할 때 투쟁하지 않을 수 없다는 사실은 아이러니하다. 정 신부가 빈민 구제 활동에 헌신한 것은 사실이나, 이는 고결한 희생과는 거리가 멀다. 정 신부는 결코 높은 곳에서 낮은 이들을 굽어보지 않았다. 도리어 그는 없는 자 만이 희망이요, 가난한 이들만이 교회를 구할 수 있다고 말해왔다. 신부를 매료시킨 것은

1장: 기록들

무엇보다 민초들의 질긴 생명력이었고, 거기에 '인간적인' 매력을 느꼈다. 정 신부는 현장 다큐멘터리스트가 취할 수 있는 가장 훌륭한 태도를 지녔다. 그는 카메라를 들지 않은 투쟁 현장의 다큐멘터리스트였으며, 김동원은 마치 자신의 삶을 찍듯이 신부의 삶을 보여준다. 삶의 시기마다 그와 인연을 맺은 인물들이 신부님께 보낸 편지가 내레이션으로 흐른다. 그중 김동원의 목소리로 들려오는 상계동 철거 투쟁 회고는 사무치는 데가 있다. 영화 속에는 〈상계동 올림픽〉에는 미처 담기지 못한 분열상과 기억을 거부하는 오늘이 담겨있다. 감독은 이를 서술하는 데 그치지 않고 망각이 시대가 요구하는 것일 수 있음을 성찰한다. 결국, 이 영화는 누군가의 삶을 정리하는 것이 아니라, 누군가가 끝내 풀지 못한 채 남기고 간 생의 질문을 잊지 않으려는 안간힘이다. 그리하여 인간이란 무엇인가. 우리의 투쟁은 어떻게 해야 하는가.

　　　－김소희

녹차의 중력

감독 정성일 | 2018 | 130min

〈녹차의 중력〉은 정성일의 '임권택 프로젝트' 2부작의 전편(前篇)이다. 임권택의 101번째 영화 〈달빛 길어 올리기〉(2011) 개봉 이후와 102번째 영화 〈화장〉(2014) 크랭크 인 사이의 시간에 촬영되었다. 이 영화는 감독 임권택이 101번째로 살아가고 있는 준비 또는 기다림의 시간을 담은 작품이다. 임권택의 일상에는 순수하게 개인적인 일(가령, 영세를 받거나 병원에 가는 일)도 있고, 영화와 분리될 수 없는 일(가령, 강의를 하거나 친구의 영화에 참여하는 일)도 있다. 어느 쪽에든, 그의 다음 영화의 비밀이 될 무엇인가가 담겨 있을 것이다. 〈녹차의 중력〉의 카메라는, 불가피해 보이는 몇몇 순간을 제외하고, 오로지 임권택만을 바라본다. 가능만 하다면 임권택의 마음 안으로 들어가 보고 싶어 하는 기세다. 무엇보다 〈녹차의 중력〉은 '배우다'와 '훔치다'가 동의어가 될 수밖에 없을 만큼 절절한, 대상에 대한 어떤 심정의 기록이다.

임권택은 그 사이 두 편의 영화를 덮었고, 마침내 〈화장〉 제작준비에 들어간다. 이제 비로소 〈녹차의 중력〉은 임권택의 102번째 영화의 탄생 과정을 맞이할 준비를 하는 영화가 된다. 임권택의 모습을 담은 이미지에 임권택 자신과 그의 가족의 입을 빌려 전해지는 그의 영화적 삶에 대한 이야기들의 교차 편집. 그것은 정성일 스스로 마음을 가다듬는 제의(복습)이자, 동시에 임권택의 새로운 영화 안으로 들어가기 전에 요청되는 임권택이라는 콘텍스트에 대한 최소한의 짧은 요약일 것이다(이미 정성일에게는 두 권의 책으로 묶인 임권택에 대한 탐구의 과정이 있었고, 무엇보다 이 영화의 제작과 거의 동시적으로 시작된 임권택 영화 '다시보기-다시쓰기'가 있다).

　　−변성찬

백두 번째 구름

감독 정성일 | 2018 | 166min

〈백두 번째 구름〉은 〈녹차의 중력〉과 또 다른 의미에서 '사이의 영화'다. 원작의 문자와 영화의 장면 사이, 카메라 앞의 현장과 카메라 안의 이미지 사이, 현장 모니터 안의 과정 이미지와 스크린에 투사된 완성 이미지 사이, 그리고 무엇보다 반복되는 테이크들 사이에 있는 질문과 결단의 과정. 〈백두 번째 구름〉은 이 모든 사이들에서 무엇인가를 발견하기 위해 거듭 그것들을 맞세우고 비교한다. 지켜보기의 영화 〈녹차의 중력〉이 롱테이크를 상위의 원칙으로 삼은 영화라면, 사이를 엿보고자 하는 〈백두 번째 구름〉이 몽타주를 상위의 방법론으로 삼은 것은 불가피한 일이다(단, 그것은 패스트-몽타주가 아니다. 각각을 충분히 지켜보아야 둘 사이의

미세한 차이도 감지할 수 있다는 것이 이 영화의 믿음이다).

　　〈화장〉의 탄생 과정을 지켜보고 탐색한 후, 〈백두 번째 구름〉은 임권택이라는 콘텍스트로 되돌아온다. "(영화감독은) 자신이 살아낸 삶 그 이상도 이하도 찍을 수 없다"는 임권택의 말은 〈녹차의 중력〉의 시간을 되돌아보게 하고, 정성일의 카메라는 그보다 더 멀리 되돌아가 볼 것을 요청한다. 임권택이 태어난 마을이자 그의 영화의 한 장면이 되기도 한 어떤 공간이며 한국영화사 및 한국근대사의 외상적 기원 중의 하나이기도 한 어떤 장소가 그곳이다. 결국 '임권택 프로젝트'를 구성하는 두 편의 영화는 두 가지 의미에서 '순환의 영화'다. 임권택이 101번째 겪어낸 만들기와 기다림의 한 순환을 담아낸 작품이라는 의미에서 그렇고, 임권택 영화세계의 비밀은 그의 영화와 그의 삶 사이의 부단한 왕래를 통해서만 가닿을 수 있는 무엇임을 고백하고 요청하고 있다는 의미에서 그러하다.

　　－변성찬

디어 엘리펀트

감독 이창민 | 2019 | 24min

이경손은 1924년 부산에서 일본인들이 설립한 한국 최초의 영화사 '조선키네마주식회사'에서 영화이력을 시작했다. 나운규가 엑스트라로 출연했다는 〈운영전〉(윤백남, 1925) 등의 감독보조로 일하다, '윤백남 프로덕션'에서 〈심청전〉(1925)으로 데뷔한 뒤, 춘원의 소설을 각색한 〈개척자〉(1925), 일본 원작 〈금색야차〉을 개작한 '신파극'의 대명사 〈장한몽〉(1926) 등을 연출한다.

　　"윤백남의 수제자"로 불렸던 이경손은, 민족의식을 주창하는 '영화소설' 『백의인』(1926)을 발표하고, 심훈 등이 결성한 극문회(劇文會)와 라디오드라마 연구회에도 참여했다. '평양키네마'에서 〈봉황의 면류관〉(1926), 〈춘희〉(1928)

등을 만들었고, '이경손 프로덕션'을 차려 "조선가무를 연구"
한 결과물인 〈숙영낭자전〉(1928)을 상재한다. 상해로 옮겨
간 이경손은, 전창근 원작·각색·주연의 〈양자강〉(1931)을 연
출하는 한편, 프롤레타리아 문예잡지 발간에 관여했다. 상
해로 떠나기 직전 관훈동에서 커피숍 '카카듀'를 운영했다는
개성 출신 '모던보이' 이경손은, 1932년 윤봉길 의사 의거 이
후 중국을 떠나 정착한 태국에서 1977년 삶을 마감한다.

　　　한국-태국 수교 60주년 기념 프로젝트를 준비하던
이창민은, 태국 초대 교민회장을 지낸 이경손의 유족과 교
신하며 "코끼리 나라"에서의 이경손의 삶을 새롭게 알게 된
다. 남한 단독정부 수립 후 태국에 가족들을 불러들인 그는,
생계를 위해 온갖 사업에 손을 대지만 한 편의 영화도 만들
지 않았다. 이경손이 조선과 중국에서 만들었던 영화도 한
국영화 아카이브에는 전혀 남아 있지 않다. 영국으로 이주
한 유족들이 기증한 타자기 한 대만 보존 중이다. 이창민은
〈아일랜드의 연풍〉(존 포드, 1952)에서 귀향하는 존 웨인의
이미지를 이경손의 기억에 겹쳐 놓는다. 이경손의 영화도
불현듯 귀향할 수 있을까.

　　　ー신은실

2장 :
기억들

내 생애 두 번째 데뷔작
〈바람불어 좋은 날〉

조대영: 〈바람불어 좋은날〉을 여러 번 봤지만 특히 오늘은 화면과 사운드 상태가 굉장히 좋아서 새로운 영화를 본 듯한 느낌이 들 정도로 상영 환경이 훌륭했습니다. 이장호 감독님은 〈바람불어 좋은날〉이라는 작품을 시작하기 전에 4년 정도 영화를 못 찍으셨습니다. 잘 아시다시피 1976년 대마초 사건에 연루되어 영화를 찍지 못하는 상황이었죠. 그 전에 〈별들의 고향〉(1974)이라는 영화로 30살에 한국영화의 새로운 기록을 세우면서 한국영화의 기대주로 굉장히 지목 받고 있었어요. 그 다음에 〈어제 내린 비〉(1975)라든가 〈그래 그래 오늘은 안녕〉(1976)과 같은 작품들도 찍으면서요. 한국영화를 이끌고 갈 차세대 주자로 주목 받다가 76년 대마초 파동에 휩싸여 4년을 쉬셨습니다. 그러면서 80년에 내놓은 작품이 〈바람불어 좋은날〉인데요.

제가 먼저 드리고 싶은 질문은 4년 동안 쉬시면서 어떤 고민들을 많이 하셨고, 어떤 의식화 과정을 거치셨나요? 이 영화는 80년 재개발이 한창인 서울 변두리에서 굉장히 힘겹게 살아가고 있는 민중들의 목소리를 담아내고 있지 않습니까. 〈바람불어 좋은날〉이 어떻게 해서 탄생했는지 우선 들어보고 싶습니다.

이장호: 이 영화는 제 영화 인생에 굉장히 중요한 작품

이고요. 제가 데뷔작을 네 편이라고 평소에 얘기하는데 이게 두 번째 데뷔작입니다. 그러니까 이 작품을 만들기 위해서 4년 동안 활동정지 명령을 받았지 않습니까. 그 기간이 상당히 중요했어요. 당시 '한국영화가 현실을 그리고 있지 못 하는구나'라는 생각을 하게 만들면서 한국영화에 대해서 다시 눈을 뜨게 됐어요.

사실 그 전까지 저는 준비가 안 된 영화감독이었다고 생각합니다. 〈별들의 고향〉은 긴 원작을 만나서 히트를 쳤는데요. 저는 평소에 제 성품이 위험한 성품이라고 생각하고 있었어요. 그런데 〈별들의 고향〉이 크게 히트하면서 그 성품을 바꾼다든지 또는 내 생각을 바꾸는 게 아니라 오히려 열등감 많았던 성격이 올챙잇적 생각은 안 하고 굉장히 오만해졌었죠. 그 성격이 그대로 갔다면 아마 좋은 작품도 못 만들고 자연도태 됐을 텐데요. 그때 대마초 사건으로 활동정지 명령을 받게 되면서 제 생활은 점점 비참해지고, 다른 감독들이 만든 영화를 보면 '한국 현실을 그리지 못하고 있다'는 생각이 들었죠. 왜 그럴까 생각했어요. 5·16 군사정변으로 군인들이 정권을 잡은 1960년대에는 대한민국이 북한보다 더 가난하게 살았어요. 그래서 한국의 사실적인 영화들이 북한에 가서 남한의 비참함을 알리는 선전도구로 사용 됐었죠. 그것 때문에 군사 정부가 아마 현실을 그리지 못하게 하는 정책을 썼을 거예요. 그리고 한 10년 지나게 되니 영화인들이 거기에 길들여져서 가짜 현실을 한국의 현실로, 즉 영화의 현실로 만든 거죠. 그걸 보고서 '아 이래서는 안 된다'는 생각을 했고 제가 뒤늦게 의식화하게 되었죠.

그 전까지는 저도 프랑스 문학, 러시아 문학, 독일 문학, 영문학 이런 쪽 소설들을 계속 읽고 있었어요. 그때 처음으로 염무웅 선생의 『민중시대의 문학』이라는 평론집을 읽으면서 '내가 한국의 근현대사를 잊고 살았구나'라고 각성하고 다시 영화를 만들 수 있는 기회가 온다면 진짜 한국의 현실을 제대로 그려보자고 생각했습니다. 그러다가 최일남 선생의 『우리들의 넝쿨』이라는 중편 소설을 보고 '아 이걸 영화로 만들어봐야겠다'라고 생각했는데요. 79년에 박정희 대통령 시해 사건이 벌어지면서 저희들의 무기한 활동 정지 명령이 끝났습니다. 다시 재개했을 때 '서울에 민주화의 봄이 왔다!'라는 언론의 보도가 나왔었어요. 저 역시 새로운 바람이 불면서 다시 활동할 수 있게 되어서 『우리들의 넝쿨』이라는 제목을 그대로 쓰지 않고 〈바람불어 좋은날〉이라는 제목을 붙여서 이 영화를 만들었습니다.

조대영: 영화가 시작할 때 타이틀을 보면 '원작 최일남, 각본 이장호' 이렇게 되어 있거든요. 아시는 분

도 계시겠지만 엄격하게 말하면 각본, 각색은 이장호 감독님이 아니세요. 시인이자 소설가인 송기원 선생님께서 최일남 선생님의 소설 『우리들의 넝쿨』을 각색했죠. 그래서 제가 감독님하고 대화하기 전에 『우리들의 넝쿨』 원작을 급하게 구해서 읽고 왔어요. 소설과 영화의 차이가 좀 있더라고요. 우선 송기원 선생님께서 각색하면서 이야기가 훨씬 더 풍부해졌더라고요. 그 부분을 조금 더 설명해주시지요.

이장호: 그 당시에 시인 송기원, 이시영 같은 분들이 모두 월간지 쪽 출신인데요. 「창작과 비평」에서 활동하다 나중에는 그 분들이 직접 만든 월간지가 나왔었죠. 그때 제가 그 분들과 사귀게 되면서 송기원에게 『우리들의 넝쿨』을 영화로 만들 생각을 얘기하니 자기가 각색을 해보겠다고 하더라고요. 한 열흘 걸렸는데 벌써 다 각색을 해가지고 왔더라고요. 정말 굉장한 친구였죠. 근데 그때 '김대중 내란음모 사건'으로 교도소에 가게 됐어요. 그러면서 송기원이 부탁하는 말이, 영화에 지장이 있을 것 같으니 자기 이름을 사용하지 않았으면 좋겠다고 했죠. 그렇다면 내 이름으로 발표하겠다고 하면서 그렇게 된 거죠.

조대영: 송기원 선생님의 소설이 영화화 된 경우도 있죠. 김영빈 감독의 〈나에게 오라〉(1996)라는 작

품인데요. 〈바람불어 좋은날〉에서 송기원 선생님이 각색한 내용을 조금만 더 얘기 드리자면, 원작보다 인물들이 조금 더 드러난 부분인데요. 영화 속에서 의뢰인이라는 캐릭터가 최일남 선생님의 원작에는 없어요. 그리고 중화요리 집 조 씨, 김희라 씨가 맡은 역할과 박원숙 씨가 맡은 역할이 영화에서는 훨씬 더 풍부하고 생명력 있는 민중의 모습으로 재탄생되었던 것 같습니다.

　　이 작품은 1980년 하반기에 개봉했었죠. 1980년 하반기는 전두환 체제의 신군부가 정권을 쥐고 있었기 때문에 자기가 원하는 영화를 마음껏 찍기가 너무나 힘든 시기였죠. 그래서 가위질 당하고 검열을 당할 수밖에 없었던 시절인데요. 〈바람불어 좋은날〉도 가위질을 하려고 마음먹으면 굉장히 많은 부분이 검열될 법도 했습니다. 그런데 이 영화를 구원해 준 사람은 故박완서 작가님이라고 합니다. 박완서 작가님은 〈바람불어 좋은날〉의 심의위원으로 참여를 했는데 이 영화를 보고 나서 심의위원들끼리 장시간의 토론을 했던 것 같습니다. 그때 박완서 작가님이 "이 영화는 한 대목도 잘라서는 안 된다"고 강력하게 주장하고 관철시켜내면서 〈바람불어 좋은날〉이라는 영화를 살려낼 수 있었다고 봅니다. 그럼에도 불구하고 검열관들은 이장호 감독님을 조용히 부르죠. 그리고는 영화에서 한군데는 꼭 잘라야겠다는 장면이 있었죠. 영화 말미에 보면 세 명의 인물들, 안성기, 김성찬 그리고 이영호가 길을 가면서 노래를 부르는 장면이 있는데요. 김성찬 씨가 부르는 노래 중에서 '순자'라는 단어가 들어가는데 아시다시피 전두환 전 대통령 부인이 순자이지 않습니까. 그래서 제발 그 순자만큼은 빼달라고 했던 일화가 있습니다. 그 일화와 관련해서 좀 더 이야기해 주실 수 있을까요?

이장호: 이 영화를 한창 촬영할 때가 1980년 5월인데 그때의 신문을 보면 백지가 많이 나와요. 기사가 종종 검열에 걸려서 빠지고 해서 신문을 보면 누더기처럼 글씨가 잠깐 나왔다가 백지 상태가 되고, 또 글씨가 잠깐 나오다가 빈 공간이 나와요. 그러면서 흉흉한 소문이 들려왔는데, 광주에서 폭동이 일어났는데 군인들이 사람을 막 총으로 찌른다는 아주 흉악한 얘기들이 풍문으로 돌았어요.

우리는 촬영하면서 걱정이 됐죠. "이거 세상이 어떻게 돼가나." 그런데 영화가 완성되니 벌써 전두환 씨가 완전히 권력을 잡았고, 그때 대통령을 대행했던 사람이 최규하라는 분이었는데요. 그때 사람들에게 유언비어처럼 막 돌아다니는 말이 "최 씨가 어디 최 씨인지 아냐?" 그러면 "최규하 씨의 최 씨가 전두환 씨의 최 씨다"라고 할 정도로 세상이 변한 겁니다. 그래서 박완서 작가뿐만 아니라 예술가들이 많이 검열 됐는데요. 이 영화를 검열할 때가 되니 대부분의 심의위원들이 사퇴를 하고 박완서 선생님 거의 혼자 남았어요. 아침에 검열을 시작했다는데 밤 10시가 되도록 결과가 안 나오는 거예요. 검열이 좀처럼 끝나지 않아서 조마조마해 하며 기다리는데 마침내 '통과됐다'라는 결과가 나오더라고요. 그래서 알아보니 박완서 선생님 혼자 투쟁하다시피 한 군데도 자를 수 없다고 말씀하셨다는 거예요. 소위 안기부, 계엄사, 외무부 이런 사람들과 같은 심의위원들이 버티고 버티다가 박완서 선생님에게 두 손을 든 거죠. 거참 놀라운 힘이죠.

그 다음 날 검열한 측에서 전화가 왔어요. 검열은 통과됐지만 영화감독이 직접 왔으면 좋겠다고 해서 갔더니, 아까 말씀하신 영자를 부르거나 순자를 부르거나 할 때 그 순자를 좀 잘라줬으면 좋겠다는 겁니다. 사실 저는 그때까지 전두환이란 이름은 들었어도 순자라는 이름을 못 들었거든요. 그래서 "왜 그걸 잘라야 되느냐" 그러니까 "묻지 말고 좀 잘라 달라"고 해요. 필름의 사운드트랙을 보면, 우리 발음대로 'S' 다음에 'U' 그 다음에 'N' 순으로 되어 있거든요. 그래서 아주 짧은 순간이지만 'S'만 잘랐어요. 그러면 '연자'로 불리거나 '운자'로 불리게 되거든요. 그리고 극장에서 상영이 됐는데, 그럼에도 관객들은 다 '순자'로 들리는지 그 장면만 나오면 막 폭소가 터져요. 그래서 이 영화는 검열의 영향을 거의 안 받았구나 라고 생각했어요.

저는 이 영화가 제 생애에서 가장 중요한 두 번째 데뷔작이라고 이야기 하곤 하는데요. 그 당시에는 이 영화가 나쁜 영화였어요. 이번 기획전에서 영화 선정을 참 잘했어요. 관객 분들은 이 영화를 보시면서 나쁜 영화라는 생각이 드시나요?

관객: 아니요.

이장호: 당시 정치하는 사람들에게는 이 영화가 참 나쁜 영화였습니다. 저는 이 작품 다음에 〈어둠의 자식들〉(1981), 〈낮은 데로 임하소서〉(1981), 〈과부춤〉(1983), 〈바보 선언〉(1983)을 계속 만들었는데요. 모두 밑바닥 인생에 대한 영화들이죠. 그 당시에는 블랙리스트라는 말이 없을 때였지만 아마 저는 소위 블랙리스트에 포함되지 않았을까 생각합니다.

조대영: 감독님은 그 당시 많이 힘들어지셔서 잘 아시다시피 〈무릎과 무릎사이〉(1984), 〈어우동〉(1985) 같은 성인 에로티시즘 영화도 연출하셨죠. 제가 중고등학교 때 보았던 영화들이고요. 많은 충격을 받았던 작품이기도 합니다.

관객 1: 이 영화에 나오는 여자 주인공들은 항상 배신의 아이콘, 남성 주인공들에게 눈물을 보이게 하는 여자들입니다 그렇게 연출하신 특별한 이유가 있으신지 궁금합니다.

이장호: 특별한 이유는 없고요. 영화에 나오는 세 청년 모두 밑바닥 인생들을 살고 있죠. 그들 주변의 여자들보다 낮게 비추기 위해 무의식적으로 그렇게 그려냈다는 생각이 들어요.

조대영: 그럼에도 불구하고 임예진 씨 캐릭터는 그나마 건강한 여성 캐릭터였던 것 같습니다.

관객 2: 개인적으로 음악이 매우 감각적으로 들렸고, 배우들의 경쾌한 연기 속에서 사회적인 문제들을 비꼬는 느낌을 받았습니다. 마지막 장면은 안성기 씨가 권투를 하면서 희망찬 분위기로 마무리되는데요. 혹시 이런 식으로 희망적인 결말로 바꿔달라는 주변의 요청이나 시선이 있지는 않으셨나요?

이장호: 좋은 질문을 해주셨습니다. 아까도 말씀드렸듯이 불행했던 시기가 오히려 저한테 럭키찬스를 주었기 때문에 이 영화에서 마지막을 비참하게 끝내고 싶지 않았어요. 마지막에 안성기 씨의 독백 속에

내 생애 두 번째 데뷔작

"2년 동안 서울에서 살았는데 보이지 않는 누군가한
테 계속 두들겨 맞은 것 같다. 그렇지만 얼마든지 맞
아도 좋다. 이겨낼 수 있구만이라우!" 그러면서 희망
찬 노래가 나오고 뛰지 않습니까? 저는 그 대목이 가
장 중요한 메시지라고 생각해요. 금년에 한국영화
백년을 맞아서 제가 '한국영화역사 100년 기념 추진
위원회'의 위원장을 맡았는데요. 부산영화제에서 상
영할 때 관객과의 대화 때문에 다른 데에 가 있다가
이 영화의 뒷부분만 보게 되었어요. 그때 갑자기 이
마지막 엔딩 장면이 한국영화 100년이란 중요한 문
제와 매치된다는 생각이 들었어요. 왜냐하면 지금까
지 한국영화는 계속 누군가에게 두들겨 맞아왔는데
요. 식민지에서 해방전쟁, 혁명 등의 어려움 속에서
불쌍하게 탄생이 됐고, 그런 불행한 과거, 힘듦, 척박
한 환경 등을 이겨 낸 것이 강한 유전 인자가 되어 오
늘날의 영광을 가져왔다는 생각이 들거든요. 그래서
저는 항상 희망적입니다.

관객 3: 〈별들의 고향〉이 개봉한 그 해에 영화관에서
직접 봤는데요. 감수성이 예민했던 젊은 시절에 그
영화를 보고 사실 실망을 했어요. 〈별들의 고향〉 이
후에는 한 번도 이장호 감독님의 영화를 본 적이 없
고 매스컴을 통해서만 접했는데요. 오늘 〈바람불어
좋은날〉을 보고 반성을 했습니다. 한마디로 말해서

감독님을 권력가라고 생각을 했어요. 그 당시에는 영화감독들이 왜 이렇게밖에 못하는지 원망스러웠어요. 광주가 외면당하고 있을 때 기자뿐만 아니라 영화감독들도 참여해줬으면 했고요. 하지만 오늘 그 편견이 없어졌고 오히려 당시의 영화들이 잘 보존되면 좋겠다는 생각이 듭니다.

조대영: 《한국 나쁜영화 100년》 행사를 통해서 많은 의식의 변화가 있는 것 같습니다. 개막작인 〈상계동 올림픽〉(1988)은 27분으로 짧은 시간이지만 그 당시에 올림픽 전의 재개발되는 상황들을 그 작품이 아니면 기록할 수가 없었다고 생각합니다. 그런 점에서 김동원 감독님의 작품 〈상계동 올림픽〉이 굉장히 의미 있는 작업이었고요. 이장호 감독님의 〈바람불어 좋은날〉도 그에 못지않게 가치 있는 작품이라고 말할 수 있을 것 같습니다.

관객 4: 80년 5월 당시 저는 전남대학교 안에서 직원으로 근무를 하고 있었어요. 그렇게 열심히 그리고 힘들게 일하고 있을 때 이 영화가 만들어 졌구나 라는 생각을 하며 봤습니다. 오늘 영화의 모든 스토리가 저희들이 80년도에 밖에서 체험하고 느꼈던 것들이고, 감독님의 4년이라는 긴 공백기 속에서 잘 정리되어 만들어진 영화라고 생각합니다.

내 생애 두 번째 데뷔작

감독님께서는 개인적으로도 광주에 몇 년 전부터 내려오셔서 정말 좋은 일들을 하고 계시는데요. 앞으로 한국영화가 계속 희망적으로 나아가기 위한 제언 같은 말씀을 듣고 싶습니다.

이장호: 지금 한국영화계는 검열보다 더 무섭고 위험한 상태에 있죠. 바로 '돈'의 논리로만 영화를 만들고 그런 영화만 존립할 수밖에 없는 상황인거죠. 따라서 영화를 만들려면 제도적으로 특별한 변화를 가져오지 않으면 안 된다고 생각해요. 제가 광주로 오게 된 계기는 광주에 미국 선교사로 왔던 서서평 선교사와 동갑내기 최흥종 목사님의 이야기를 영화로 만들기 위해서였죠. 이곳에서 지내게 되면서 새로운 시스템을 광주에서 만들어 나가고 싶다는 생각이 들었고요. 아마 그것이 실현된다면 많은 사람들이 광주에 가서 영화를 하고 싶다는 생각을 갖지 않을까 하는 꿈을 꾸고 있습니다.

관객 5: 감독님께서 한창 활동하실 때에 감독님뿐만 아니라 다른 감독님들도 원작 소설이 있는 작품들을 영화로 많이 옮기셨잖아요. 그때 감독님께서 다른 감독들과 차별화하고 중요시하는 부분이 있었는지 질문 드립니다.

이장호: 제가 말씀드리기 좀 난해한 질문을 하셨는데요. 일단 원작이 제일 기초가 되고요. 개인적 경험으로 말씀드리자면, 제가 직업적으로 영화에 뛰어들기 전인 청년 시절에 한국에는 AFKN(American Forces Network Korea)이라는 미국 군인들을 위한 방송이 있었습니다. 그런데 그것을 보면 방송 시작하기 전에 한 오후 5시쯤 되면 시험 방송이 나가거든요. 시험방송의 약 30분이나 내지 1시간가량을 우리가 쉽게 볼 수 있는 다큐멘터리, 예를 들어 거리의 풍경이라든지 여러 가지 세계 각국에 있는 영상들이 시험방송으로 나가요. 저는 그때 그걸 굉장히 인상 깊게 봤어요. 그래서 제 첫 작품인 〈별들의 고향〉도 그렇고 그 후에도 느닷없이 현실 속의 길거리 풍경 등을 자주 넣었습니다. 그렇기 때문에 꽉 짜인 극영화보다 제 영화가 좀 산만할지도 모르는데요. 그래도 제 영화가 다른 영화보다는 자연스러운 감각을 풍기지 않나 하는 생각이 들어요. 핵심적인 스토리는 원작을 따라가지만 영상까지 그렇게 보여주지는 않죠.

조대영: 오늘 영화의 엔딩을 장식하는 장면이 권투 장면이고 안성기 씨가 열연을 하고 있어요. 안성기라는 배우는 현재 한국을 대표하는 국민배우지만, 이장호 감독님의 〈바람불어 좋은날〉이라는 영화를 통해서 안성기라는 배우가 다시 연기를 할 수 있는 길

119 　　　　　　　　　　　　내 생애 두 번째 데뷔작

이 트였다고 저는 생각해요. 안성기라는 배우는 아역 연기자였다가 청소년 시절과 대학 시절에 공부를 하는 바람에 연기를 안 하고 있었단 말이죠. 그러다가 〈바람불어 좋은날〉에서 주역을 맡고 그 이후에도 〈이장호의 외인구단〉(1986)이라던가 〈무릎과 무릎 사이〉, 〈어우동〉, 〈천재 선언〉(1995)같은 영화들에서 함께 호흡을 맞췄죠. 제가 듣기로는 〈바람불어 좋은날〉의 덕배 역할이 처음에는 안성기 배우가 아니었다고 해요. 그 배경과 함께 안성기 배우에 대해서 이야기를 들어보고 싶습니다.

이장호: 캐스팅에 얽힌 이야기가 참 많습니다. 원작 『우리들의 넝쿨』에 나오는 주인공 '덕배'라는 청년은 사시를 가지고 있는데요. 캐스팅 초에는 원작 그대로 '덕배'의 모습을 영화에 담고 싶었어요. 저는 어릴 적에 이탈리아의 네오-리얼리즘영화를 많이 봤는데요. 〈자전거 도둑(Ladri di biciclette)〉(1948)이라는 영화의 주인공을 비토리오 데 시카(Vittorio De Sica) 감독이 길거리에서 캐스팅한 이력이 있어요. 저도 〈바람불어 좋은날〉 첫 번째 캐스팅에는 실제 사시를 가진 청년을 영화의 주인공으로 만들고 싶다는 생각으로 전국에 공모를 냈죠. 그래서 대구에 있는 한 청년을 뽑아서 당시 제 조감독이었던 배창호 감독이 그 청년에게 연기 교습을 시켰죠. 그런데 배감

2장: 기억들

독이 어느 날 도저히 안 되겠다는 거예요. 알고 보니 이 친구가 아직 국어책 읽는 이상으로 나아지질 않는 거죠. 그때 배창호 감독이 좋은 아이디어를 주었는데요. 며칠 전에 서울시청 뒤쪽에서 우연히 어떤 청년이 인사를 했는데 자기가 어렸을 때 아역으로 출연했던 안성기라고 그래요. 근데 너무 잘생겨졌다는 거예요. 생각해보니 아직 대중에게 성인이 된 안성기의 얼굴이 익숙치 않으니 관객들에게 새로운 얼굴로 보일 수 있을 것 같았어요. 그래서 한 번 만나서 여러 가지 모습을 뜯어보니 중국집 배달부처럼 꾸밀 수 있을 것 같더라고요.

그때부터 안성기로 바꿔서 캐스팅을 다시 짰지요. 김성찬은 전라도 사투리가 아주 능숙하고 유들유들한 성격의 '길남' 역할로 잘 맞았고요. 이발소 청년인 '춘식'은 제 친동생 이영호입니다. 제 동생을 이전 영화부터 계속 썼기 때문에 그 중에 한 명으로 넣어서 3인방이 됐죠.

조대영: 감독님 말씀처럼 배창호 감독님께서 감독님의 〈바람불어 좋은날〉에서 조감독을 했고, 박광수 감독, 장선우 감독 이런 분들이 〈바람불어 좋은날〉에 크게 감동을 받고 이장호 감독님의 연출부로 들어와서 영화를 배우기 시작했어요. 이번 기획전의 개막작이었던 〈상계동 올림픽〉의 김동원 감독님도 배

내 생애 두 번째 데뷔작

창호 감독님의 연출부에서 영화를 배웠죠. 그러면서 방금 거론했던 이들 감독님들이 80-90년대 한국영화에 중요한 걸작들을 만들었어요. 그렇게 본다면 한국영화가 계속 이어지게끔 했던 중요한 영화가 〈바람불어 좋은날〉이라고 할 수도 있을 것 같습니다.

아주 사적인 질문을 제가 하나 던져보고 싶어요. 이 영화 속에는 '배우의 무게에 비해서 정말 단역이다' 싶은 배우가 한 명이 나오죠. 포장마차 사장 역의 김인문 씨의 부인으로 나왔던 김영애 배우인데요. 대사가 한마디도 없어요. 근데 너무 예쁘더라고요. 대사가 한마디도 없는데도 김영애 라는 배우가 그 역할을 했던 이유가 있을 것 같아요.

이장호: 세월이 참 슬퍼요. 얼마 전에 김영애 씨가 돌아가셨죠. 남편 역의 김인문 씨, 길남 역의 김성찬도요. 또 김성찬의 애인으로 나오는 조주미라는 연극배우, 그 다음에 중국집 주인 역의 추석양 씨, 노인 역의 이향 선생 등이 돌아가셨죠. 저도 지금은 나이가 적지 않은데, 오늘 이 영화를 다시 보니 아, 정말 세월이 너무 무상하구나… 라는 생각이 듭니다.

제가 〈별들의 고향〉 할 때 김영애 씨를 여주인공으로 쓰고 싶었는데 잘 되지 않았죠. 김영애 씨도 제가 미안해하고 있다는 걸 알고 있었어요. 원래는 〈바람불어 좋은날〉에 김영애 씨의 역할이 없었어요. 그런데 그 분도 제가 미안해하고 있다는 걸 알고 있었고 굳이 출연할 마음은 없었지만 부탁을 하니 출연을 해준 거죠. 이후 계속 제 영화에 출연했었죠.

조대영: 부탁하신 감독님도 대단하시고 거절하지 않고 출연하신 김영애 배우님도 대단한 것 같습니다.

관객 6: 말씀하셨듯이 한국영화의 대표적인 감독님들이 이장호 감독님 연출부를 계기로 입봉을 하셨잖아요. 흥미롭게도 이번 기획전에 감독님의 연출부였던 김동원 감독님, 장선우 감독님도 초대되셨고요. 이 감독님들과의 당시의 에피소드가 있다면 듣고 싶습니다.

이장호: 우선 장선우는 저의 조감독 출신으로 생각하지 않고 동료처럼 친구처럼 생각합니다. 장선우는 저보다 7년 아래 고등학교 후배고 제 친동생 이영호와 같이 고등학교를 졸업을 했어요. 장선우가 영화 쪽에서 일하고 싶다고 왔을 때는 누군지도 모르고 그냥 하자고 했는데요, 그 당시 매일 형사가 장선우를 뒤따라 다니는 거예요. 왜 그런지 보니까 운동권에서 주목받는 놈이어서 감시하고 있는 형사가 있더라고요. 그런데 같이 일하면서 보니 장선우는 시나리오를 쓰는 데 아주 탁월한 능력을 가지고 있었어요.

이런 일화가 있습니다. 〈그들은 태양을 쏘았다〉 (1981)와 〈어둠의 자식들〉(1981) 두 작품은 제가 대마초로 걸리기 전에 계약했기 때문에 할 수 없이 동시에 진행하는 수밖에 없었는데요. 너무 힘든 거예요. 그래서 하나는 망치고 하나는 살리자고 생각하고 〈어둠의 자식들〉에 집중을 하고 있었죠. 〈그들은 태양을 쏘았다〉는 1973년 소위 '이종세와 문도석 사건' 으로 불리던 '구로 갱단 사건'을 바탕으로 만들었어요. 시나리오는 장선우에게 맡겼고, 현장도 장선우와 선우완에게 알아서 다 하라고 했죠. 〈어둠의 자식들〉을 밤새도록 찍고 그 다음날 제작부장이 저를 잡으러 와서 〈그들은 태양을 쏘았다〉 현장으로 데려가요. 가는 동안 잠깐 눈을 붙이고 현장에 도착하면 뭘 찍는지 몰라요. 그래서 장선우에게 묻죠. 현장에서 저는 "레디고"만 외치고 느낌만 얘기를 해주면 나머지는 전부 장선우가 연출하다시피 했던 기억이 납니다.

배창호는 돈키호테 옆의 산초 같았죠. 제가 대마초에 걸려서 활동을 못할 때 만나서 일하지 않는 감독 밑의 조감독이 된 거죠. 그래서 더 여러 가지 추억이 많습니다. 한 가지 신기한 것은 배창호 감독의 생일이 4월 4일인데 저와 음력으로 같아요. 그래서 맨날 둘이 "죽을 4자 두개 가지고 있는 건 너하고 나밖에 없겠다"고 농담을 주고받고 생일도 같이 보내기도 했어요.

저는 신상옥 감독님의 조감독이었는데, 그 시절에는 현장에서 욕을 워낙 많이 얻어먹고 그런 영향 때문인지 저도 조감독들에게 욕하고 구박을 많이 했던 사람입니다. 그래서 그 친구들한테는 "너희 빨리 감독이 되고 싶으면 나를 배신해라"고 늘 얘기했어요. 제가 신상옥 감독님을 배신하지 않았으면 〈별들의 고향〉은 아마 만들지 못했을 거예요. 그래서 그런 얘기를 자주했죠.

김동원 감독은 〈바보 선언〉 촬영할 때 와 가지고 무엇을 촬영하는지도 모르고 매일 따라다니면서 황당했을 거예요. 시나리오도 없었기 때문에 "감독님, 오늘 뭘 찍어요"라고 물어보면 "나도 몰라" 이런 식으로 얘기하고 촬영을 진행했거든요. 김동원 감독은 여태까지 조감독 중에 가장 불친절했던 환경 속에서 일을 했을 겁니다.

관객 7: 감독님 영화에 나오는 음악을 작업하신 감독님은 누구신지요? 모두 같은 분과 작업하셨나요?

이장호: 네. 전부 김도향 씨의 작품입니다. 아마 〈별들의 고향〉, 〈어제 내린 비〉(1974)에 나오는 음악들은 사람들 귀에 많이 익숙할 거예요. 김도향의 노래는 굉장히 영화에 맞고 좋은데도 레코드판이 잘 나가지 않았죠. 저는 특히 〈5000만 분의 1〉이라는 노래를

내 생애 두 번째 데뷔작

굉장히 좋아하고 사랑합니다. 〈바람불어 좋은날〉 주제곡은 배창호 감독이 술자리에서 항상 노래했었죠.

조대영: 그럼, 마지막으로 감독님께서 관객 여러분께 하시고 싶은 말씀을 듣고 마무리 하겠습니다.

이장호: 영화 이야기보다는 광주 여러분께 인사드리면서 마무리하고 싶습니다. 저는 광주에 대해서 상당히 기대를 가지고 있어요. 광주시민들의 분노나 원한을 사랑과 용서로 풀 수 있는 날을 기다립니다. 광주의 제일 무서운 힘은 모든 걸 용서하고 극복하는 것이라 생각하고, 그 힘이 더 강한 축복으로 돌아올 것이라 생각합니다. 마지막으로 영화를 봐주시고 이 시간 함께 해주신 여러분께 감사드립니다.

삶과 영화의 모든 시작
〈상계동 올림픽〉

신은실: 먼저, 광주 관객 여러분들에게 인사 말씀 부탁드립니다. 특히 〈상계동 올림픽〉은 마지막이 '광주 출정가'로 마무리 되는데요, 도청 자리에 있는 ACC 시네마테크에서 관객 여러분과 만나게 되어 더욱 각별한 감정이 있으시리라 생각됩니다.

김동원: 네, 정말 각별합니다. 처음에 이 영화가 개막작으로 선정됐단 얘기를 듣고 굉장히 얼떨떨했고, 이 작품이 '나쁜 영화'라는 칭호를 가지고 상영되어 당황도 했었는데 30여 년이 지난 후에 이렇게 의미 깊은 공간에서 새로운 의미를 가지고 여러분을 다시 만날 수 있게 되어 너무나 영광스럽습니다. 사실 이건 영화라고 생각하면서 만든 게 아니고요, 보셨으니 아시겠지만 정말 볼품없는 영상물이거든요. 아무튼 이런 날이 오게 될지 정말로 몰랐습니다. 감사합니다.

신은실: 〈상계동 올림픽〉에 대해서 감독님이 잠깐 말씀해주셨지만, 이 영화의 공식적인 제작연도는 1988년으로 기록되어 있습니다. 마침 작년에 88년 서울 올림픽과 함께 발표 30주년을 맞았고, 앞선 이장호 감독님이 축사에서 얘기해주신 광주 정신과 연관 지어서 생각한다면, 내년이 광주민주화운동 40주년이기도 해서 굉장히 뜻깊은 자리에 함께하고 있다는 생각이 듭니다. 제가 알기로는 감독님께서 1986

년 10월에 우연히 가정용 카메라, 즉 비디오카메라를 가지고 상계동을 처음 방문하신 것이 감독으로서의 삶과 영화의 모든 시작이었다고 알고 있는데. 86년 10월 얘기부터 청해서 들어볼까요?

김동원: 그전까지는 제가 상업 영화 조감독이었어요. 이 자리에 함께 계시는 이장호 감독님, 또 내일 오시는 장선우 감독님 밑에서 일하면서 한국의 스필버그 감독이 되기 위해 열심히 애를 썼지만 저는 상업영화 쪽으로는 영 재주가 없는 것 같았어요. 그래서 굉장히 절망에 빠져있었고, 86년 10월 무렵에는 영화를 때려 쳐야 되나, 그리고 옆에 계시는 신은실 평론가처럼 공부를 해서 학자가 될까… 그런 여러 가지 생각 때문에 아주 골치가 아팠었지요. 그때 〈상계동 올림픽〉에도 잠깐 나오시는 정일우 신부님께서 촬영만 좀 해달라는 부탁을 했고, 생계용으로 결혼식 촬영 아르바이트를 위해 가지고 있던 비디오카메라를 들고 찾아갔지요. 그런데 들어가자마자 멀리서부터 무슨 굉음이 들리더라고요. 포크레인 굉음이 들리고 아우성 소리가 들리고… 가서 보니, 포크레인이 집들을 막 쩧고 있고, 어린 애들을 들쳐 업은 아주머니, 할머니들이 욕을 하면서 포크레인 밑으로 들어가고 있는 거예요. 그 당시에 굉장히 데모가 많았을 때잖아요? 저는 운동권도 아니었고, 당시 '사회구조적 모

순'이란 말이 유행처럼 돌고 있었는데 그게 무슨 의미인지도 전혀 모르고 있다가 그 장면을 보고, 또 뒤에 전경들이 깔려있고, 빨간 모자, 파란 모자를 쓴 용역들이 날뛰는 걸 보면서 '아, 이런 게 그런 의미인가 보다!'라고 피부로 와 닿았습니다. 그런 상황들을 보면서 잠시 찍어주러 갔다가 3년 동안 같이 지내게 됐고, 정말 많이 배웠습니다. 그곳에서 상계동 주민들, 정일우 신부님과 같이 지내면서 저의 상업영화에 대한 꿈도 버렸고, 제 인생관이나 종교관 등이 많이 바뀌었기 때문에 〈상계동 올림픽〉은 영화이기 이전에 제게는 너무나 소중한 경험 자체인거죠.

신은실: 어느 잡지 인터뷰에서 봤는데, 상계동에 처음 찍으러 가신 날은 방금도 얘기해주셨듯이, 3년 동안이나 그곳에서 동고동락을 하게 될 거라는 상상도 못했고, 원래 데이트인가 미팅 약속인가가 있었던 날이었다던데 사실인가요?

김동원: 인터뷰를 했는지, 데이트가 있었는지 기억이 나지는 않지만, 아무튼 당시 총각 시절이었고 게다가 조감독도 쉬고 있었기 때문에 시간은 많았거든요. 그래서 그냥 촬영한다고 했고, 저녁 시간이 되니 집으로 돌아가야 하잖아요. 근데 그곳의 철거민들은 집을 뺏긴 채 천막에서 같이 생활을 하고 있었

2장: 기억들

어요. 그 천막이 기도나 모임 장소이기도 했고요. 어두워져서 집에 가려고 천막을 나오는데 뒤통수에 눈총 같은 게 느껴지는 거예요. 그런 찰나에 정일우 신부님이 오늘 하루만 자고 갈래요? 그런 말씀을 하셔서 "네, 그러죠." 대답을 했고, 다음 날도 또 그렇게 연속되다보니 3년이 되어버린 거죠. 그때 데이트가 있었을 수도 있지만, 무엇보다 이처럼 절박한 일은 없다고 생각했던 것 같아요.

신은실: 제가 읽은 것은 영화잡지 「키노」에서의 인터뷰였는데, 그 잡지도 거의 20년이 되어 가니 기억이 안 나실 수도 있겠네요. 하지만 당시 '이 일만큼 절박한 것은 없다'라는 느낌은 영화를 보는 저희에게도 다 전해집니다. 영화에서 보면 노원구 상계동에서 명동 성당으로, 그리고 부천으로 온 시점에서 시작이 되는데 이 부분도 설명을 해주시면 좋겠습니다.

김동원: 저는 다큐멘터리라는 용어조차 잘 모르던 때였고, 영화로 만들겠다는 생각은 아예 없었습니다. 철거장소에 학생들이나 성당에 관계된 사람들이 많이 방문을 했었는데, 올 때마다 정일우 신부님이 똑같은 얘기를 반복하고, 어제 무슨 일이 있었는지 설명하시더라고요. 그걸 카메라로 찍고 편집하다보니 홍보물로 제작해서 외부에 알려야겠다는 생각이

들더군요. 그러다보니 부천부터 명동, 상계동에서 벌어지는 모든 얘기들이 필요했고 자연스럽게 다큐멘터리처럼 된 거죠. 원래는 설명을 위한 홍보물 같은 거였습니다.

신은실: 영화가 끝나는 지점에 자막을 보면 기획과 제작에 감독님 이름은 없고 '상계동 철거민'이 들어가 있습니다. 또 지금 상영한 버전에서는 내레이션이 여성의 목소리면서 상계동 주민 전체를 지칭하는 '우리'로 얘기하고 있습니다. 영화를 만드시면서 주민들과의 협업에 대해서도 궁금합니다.

김동원: 협업이라고 할 수 있을지는 모르겠는데, 사실 이 영화의 절반 이상은 제가 찍은 게 아니라 당시 상계동에서 살던, 결혼은 했는데 나이는 저보다 한참 밑이어서 제가 청년이라고 부르던 세주 아빠가 많이 찍었습니다. 그것을 협업이라고 부를 수도 있겠지만, 애초부터 계획하거나 기획한 것이 아니니까요. 원래는 1, 2, 3부로 나뉘어져 있었고, 1부와 2부에는 '그들'이라는 3인칭으로 제가 내레이션을 했는데, 1년 후에 보니 오히려 1인칭이 더 자연스러운 거예요. 그래서 '우리'라는 주어를 쓰기 시작했고, 처음에는 제 목소리로 녹음을 했는데 전혀 아니더라고요. 그래서 생각났던 분이 철거촌의 아주머니들이었습

니다. 아주머니들은 그곳에서 가장 맹렬하게 앞장서서 싸우시는 분들이었고, 용역들이 제일 무서워했습니다. 그분들 중에 몇 분을 테스트했는데 읽는 속도가 너무 느린 거예요. 그 당시만 해도 녹음을 하려면 우선 편집을 해놓고 화면마다 15초 안에 읽어내야 화면과 소리가 맞아떨어졌는데, 딱 맞춰서 읽는다는 것이 쉽지 않은 거죠. 영화에서 내레이션 하신 분은 상계동 성당에 계시던 수녀님입니다. 나이가 좀 드신 수녀님이었고, 제가 느끼기엔 굉장히 카리스마가 있는 수녀님이라 그 분께 부탁을 드렸고 제가 기대했던 이상으로 잘 읽어주셨습니다. 이후 다른 작품에서도 내레이션을 해주셨는데, 내일 모레 상영하는 〈내 친구 정일우〉에도 잠깐 출연하십니다.

> 신은실: 감독님은 〈상계동 올림픽〉 외에도 거의 10년 동안 〈벼랑에 선 도시 빈민〉(1990), 〈행당동 사람들〉(1994) 그리고 〈또 하나의 세상−행당동 사람들 2〉(1999) 등의 관련 작업들을 하셨는데 그 중 어떤 작품에서 수녀님과 다시 하셨을까요?

김동원: 〈벼랑에 선 도시 빈민〉에서 또 같이 했습니다.

> 신은실: 감독님은 영화를 만드시면서 철거민 주민 대표도 맡으셨지요?

김동원: 90년에 결혼을 하고 신혼집을 봉천동에 차렸는데, 때마침 봉천동이 철거지역이 돼서 철거대책위원회가 생겼어요. 그런데 제가 상계동에서 철거 경험이 있다는 소문이 돌면서 위원장까지 올라가게 되었습니다. 상계동의 경험이 이후의 제 생활을 다 바꾼 거죠. 우습게 말해서 팔자가 꼬였다고 얘기하지만, 〈송환〉(2003)이라는 영화도 제가 봉천동에 살 때 이곳에 장기수들이 이사를 오면서 인연이 생기고… 마치 시작과 이후가 계속 이어지고 변주되는 노래 같습니다.

신은실: 감독님 말씀을 들으면서 〈상계동 올림픽〉이 왜 '나쁜 영화'의 대표로 개막작에 선정되었는지 충분히 설명이 된 것 같습니다. 열악한 화질 속에 비치는 사람들의 이미지가 이후에 얼마나 커다란 힘으로 확장되었는지 느낄 수 있습니다. 이번 기획전에는 한국 사회를 카메라에 담아내면서 검열 피해를 입은 작품들이 다수 들어가 있습니다. 감독님께서는 피해자의 위치에 머물지 않고 적극적으로 사회운동의 영역에서도 열심히 싸우셨고, 80년대 후반에는 자유로운 제작과 배급을 막는 당시의 법에 맞서 싸우시면서 두 번이나 구속도 되셨습니다. 이러한 활동은 지금 독립영화인이라 불리는 사람들이 자유로운 영화 활동을 할 수 있게 된 바탕이 됩니다. 그러한 의미

에서 모든 영화운동의 시발점이 되는 작품이기에 이 영화가 개막작으로 선정되었다는 추가 말씀도 드립니다.

관객 1: 27분짜리 영화라고 해서 기대를 별로 안하고 봤는데, 270분 이상의 이야기와 감동이 있었습니다. 영화에서의 내레이션은 전적으로 감독님이 쓰셨는지, 아니면 수녀님의 의견이 일부 반영이 되어 정제된 언어들로 완성되었는지가 궁금합니다. 27분이라는 짧은 작품이지만 축약된 메시지가 매우 정확하고도 강한 인상을 주는 단어들로 구성되어 있어서요.

김동원: 내레이션은 제가 대표로 집필을 했고요, 상계동에서 배운 것의 총체라고 말할 수 있습니다. 주로 정일우 신부님의 강론이나 둘이 소주 먹으면서 이야기할 때 들었던 내용들입니다. 하나하나 기록은 안 했지만 머릿속에 담고 있다가 쓴 것이지요.

신은실: 참고로, 〈상계동 올림픽〉의 속편 격으로 제가 생각하고 있는 감독님의 근작 〈내 친구 정일우〉도 이번 기획전에 함께 상영이 됩니다. 정일우 신부님에 대한 감독님의 사적 기억과 더불어 상계동 공동체의 운동 궤적을 정리한 작품이라 볼 수 있습니다.

　　　　　　　삶과 영화의 모든 시작

관객 2: 안녕하세요. 저는 두 가지 질문이 있습니다. 먼저, 촬영 당시의 분위기가 많이 과격하고 무서웠을 것 같아요. 혹시 주변의 분위기 때문에 중간에 포기하고 싶지는 않으셨나요?

김동원: 사실 무섭죠. 그런데 겁이 나더라도 무조건 찍어야겠다고 생각하다보면 어느 순간 겁이 사라지고 신이 나요. 나중에는 제 안의 다른 나를 보는 것 같아요. 나한테도 이런 면이 있었나? 라고 발견을 하게 되는데 그 중 하나가 오기예요. 〈송환〉도 마찬가지였는데, 어떤 폭력이나 불의한 힘에 맞설 때, 순간 겁이 나면서도 그 폭력이 오히려 나를 용감하게 만드는 거죠. 그리고 그런 것들을 상계동에서 배웠습니다. 저는 원래 겁이 많습니다.

관객 2: 두 번째 질문은, 영화에 나오신 분들과 아직까지 인연이 닿고 계신지요?

김동원: 네. 〈내 친구 정일우〉를 보면 나오는데, 10년 전까지는 송년회를 했습니다. 송년회를 하면 한 열 댓 분이 나오셨는데, 이제 연로해지신 분들도 많고, 한편으로는 잊고 싶다는 생각을 가지신 분들도 있는 것 같아요. 그래서 지금은 송년회를 하지 않지만 그 중의 친한 몇 분은 같이 여행도 다니고 술친구입니다.

신은실: 마지막 집회 장면을 보면, 상계동 주민들 외에 연대하러 오신 분들 중에서 임창재 감독님의 모습도 보여서 반가웠습니다. 이번 기획전의 또 다른 작품 〈오버 미〉를 만드신 감독님이신데요, 당시에도 임창재 감독님을 알고 지내셨나요?

김동원: 상계동에서 알았죠. 임창재 감독은 YMCA 청년회 소속으로 상계동을 자주 방문하셨어요. 당시에는 잘 알지 못했는데 나중에 보니 같이 영화를 하고 있더라고요.

관객 3: 〈상계동 올림픽〉은 언젠가 꼭 봐야하는 숙제 같았는데 오늘 해결되었습니다. 혹시 문화예술 단체에서도 연대를 하거나 도움을 주신 분들이 있었을까요?

김동원: 네, 많은 분들이 오셨습니다. 86년 당시가 굉장히 엄혹할 때잖아요. 여러 문제들이 꾹 눌려있는 곳이 많았는데 상계동은 막 싸우고 있다 보니 해방구로 불리기도 했어요. 그러다보니 많은 사람들이 찾아왔고 그 중에 문화예술 쪽도 많았습니다. 명동으로 옮겼을 때는 가문협(가톨릭문화운동협의회)이라는 가톨릭 문화운동 단체가 좀 많이 왔고, 영화마지막에서 기타로 '광주 출정가'를 치시던 분은 명동에서 심장병 어린이 돕기로 기타치고 돈을 모아

심장 수술하는 꼬마들에게 전달하던 청년이었습니다. 가톨릭 독실한 신자이기도 해서 미사를 지낼 때면 와서 반주도 했었어요. 여러분이 보신 마지막 장면은 부활절 미사였던 것 같아요. 88년 부활 미사 때 그 친구가 와서 기타를 쳐줬습니다. 그 친구도 전혀 운동권이 아니고 순수한 신자였는데 상계동 때부터 변하기 시작해서 지금은 노동가수가 됐어요.

신은실: 당시 주민들의 근황은 아시나요?

김동원: 상계동 이후의 삶이 어떤지를 물으시는 거라면, 글쎄요… 망년회 같은 곳은 사실 잘 풀리신 분들만 나오잖아요. 제 감으로는 3분의 2는 더 힘드신 것 같아요. 누가 단추공장으로 돈 많이 벌었다더라, 뉘 집 자식이 공무원이 됐다 등의 얘기도 듣지만, 술 문제로 급사하신 분도 있고, 노숙자가 되신 분도 있고… 정확치는 않지만 잘 안 된 사람들이 더 많다는 생각이 듭니다.

신은실: 마지막으로 감독님의 신작이 매우 궁금합니다. 2003년에 만드셨던 〈송환〉은 당시의 독립영화로는 굉장한 성과를 거두었고 우리 기억 속에 오래 남아있는 작품이지요. 이번에 '2차 송환'과도 같은 작품을 차기작으로 준비하고 계시다고 들었습니다.

거기에 대해서 들려주실 수 있을까요?

김동원: 2000년대 초, 김대중 대통령 시절의 6.15 선언 직후 예순 세 분의 간첩들이 송환됐죠. 북으로. 근데 그때 못 가신 분들이 사실은 더 많아요. 왜냐하면 그 분들은 비전향 장기수였고, 전향하셨던 분들 중에는 1차 송환 직후에 전향 무효 선언을 하신 분도 계십니다. 그분들은, '나는 고문에 의해서 전향 당했기 때문에 이것은 원천 무효이다'라는 기자회견을 했고, 그 이후에 2차 송환 운동을 벌였어요. 노무현 대통령 시절까지는 송환의 가능성이 높았지만 여러 복잡한 일들로 결국 못 갔고, 그 다음 정권부터는 2차 송환 운동이 거의 멈춰있는 상태인거죠. 재작년에 판문점 선언으로 약간의 기운이 살아났지만 여전히 힘들죠. 저는 2000년 초부터 알고 지내던 장기수 몇 분을 주인공으로 해서 촬영, 편집을 해왔습니다. 그 와중에 돌아가신 분들도 많고 기력이 쇠하신 분들도 계셔서 걱정이 많습니다. 제가 어디까지 담아낼 수 있을지….

신은실: 교착과 환호가 오가는 변덕스러운 남북 관계의 지형 속에서 어쩌면 더 정치적으로, 영화적으로 우리가 꼭 봐야 될 중요한 작품이 나올 것 같다는 생각이 듭니다. 2차 송환을 기원하면서 감독님의 신작

139   삶과 영화의 모든 시작

도 기다리고 있겠습니다. 마지막으로 광주 관객 여러분들에게 드리는 감독님의 인사로 마무리 하겠습니다.

김동원: 광주는 저한테 몇 가지 인연이 있습니다. 고백에 가까운 얘기지만 제가 ROTC 출신이기 때문에 상무대에서 몇 달 훈련을 받은 인연이 있고요. 기억은 잘 안 나지만 김대중 노벨 평화상 수상 기념 영화제가 있었죠. 그때 그 영화제에서 공로상을 받은 인연도 있습니다. 특히 80년 5월의 광주 때문에 저도 시위의 끝자락에 서게 되면서 광주는 제 청년기에 큰 화두였죠. 〈상계동 올림픽〉도 사실 광주 때문에 가능했다고 생각하고요. 그 뒤에 만든 〈명성, 그 6일의 기록〉도 광주부터 6.10 항쟁까지의 얘기일 수가 있고 〈오! 꿈의 나라〉는 출연도 했었고요. 무엇보다 저는 국립아시아문화전당이 생겼다는 얘기만 듣고 직접 온 것은 처음인데, 이렇게 볼품없는 영화가 이렇게 좋은 자리에서 상영된다는 것을 고맙게 생각합니다. 기왕 시작한 거 '나쁜 영화'들을 계속 보여주면 좋겠습니다.

　　제가 여기 내려오면서 버스 안에서 뉴스를 보니. 한남동의 굉장히 큰 재개발 단지 입찰이 취소됐다는 뉴스가 있더라고요. 상계동 때와 지금을 주택 정책만 놓고 비교를 한다면, 상계동 때문에 생긴 것이기도 하지만, 굉장히 큰 발전과 변화가 있었던 것 같아요. 상계동 때는 임대주택이라는 개념이 없었는데, 요새는 재개발할 때 임대주택을 일정 비율 이상으로 짓게 한다는 등, 임대주택이 의무화 됐잖아요. 그런데 한남동 건은 그러한 규정이 있음에도 불구하고 건설회사에서 수지가 안 맞으니까 임대주택을 안 짓는 거예요. 뭔가 변화가 있는 건 확실하지만, 비리라든지 탐욕, 자본 논리는 상계동 때나 지금이나 하나도 달라진 게 없다는 생각을 했습니다. 그래서 '나쁜 영화'가 계속 더 있어야 될 것 같고요. 그런 의미에서 이 기획전도 앞으로 계속 이어갔으면 합니다. 감사합니다.

삶과 영화의 모든 시작

억울하게 희생당한 사람들
〈레드헌트〉

조대영 : 오늘은 광주독립영화관에서 〈레드헌트〉라는 영화를 함께 보셨습니다. 올해 한국영화가 100년을 맞이했습니다. 그리고 국립아시아문화전당의 ACC시네마테크, 광주극장, 그리고 광주독립영화관 세 곳이 연대하여 한국영화 100년을 《한국 나쁜 영화 100년》라는 이름으로 기념하고 있죠. 여기서 '나쁜영화'라는 것은 영화가 나쁘다는 것이 아니라, 검열하는 사람들의 입장, 영화를 만드는 사람을 억압하는 자의 입장에서 나쁜 영화인 거죠. 그런 의미에서 조성봉 감독님의 〈레드헌트〉는 검열하는 자의 입장에서 봤을 때는 굉장히 나쁜 영화죠. 잘 아시다시피 1980년 5·18과 함께 제주 4·3 사건은 한국현대사에서 민중들을 억압하고 아프게 했던 역사의 한 부분입니다. 5·18보다도 어쩌면 제주 4·3이 훨씬 더 깊은 침묵 속에서 오랜 세월을 버텨왔는데요. 옆에 계신 조성봉 감독님의 용기로 50년째 되는 해인 1996년에 영화가 만들어지면서 세상에 공개가 됐고, 제주 4·3 사건이 영상을 통해 드러나는 순간을 맞이했습니다. 일단, 조성봉 감독님께 소감을 가볍게 듣고 질문을 이어가보겠습니다.

조성봉 : '재미없는 영화를 보여드리게 돼서 미안합니다'라고 말씀드려야하나요. 영화라는 게 사람들을 좀 재미있게 해줘야 하는데 상영할 때마다 저는 죄

억울하게 희생당한 사람들

인이 되는 기분입니다. 1996년에 만든 이 영화는, 제가 카메라를 알게 되고 처음으로 만든 영화이기도 합니다. 보셔서 아시겠지만 그동안 4·3 사건에 대한 문제들이 드러나지 않았기 때문에 영화 속에서 더 많은 이야기를 전달하려다 보니 응축이 많이 됐죠. 영화 마지막에 자막으로 '4·3 항쟁의 역사가 기록되기를 바란다.'고 했지만 이 영화 속에서는 항쟁에 대한 이야기보다는 학살에 대한, 죽은 사람들에 대한 이야기가 더 많죠. 그 분들이 어떻게 죽고, 왜 이렇게 비참했는지요.

저희들이 96년도에 처음 기획해서 촬영하러 갔을 때는 무장봉기를 했던 사람들의 이야기를 담으려고 했어요. 그런데 막상 제주도에 가니, '죽은 사람에 대한 이야기도 못하고 있는데 항쟁했던 사람들의 이야기를 할 수 있겠느냐'라는 말을 들었어요. 그 분들과 이야기를 나누면서 빨갱이로 매도된 사람들의 이야기 이전에 이미 국가권력이 저지른 학살로 억울하게 죽은 피해자들에 대한 이야기만 담아도 충분한 의미가 있겠다고 생각했습니다.

조대영: 〈레드헌트〉라는 작품은 제주 4·3을 처음으로 영상으로 접근하고 있다는 점에서 굉장히 의미가 있고 가치가 있는 작품이지요. 이 작품을 하시기 전에 감독님께서는 1980년 5·18을 먼저 영화 주제로 다뤄

보고 싶어 했는데요. 1995년에 5·18 특별법이 마련되면서 4·3을 이야기하는 것으로 방향을 선회했다는 이야기를 읽은 적이 있습니다. 그 배경에 대해 좀 더 이야기를 해주시면 좋겠습니다.

조성봉: 제가 역사교육학과 81학번이거든요. 비록 졸업은 못했지만 80년대에 부산에서 학교를 다녔습니다. 5월 18일만 되면 망월묘지에 가는 것이 그 당시 대학생들의 당연한 의무였잖아요. 고속도로부터 차단되었었기 때문에 그 지점에서부터 내려서 걸어 들어갔어요. 1차 집결지는 조선대, 2차 집결지는 전남대였고요. 워낙 숫자가 많으니까 강당에서 잠을 잤죠. 80년대는 제가 공장에 다니고 하다가 90년 들어와서 진짜 하고 싶은 일이 무엇인지 곰곰이 생각했고 영상을 하게 됐죠. 당연히 '우리 20대를 그렇게 뜨겁게 했던 5·18을 한 번 영상으로 만들자'라는 기획을 했고 그 때가 1995년일 겁니다.

　　　　지금은 기념행사를 신묘역에서 하죠? 당시 망월동에서 첫 번째 기념행사가 전국에 생중계되는 상황이었어요. 그때 저희도 첫 촬영을 하러 갔다가 그냥 조용히 접었죠. 왜냐하면 5·18 특별법이 통과되고 전국에 생중계 될 정도면 방송 또는 현지의 누군가가 이것을 다룰 것이라고 생각했고, 그럼 굳이 저희까지 할 필요는 없을 것 같았죠. 그래서 다른 소재

억울하게 희생당한 사람들

를 찾아보고 공부를 하다가 제주 4·3으로 넘어갔습
니다.

조대영: 〈레드헌트〉는 1996년에 《서울인권영화제》에
서 상영되었죠. 이 작품을 허락받지 않고 틀었다고
해서 감독님이 좀 고초를 겪으셨어요. 인권영화제
서준식 집행위원장의 경우는 감옥에 가기도 했던 것
같고요. 그리고 97년 《부산국제영화제》 2회 때 〈레
드헌트〉가 상영되는 과정에서도 형사들이 극장에 오
는 등 작품을 둘러싸고 전반적으로 억압하려는 분위
기가 있었던 것 같습니다.

조성봉: 아마 부산에서 상영된 게 97년 10월이었죠.
원래는 Q채널에서 하는 영화제에 출품하려고 했어
요. Q채널은 지금은 없어진 삼성영상사업단에서 하
던 거였고, 그 채널에서 국내 처음으로 다큐멘터리
영상제를 만들었죠. 거기에 출품하기 위한 목적으
로 작품 구성을 하다 보니 방송채널에 맞게 방송 스
타일로 만든거고요. 아무튼 《부산국제영화제》에서
상영하고 국가보안법으로 기소가 됐죠.
    지금도 그 기소장을 가지고 있는데, 기소 이
유가 이런 겁니다. 이 다큐멘터리를 보면 제주 4·3을
미군정과 이승만 정부에 책임을 묻는데 북한에서도
그렇게 주장한다는 거예요. 북한의 주장과 똑같으니

너희는 국가보안법 위반이라는 거죠. 즉 적을 이롭게 한다는 이적표현물로 기소가 됐죠. 그런데 그 사이에 정권이 김대중 정부로 바뀌었죠. 사실 1심부터 무죄였는데 검찰이 계속 항소를 해가지고 대법원까지 가게 되고요. 김대중 정부로 넘어가면서 2000년에 대법원에서 완전히 무죄 판결을 받았어요.

제주 4·3 사건 같은 경우는 불과 몇 년 만에 급격하게 현실이 변화됐잖아요. 권력하고도 상당히 관련된 문제라고 보여 지기도 하죠. 노무현 정부 때 공식적으로 국가가 사과하고요. 그리고 바로 4·3 평화공원이 만들어지고 지금도 유지되고 있죠. 광주 5·18 기념공원과 비교해서도 평화공원이 얼마나 큽니까? 몇 배 더 크죠. 물론 죽음의 숫자가 훨씬 더 많기도 하지만… 4·3 평화관 입구에 딱 들어가면 '백비'라고 흰 돌비석이 크게 누워있어요. 거기에는 아무런 글자가 없어요. '4·3은 통일이 된 이후에나 역사적으로 제대로 규명이 될 수 있다' 이런 의미라고 해요. 광주 같은 경우는 정확하게 '5·18민주화운동'이라는 역사적 타이틀을 획득했잖아요. 그런데 제주는 아직도 '4·3 사건'으로 봐요. 사건이라고 그렇게 표현을 하는 거죠. 그러니까 역사적 항쟁이라고 말을 못하죠.

심지어 우리는 아직도 역사교과서에서 여수의 일을 여수순천반란 사건이라 하죠. 도올 김용옥 선생과 여러 학자들이 그 사건을 역사적으로 '여수순

억울하게 희생당한 사람들

천민중항쟁'이라고 재해석하고자 노력하고 있어요. 소위 말하는 여수순천 군사반란 사건은 당시 14연대 군인들이 제주에 4·3을 진압하러 가라는 명령을 거부한 것 아닙니까. 80년 5·18도 '만약에 계엄군들이 민간인들을 죽이라는 명령을 거부했더라면?'이란 가정을 해볼 수도 있죠. 이미 1948년 10월 19일 한국에서 군인들이 그런 잘못된 명령을 거부한 역사가 있다는 거죠. 물론 그 대가로 그 사람들은 이후 지리산으로 들어가서 빨치산이 되고 결국 대부분 죽었죠.

조대영: 감독님도 서두에서 말씀하셨듯이 이 영화는 73분의 러닝 타임 동안 제주 4·3에 대해서 많이 알려주고 싶어 하죠. 저는 이 영화를 2부로 나눠서 보고 있어요. 전반부에는 4·3이 어떤 배경 하에서 일어났는지 역사적인 사실관계를 배치하고 있다면, 후반부는 중산간 마을을 중심으로 제주도 곳곳의 마을을 다니면서 당시 민간인들의 학살 현장을 지켜봤던 어르신들의 목소리를 담고 있어요. 그 구성에 대해서 듣고 싶습니다.

조성봉: 일단은 4·3의 전개과정을 담았어요. 일반적으로 제주 4·3에 대해서 48년 4월 3일 폭동으로 낙인이 되어 있잖아요. 그 당시에는 교과서도 그렇게 되어 있었고요. 그런데 4월 3일 이전에는 어떤 일들

이 있었는가? 왜 하필이면 4월 3일가? 이런 것들에 대한 개론적이고 대략적인 설명이 있어야 되겠다고 생각했어요. 또 그것만 가지고는 너무 설명 위주가 되니 후반부에는 큰 학살이 있었던 마을들을 중심으로 짜고 편집을 했죠.

4·3에 대해서는 총 2편을 만들었는데 이미 다 유튜브에 올라가 있습니다. 두 번째 작품은 제목을 아예 〈국가범죄〉(1999)라고 잡았어요. 왜 그랬냐면 제가 국가보안법으로 기소되어 대공분실에서 취조 받을 때 수사관들이 "야 내가 네 취조하려고 열 번이나 봤다. 죽는 줄 알았다" 면서 제주 지도를 딱 그려놓고 인터뷰했던 사람들, 지명 이런 것들을 다 표시를 해놨어요. 그걸 하나씩 보면서 질문을 하는데 '아 역시 국민세금을 거저먹는 건 아니구나…' 라는 느낌이 들 정도로 엄청 연구했더라고요. 그때 그 수사관들이 하는 이야기가 "너무 주관적이지 않나? 다큐멘터리가 객관적이어야 하는데 말이야. 이를테면 가해자 인터뷰도 좀 넣고… 이렇게 좀 배치를 해야 되지 않느냐" 이런 이야기를 하더라고요. 그리고는 감독이 왜 그렇게 주장 하나. 뭐가 어떻다 등을 말하는데 다 맞는 이야기였죠. 그렇다면 '내 이야기를 완전 빼고 그 피해자들 이야기만으로 하나 더 만들자' 해서 완전히 피해자 인터뷰만 가지고 재구성했어요. 가해자들 이야기는 이미 방송이나 국방부자

억울하게 희생당한 사람들

료, 경찰자료에 숱하게 많았기 때문에 제 돈 들여서 까지 만들고 싶지는 않았고요. 혹시나 정부에서 만들어 달라고 제작비를 대주면 해줄 수는 있죠. 제가 제 돈으로 만드는데 뭐하려고 관심도 없는 그 사람들의 이야기를 하겠어요. "… 다시 말하자면 이 이야기는 여태껏 역사 속에서 이렇게 수면에 있었다. 이런 것들을 이야기하고 드러내는 게 다큐멘터리를 하는 사람들의 임무가 아닌가 생각한다." 그렇게 수사관들하고 대화를 했던 기억이 나네요.

조대영: 감독님의 〈레드헌트〉가 4·3을 접근하는 최초의 영상물이었단 말이죠. 2년 후에 〈레드헌트2: 국가범죄〉라는 제목의 영화를 또 만들어주셨고요. 이후 제주도에서 활동하고 있는 감독님들이 4·3을 다루었죠. 첫 극영화로는 김경률 감독님의 〈끝나지 않는 세월〉(2005)이 있고요. 김경률 감독님은 지금 하늘나라에 계십니다. 그리고 4·3항쟁을 많은 사람들한테 알린 영화가 오멸 감독님의 〈지슬: 끝나지 않는 세월2〉(2012)가 되겠고요. 그 후로도 임흥순 감독님의 〈비념〉(2012)같은 영화들이 계속 나오고 있습니다.

저는 광주에서 독립영화관 프로그래머로 일하면서 광주 영화인으로 활동하고 있는데요. 매번 안타까운 점이 광주에서 5·18이라는 주제로 작품들이 더 많이 만들어져야 한다는 것입니다. 광주에 있는 영상 활동가들도, 그리고 전국에 있는 감독들도 광주의 5월을 영상으로 많이 다뤄줬으면 하는 바람이 있는데요. 4·3도 제가 봤을 때는 그렇게 많이 만들어지지 않거든요. 이에 대해서 감독님의 이야기를 들어보고 싶습니다.

조성봉: 고민은 항상 하죠. 작년에 70주년을 맞은 4·3을 보면 항쟁을 했던 많은 사람들이 일본으로 귀순을 해서 살아남았거든요. 그리고 그분들도 지금은 거의 다 돌아가셨죠. 저번 주에 개봉한 다큐멘터리가 하나 있는데요, 임흥순 감독의 〈우리를 갈라놓는 것들〉(2019)을 보면 4·3봉기에 참여하셨고 일본에서 3년 전에 돌아가신 김동일 할머니를 이전에 촬영했던 걸 편집해서 썼더라고요.

이를테면 지금은 3세들도 일본에 많이 살고 있어요. 그 중에 제가 기획하다가 접었던 것이 있죠. 일본으로 갔던 사람 중에 학살피해자로 자기 부모는 거기서 죽고 그때 자식들은 일본으로 피신했는데 그 중 한 사람은 수송선을 타고 60년대에 북으로 갔어요. 60, 70년대까지는 교신이 됐는데 지금은 살아 있는지 죽었는지 연락이 안 되대요. 결국 1950년 한국전쟁과 분단 그리고 이 질곡의 역사가 지금까지도 이어지고 있는 거잖아요. 4·3도 결국은 같은 문제이고요. 한편으로는 100% 동의하지는 않지만 통일과

억울하게 희생당한 사람들

분단극복이라는 역사적인 단계에서 이 문제들이 훨씬 더 극복될 수 있다고 생각해요. 저는 역사적 학살의 피해 가족, 그리고 그 가족인 남북으로 흩어져서 겪고 있는 고통, 이런 것들을 이야기하려다가 못하고 결국 접었죠.

2주 전에 제주 4·3 평화공원에서 열린 영상 콘텐츠 공모전에서 초등, 중고등부, 그리고 대학일반부를 심사하게 됐는데요. 한 27편의 4분 이내의 짧은 작품들이 나왔더라고요. 광주도 5·18 기념재단 등에서 비슷한 공모전이 있을 거라고 보는데요. 이런 이벤트들은 좋은 것 같아요. 동시에 그런 생각을 했어요. 4·3 평화공원에서 열리는 공모전을 보면 상금이 제일 큰 게 '소설'이고요. '시'도 2000~3000만원 정도 될 거예요. 그런데 아직 영화 부문은 없더라고요. 영화가 돈이 많이 드는 작업이니까 그럴 수도 있지만. 기왕이면 영화부문도 있으면 좋겠다는 이야기를 했죠. 물론 대부분 '영화를 제작 지원하는 제도들이 더 많이 생기면 이런 역사적인 문제들을 다루는 작품들이 더 많이 만들어 지지 않을까'라고 생각해요. 기획하고 조사하는 시간도 많이 걸리는데 제작비조차 지원받을 수 있는 곳들이 많지 않으니까 이중적으로 힘들죠. 재미있는 오락, 그리고 사랑이야기 같은 경우는 좀 더 쉽게 만들 수 있잖아요. 돈도 그렇고 기획도 그렇고. 우리가 4·3을 기획할 때만 하더라도 같이 노는 친구들 여섯 명 정도가 거의 2년 간 스터디 해가며 만든 거거든요. 별 것 아닌데 우리도 만들기 위해서 공부를 하는 거죠. 그렇게 해서 시작을 했고요. 누구보다도 바라지만 현실적으로 여러 가지 많은 제약이 있다는 겁니다.

관객 1: 용기 있게 생생한 증언을 담아주셔서 감사합니다. 이를 통해서 우리 역사가 앞으로 펼쳐나가는 데 진보와 보수가 서로 편의적인 해석을 못하도록 쐐기를 박았다고 생각해요. 특히 오라리 방화사건 (1948)에 대해서 언제나 침략자나 강자는 명분을 거꾸로 만들어서 뒤집어씌우고 정당성을 끝까지 주장하는데요. 광주민주화운동도 역시 마찬가지거든요. 계획된 권력찬탈을 광주에다 뒤집어씌우고 자기들의 권력찬탈 길은 튼 거고요.

제주 사건도 알고 보면 외딴 섬 제주에 기득권자들이 미군정 점령자들과 힘을 합해서 권력 유지를 위해 너무나 가혹한 일을 저질렀어요. 다른 것은 아예 생각을 하지 못하게 겁을 주기 위해서가 아닌지 평소에 이렇게 생각해 왔었어요. 감독님께서는 용기 있게, 그것도 1996년 김영삼 정부 때 이런 작업을 하셨고요. 증언해주신 분들의 용기도 대단하고요. 참여하신 분들 모두 역사를 바르게 쓸 수 있는 커다란 증거를 남겨주셨다고 생각합니다. 수고 많으셨습니다.

억울하게 희생당한 사람들

조성봉: 고맙습니다. 제가 어떤 단어를 써야할지는 모르겠는데요. '역사의 아이러니'라고 생각해요. 그러니까 소탕작전을 거부를 해서 김익렬 연대장이 군인에서 해임을 당하거든요. 해직을 당하는 게 아니라 보직에서만 해임을 당하죠. 그 사람이 다음에 근무지를 어디로 오냐면, 여수·순천으로 내려와요. 그 당시만 하더라도 제주에 대해서는 정부와 언론으로부터 4·3이 거의 묻혀있을 때니까 육지 사람들은 모르죠. 보도가 안 되니 아주 소수의 사람들만 알고 있죠.

그런데 김익렬이 14연대 연대장으로 왔으니까요. 이 사람은 4·3이 어떻게 시작됐고 원인이 뭔지, 그리고 지금 어떻게 진행이 되고 있는지 알고 있지 않습니까. 14연대 병들은 이 연대장을 통해서 제주 4·3 사건에 대해서 알고 있는 거예요. 그래서 이 사람들이 나중에 진압에 출동하는 걸 거부한다는 거죠. 만약 '김익렬이 그때 순천으로 안 갔으면 역사는 또 어떻게 됐을까?'하는 그런 생각이 갑자기 났어요.

그런데 일베 이야기, 태극기 집회 이런 건 뭐 앞으로도 영원히 있지 않겠습니까? 우리만 그런 게 아니고 우리보다 훨씬 더 선진국인 유럽에도 극우파들이 존재하죠. 그런 차원에서 저는 분노하기 보다는 우리가 더 잘하면 된다고 생각합니다.

조대영: 이 영화에서 촬영은 대부분 95년도에 했을

것 같은데요. 그때는 카메라가 찍고 있는데 자기 얼굴을 노출하고 말하기가 굉장히 쉽지 않았을 것 같아요. 그런 상황에서 증언을 끌어내신 것이 놀라운데 특히 할머니 인터뷰 관련해서 좀 더 듣고 싶습니다.

조성봉: 제가 그 진실을 이야기해야 되겠네요. 그렇게 힘들게 찍지는 않았습니다. 왜냐하면 『4·3은 말한다』라고 제민일보에서 이미 책이 다섯 권이나 나와 있었어요. 책 안에 4·3에 관한 모든 기록이 다 있었어요. 특히 제가 찍은 대부분의 사람이 『4·3은 말한다』에서 증언하신 분들이기 때문에 기자들과 이미 한 번 만난 분들이고요. 그래서 제가 촬영하는 게 조금 더 쉬웠던 거죠. 특히 제가 촬영할 만한 분들은 사전조사를 통해 내용을 다 알고 들어갔기 때문에 힘들었을 거라고 생각을 안 하셔도 됩니다. 또한 "제주도가 육지에 대해서 배타적인데 촬영하기 힘들지 않았냐"는 질문도 많이 받는데 저는 반대였습니다. 물론 다 그런 건 아니지만 대부분 혼자 사시는 할머니들의 경우에는 저를 손자처럼 대해 주셨어요. 자기 자식들도 관심을 안보여주는 이런 이야기에 부산 촌놈들이 와가지고 이야기를 들어준다고 오히려 고마워하셨죠. 갈 때 되면 유자차와 먹을 것을 챙겨주시고요.

　　나이가 더 먹으면 어떻게 될지는 모르겠지

만, 다큐멘터리의 좋은 점이 늘 공부할 수 있다는 것 아닙니까? 작업하기 위해서 자신이 공부를 해야 하니까요. 현재는 〈레드헌트〉에서 담지 못한 무장봉기를 했던 사람들의 이야기를 작업하고 있습니다. 〈진달래 산천〉이라는 제목인데요, 빠르면 내년, 조금 늦어지면 내후년까지는 완성하려고 합니다. 이를 위해서 지금까지 전국의 산들을 다 다니고 있습니다. 특히 지리산은 경상도, 전라남도, 전라북도를 다 끼고 있어서 그 당시 각 도, 각 당의 지도부들이 들어가 있었죠. 전남 같은 경우는 백운산에 전남 도당이 꽤 오랫동안 있어서 그 안에서 마지막 위원장이 전사하기도 했고요. 그런 이야기들을 좀 더 편하게 보여주고 통일의 역사에 기여할 수 있는 일을 이루기 위해 열심히 작업 중입니다.

조대영: 다큐멘터리를 찍는 좋은 점이 공부가 많이 된다는 말씀에 저도 공감합니다. 〈레드헌트〉를 찍기 위해서 감독님을 포함한 여섯 명의 스탭들이 한 2년 정도 공부를 했다고 하셨잖아요. 공부한 결과물이 이 영화고요. 그래서 다큐멘터리 한 편은 웬만한 논문보다 훨씬 더 깊은 공부가 되지 않으면 완성이 되지 않는다고 봐요. 그런 점에서 누구보다 조성봉 감독님은 4·3에 대한 전문가라고 개인적으로 생각을 합니다.

조성봉: 제가 하는 작업만 하더라도 80년까지는 관련 연구자들이 좀 있었어요. 그런데 80년 중반 이후로는 전쟁에서 엄청난 역할을 하며 후방에서 싸웠던 빨치산에 대한 이야기를 거의 하지 않아요. 오히려 그 당시에 미국 워싱턴대 교수였던 브루스 커밍스(Bruce Cumings)가 쓴 『한국 전쟁의 기원』에 전쟁 때 인민들, 각 지역의 인민위원회나 좌익들의 활동에 대한 연구가 훨씬 잘 되어 있었어요. 그 이후의 한국 사회는 현대사, 특히 좌익에 대한 연구가 거의 안되어 있죠. 심지어 논문도 몇 개 있지도 않아요. 그냥 한국전쟁에 대해서 쓴 단행본만 있어요. 그러니 봉기했던 사람에 대한 이야기는 거의 없는 거죠. 언론에서도 아주 단편적으로만 다루니까요. 물론 저도 그 자료들을 보지만 대한민국 지리산부터 백두대간까지 타고 다니며 조사하고 다녔습니다.

조대영: 작품 〈진달래 산천〉이 어떻게 나올지 굉장히 기대가 되는데요. 이 작품은 몇 년 동안 작업하고 계신지 궁금해졌습니다.

조성봉: 횟수로 따지면 2003년 12월에 지리산으로 들어왔거든요. 처음에 쌍계사 화개골로 들어갔다가, 제가 경상도 놈이니까 그 다음에는 전라도에 한 번 살아보자 해서 구례, 문척 동네에서 한 8년 살았죠.

억울하게 희생당한 사람들

8년 살다가 제주도 강정 해군기지에서 한번 기록하러 와달라고 해서 4년 정도 내려갔다가 다시 올라왔죠. 제주도 4년을 빼면 13년 정도 되겠네요.

조대영: 이 작품도 십년 넘게 붙들고 계시는 거네요. 〈진달래 산천〉이 잘 나오리라는 염원을 담아 박수 한 번 치고 마무리 말씀을 듣겠습니다.

조성봉: 광주에서 공식적으로 상영하는 게 아마 처음인 것 같아요. 작년에 완도고등학교에 특강을 하러 갔다가 치과의사 한 분을 뒤풀이에서 만났어요. 그 분이 이런 이야기를 하는 거예요. 〈레드헌트〉가 나왔을 당시 국가보안법으로 기소되면서 상영을 못하니까 각 대학교에서부터 천주교, 교회 그리고 진보단체들에서 서명운동이 벌어졌어요. 그런데 전남대 강당에서 어떤 학생이 〈레드헌트〉 상영을 시도했었죠. 그때도 이 영화가 국가 이적표현물이었으니 당연히 상영을 못하게 했겠죠. 그럼에도 강당에서 상영을 했는데 학생들로 꽉 찼대요. 바깥에는 경찰들, 기동대들이 깔리고 사수대 학생들은 막고 있었고요. 그때만 하더라도 학생운동이 활발할 때였지 않습니까. 학생회에서 주도적으로 상영하는 작품이니 학생들이 동원될 수밖에 없었죠. 그때 상영담당이 그 치과의사라는 거예요. 그러면서 그 날 제게 술을 엄청 사

주고, 재워주고, 여비까지 챙겨줬죠. 이야기를 하다 보니 자랑 비슷하게 됐는데 작품을 하다 보니 그런 인연도 생기더라고요.

동시에 역사적인 사건을 다루다보면 제 스스로에 대한 엄격성이 요구되기 때문에 최대한 자료들을 많이 보려고 하죠. 그러다보니 자꾸 느려지고요. 그냥 훅 들어가서 시작하는 면도 있어야 하는데… 특히 돈이 있으면 좀 더 수월하겠죠. 돈이 없을 때는 '아 곧 생기려나 보다. 아직 내가 준비가 안 된 모양이다….'라는 생각을 하며 공부를 하죠. 돈이 없는데 억지로 하면 사고가 나거든요. 결국 이런 시간들이 응축되어 한 편의 다큐멘터리로 나오는 거겠죠. 또 그런 응고가 없이는 가능하지 않는 작업이고요.

제가 61년생이니까 내년이면 예순 살이죠. 이제는 이 무거운 한국의 분단 역사를 다루더라도 이 역사에 스스로 짓눌리지 말아야겠다는 생각을 합니다. 4·3같은 경우는 제가 잘 모르는 부분들이었기 때문에 준비도 많이 안됐고 나이도 젊었기 때문에 마음이 훨씬 무거웠죠. 3만 명이 넘는 사람들이 학살된 방대한 사건이고요.

그런데 지금은 이렇게 생각합니다. 한 편의 다큐멘터리를 만들 때 내 스스로 그 문제에 대해서 명확한 감정과 역사적 관점을 가지고, 그리고 충분히 공부하고, 그것을 바탕으로 스스로 자유롭게 즐

억울하게 희생당한 사람들

기면서 만들자! 내가 의무감을 가지고 무엇을 해야
한다는 것이 아닌, 내가 정말 이 소재를 즐기면서 나
의 역사적인 관점을 키우고, 내 입장에서 명확하게
들여다볼 수 있는 작업을 하자고요. 이상입니다.

대학교 도서관에서 만난 첫 영화
〈낮은 목소리〉 삼부작

거의없다: 영화와 접선하고 있는 '거의없다'입니다. 저는 〈낮은 목소리 1〉(1995)을 대학생 때 처음 도서관 영상물 기록실에서 봤습니다. 지금은 사운드가 명료하게 잘 들리는데요. 당시에는 굉장히 저화질에 사운드가 심각하게 뭉개져 있어 자막이 없는 부분은 거의 알아듣기 어려웠어요. 영화에 나오시는 할머니분들의 말투는 아나운서처럼 또렷또렷한 것이 아니었기에 더욱 알아듣기 힘들었습니다. 그럼에도 〈낮은 목소리 1〉을 보면서 엄청난 충격을 받았습니다. 보통 분들이라면 다들 그럴 수밖에 없죠.

'역사는 승리한 자의 드라마다'라는 말이 있지요. 우리가 자라면서 대중매체를 통해 보게 되는 수많은 사극, 역사기록물 등은 대개 자랑스러운 부분에 초점을 맞춥니다. 우리나라 영화 중 제일 크게 흥행한 영화를 꼽자면 〈명량〉을 들 수 있죠. 1700만 명이 넘게 봤어요. 그렇지만 우리는 다른 나라에 비해 자랑스러운 역사도 많은 한편 부끄러운 역사도 많이 가지고 있습니다. 사극을 보면 대부분 왕가의 이야기들이죠. 그 당시를 살았던 백성들의 이야기는 사극에서 좀처럼 찾아보기 어렵죠. 현재로 치자면 재벌 드라마가 되겠지요. 저는 대학생이 되기 전까지 대중 매체만 보고 자랐고, 대학생 시절 공부하기 싫어 영상물 기록관에 들어가서 우연히 본 것이 변영주 감독님의 〈낮은 목소리 1〉이었습니다. 우리는 소위 '국뽕'이라고 말하는, '이순신 장군은 명량에서 말도 안 되는 열세를 극복하고 왜군을 쓰러뜨렸지' 등의 이야기를 끊임없이 들으며 교육받아 왔습니다. 한편 〈낮은 목소리〉와 같은 이야기는 그 당시의 제도권에서는 제대로 들을 수가 없었습니다. 〈낮은 목소리〉 삼부작은 위안부 할머니들이 주인공이지요. 수많은 피해자 할머니들을 다루는 다큐멘터리가 있지만 아직까지 저에게는 〈낮은 목소리〉만큼의 감흥을 전해주는 작품은 없습니다. 왜 그럴까 생각을 해봤는데요, 대학생이 되고 나서 처음 이런 영화를 접했기 때문이라고 생각했지만 다시 극장에서 제대로 보게 되면서 그것이 아니라는 것을 깨달았습니다.

변영주 감독은 이 영화를 26살에 찍었어요. 1995년 다큐멘터리를 찍기 위해 위안부 할머니들이 모여 사는 곳에 찾아갔는데 문전박대를 심하게 당했다고 합니다. 그 당시만 해도 흥밋거리 정도로 접근하는 매체들이 많았고, 어떤 감독은 기지촌 이야기와 엮어서 한국여성 수난사 같은 영화를 만들겠다고 위안부 할머니들을 찾아갔다가 쫓겨난 적도 있었지요. 변영주 감독은 할머니들께 촬영허락을 구하기 위해 집과 TV 등을 수리해드리고 불편하신 것들을 고쳐드리면서 거의 1년 동안 같이 살았습니다. 그러면서 기존의 사람들, 남성 감독과는 전혀 다른 공감대가 생깁니다. 저는 영화 안에서도 그것을 느낄 수 있었는데요, 아무래도 삼부작 안에서 1편이 가장 잘 드러나고, 3편에서는 감독과 할머니들 간의 끈끈한 신뢰가 보입니다. 여러분들도 꼭 모두 보시면서 느끼시길 바랍니다.

⟨낮은 목소리⟩는 총 삼부작으로 이루어져 있죠. 1편이 할머니들의 존재를 알렸다면 2편은 할머니들의 삶을 보여줍니다. 감독은 이 할머니들의 삶을 보여주면서 마지막을 죽음으로 끝맺고 싶지 않았다고 해요. 비슷한 다큐멘터리들에서 보여주는 것처럼 마지막에 눈물바다가 되는 형식에서 벗어나 당당하게 스스로 살아가는 할머니들의 모습을 보여주고 싶었던 거죠. 그런 와중에 돌아가신 할머니도 계시는데, 장례식 장면은 나중에 따로 촬영한 거라고 합니다. 그리고 지금 보신 ⟨낮은 목소리 2⟩에서 "다시 태어나면 아이를 낳아보고 싶다"고 말씀하신 김복동 할머니께서 얼마 전에 돌아가셨지요.

⟨낮은 목소리⟩는 넷플릭스나 왓챠 같은 곳에서는 보실 수 없습니다. 보기 위해서는 DVD로 봐야 하는데, 참고로 이 DVD에는 건너뛰기 기능이 없습니다. 제가 어제 급하게 공지를 올려서 이 자리에 젊으신 분들도 많이 보이는데요, 요즘은 어떤 영상을 보더라도 10분 이상 집중을 한다는 게 힘들죠. 그래서 유튜브 같은 곳에서도 보통 10분 이하 영상들이 많지요. 그래서 오히려 오늘처럼 ⟨낮은 목소리⟩를 극

장에서 보는 기회는 굉장히 귀하다고 생각합니다. 이 영화는 절대 2배속으로 봐서도 안 되고 10초 점프로 봐서도 안 되며 그냥 처음부터 끝까지 봐야 합니다. 이 할머니들의 이야기가 왜 낮은 목소리인지, 할머니들의 이야기를 낮추게 한 장본인들 중에 과연 내가 있지는 않는지….

관객 1: 영화를 보면서 여러 가지 생각이 들었는데, 특히 씨를 뿌리시면서 끝나는 장면에서 나오는 음악에 대해서 궁금합니다.

거의없다: 사실 음악은 제 분야가 아니고 어떤 효과를 위해 이 음악을 넣었는지는 감독님께 직접 설명을 들어봐야 알겠죠. 참고로 이 영화는 필름을 1피트 씩 기부 받아서 만들었습니다. 변영주 감독은 〈낮은 목소리 1〉을 만들고 빚이 8천만 원이 생겼다고 해요. 지금 돈으로 치면 더욱 크죠. 그런데 2편 역시 어렵게 촬영했고, 다큐멘터리 역사상 극장개봉으로 3만 명의 관객을 모았다 하더라도 돈은 그다지 얼마 안 됩니다. 추측컨대 저작권에 구애받지 않은 음악 중에 사용하지 않았을까 생각합니다. 1편과 2편에서 사용한 음악들을 들어보면 몇 개 안되는 악기들이 굉장히 가냘픈 멜로디를 만들어냅니다. 할머니들의 인생 자체를 이야기하듯 들리지요.

대학교 도서관에서 만난 첫 영화

관객 2: 최근 위안부 할머니들에 대한 영화들이 나오고 있는데요, 어떻게 보셨을지 궁금합니다.

거의없다: 사실 할머니들의 삶 자체가 너무 처절하기 때문에 극영화보다는 다큐멘터리로 보시는 것이 좋다고 생각합니다. 극영화로 접하다보면 사실보다는 감정적으로 접근하게 됩니다. 저는 이러한 주제를 한국형 신파처럼 느끼지 않았으면 합니다. 〈아이 캔 스피크〉(2017) 영화는 좋았습니다. 우선 〈낮은 목소리〉 삼부작을 보시고 다른 영화들도 보시는 게 가장 좋지 않을까요? 제작한지도 오래되었고 돌아가신 분들도 많으셔서 다들 옛날 일처럼 생각하지만 후손인 우리에게도 알아야 할 의무가 있다고 생각합니다. 만약 할머니들께서 끝까지 입을 다물고 계셨더라면 혹은 주변 사람들의 시선에 굴복했더라면 우리는 끝까지 몰랐겠지요. 사실을 알게 되고 그것이 잘못된 것이라면 그때부터 타인에게 알리고 전달하는 것은 우리의 책임이라 생각합니다.

관객 3: 사실 거의없다 님을 보러 왔기 때문에 어떤 영화인지도 몰랐는데, 막상 와서 보니 무거운 주제의 영화였습니다. 거의없다 님이 만드신 영상과 유튜브에서 재밌게 말씀하신 것과는 달라 좀 놀랐는데요, 아까 잠깐 말씀하셨듯이 〈아이 캔 스피크〉를 좋게 보신 이유가 무엇일까요?

거의없다: 제가 〈아이 캔 스피크〉를 높게 평가하는 이유는 위안부 할머니들을 전시하지 않았다는 점이죠. 최근에 나온 영화 안에서 피해자 할머니들을 가장 살아있는 캐릭터로 만든 영화라고 생각해요. '이 슬픈 여자의 인생을 보여 주겠다'는 방식이 아닌 생생하고도 현실에서 한 발짝 나아가는 과정을 그리죠.

할머니들은 평생에 걸쳐 두 가지랑 싸웠습니다. 첫 번째는, 자신들의 존재를 역사에서 지우려고 하는 일본이죠. 관심 있으신 분들은 '한일위안부 졸속협상'에 대해 찾아보시기 바랍니다. 두 번째는, 자국민들의 편견과의 싸움입니다. 저는 이 두 번째 싸움이 죽을 고생을 하며 지옥 같은 곳에서 산 시간보다 더 길고 힘드셨을 거라 생각합니다. 이 자리에는 저보다 어리신 분들이 더 많으시고, 이 영화를 처음 보신 분들이 대부분일 것 같습니다. 제가 대학교 때 받았던 그 충격을 여러분들도 함께 느끼고, 가능하다면 할머니들 편에서 계속해서 같이 싸워주시면 좋겠습니다. 이 기회를 통해 함께 한 시간이 감상으로 끝나지 않고 여러분들의 새로운 경험과 시작이 되길 바랍니다.

이상 유튜브에서 십 분짜리 동영상을 만드는 유튜버의 변이었습니다.

감독: 장선우
모더레이터: 조경희[영화학자]

2019년 11월 30일

인간의 고통은 크게 다르지 않다
〈나쁜 영화〉

조경희: 〈나쁜 영화〉의 나이가 스무 살이 넘었습니다. 하지만 20년 전에 만들어진 영화라는 생각이 전혀 들지 않을 정도로, 지금 봐도 너무 새롭고 에너지가 넘칩니다. '나쁜 영화'라는 제목의 이번 기획전에 이 작품이 상영된 의미가 크다고 생각합니다. 장선우 감독님께서도 팸플릿을 보시면서, "아 이렇게 많은 나쁜 영화가 있었다…"고 얘기하셨듯이, 이번 기획전의 제목을 통해 여러 생각을 하게 됩니다. '나쁜 영화'란 어떤 것인가, 혹은 검열이라든지 가위를 든 사람들이 보여주지 않으려 한 영화는 어떤 영화인가. 이 자리에서 정의까지는 아니더라도 '나쁜 영화'에 대한 이야기를 나누고 싶습니다. 특히 장선우 감독님께서 이번 기획전에 직접 오신 데에 특별한 의미가 있을 것 같습니다. 〈나쁜 영화〉를 극장에서 다시 보신 소감을 들어보면서 관객분들과의 대화를 시작하겠습니다.

장선우: 먼저 이 영화를 보게 해주신 기획자분들께, 더군다나 필름으로 틀어주신 것에 감사 말씀드리고 싶습니다. 이런 기획은 앞으로 또 올 것 같지는 않습니다. 보통 디지털로 복원해서 트는 경우는 있어도 필름을, 그것도 아주 오래된 공간에서 필름의 반짝반짝 빛나는 펀치를 볼 수 있는 게 색다른 경험이었습니다. 제가 만든 영화지만 저 역시 새로운 관객의

인간의 고통은 크게 다르지 않다

한 사람으로서 특별 체험을 하게 되었습니다. 이 영화는 예전에도 늘 그랬지만 중간에 나가는 사람들이 굉장히 많습니다. 그런데도 이렇게 끝까지 남아주신 분들은 특별히 함께 길을 가는 듯한 느낌을 받았습니다.

조경희: 이번 행사에서 검열이란 주제가 중요한 것 같습니다. 자연스럽게 방금 본 〈나쁜 영화〉의 상영본과 원본인 감독판에 어떤 차이가 있을지 궁금하실 것 같습니다. 감독판은 일본에서 DVD로 출시된 바 있습니다. 관객 입장에서는 당연히 감독판 영화를 보고 싶은데요. 오늘 〈나쁜 영화〉의 상영본에서 크게 세 장면 정도가 삭제된 것 같습니다. 청소년들의 윤간 장면, 청소년들 간의 성관계 장면, 그리고 '새'라는 여주인공이 가출한 후에 사장에게 위협당하는 장면인데요. 감독님은 어떻게 보셨는지 궁금합니다.

장선우: 조경희 씨는 제 영화를 가지고 프랑스에서 박사 학위를 받으셨으니 저보다 이 영화를 더 잘 알 것 같아요. 이 영화도 저보다 훨씬 구체적으로 알고 계시는데, 오늘 보니 잘리길 잘했다는 생각이 듭니다. 특히 윤간 장면은 삭제됐다 하더라도 충분히 암시되고, 나중에 발길질하는 장면에서 윤간임이 언어로 표현되었을 때 훨씬 자극적인 장면이 연상되면서 검

열의 이득도 있다는 생각이 드는 장면이죠. 이 영화의 좋은 점이 있다면 서사무가처럼 어느 부분이 잘려도 이야기의 흐름이 유지된다는 것이죠. 이렇게 잘리고 살아나면서 지금 말한 일본판도 다르고, 미국판, 프랑스판 모두 다 달라요. 국내판도 지금 보신 극장판보다는 긴 것 같은데 뭔지 모르겠어요. 이 영화는 버전이 너무 많아서. 하여튼 필름으로는 앞으로도 자주 보기 어려울 텐데 지금 본 버전도 크게 아쉽지는 않습니다.

조경희: 오늘 관객분들 중에는, 〈나쁜 영화〉를 처음 보신 분들도 있고, 이 영화를 제작한 다음에 출생한 분들도 계시겠죠. 지금 보더라도 영화 제작 방법이 매우 독특합니다. 당시의 한국 영화에서 볼 수 없던 형식을 선보인 영화인데요. 덧붙여 말씀드리면 영화와 함께 『나쁜 영화』라는 소설이 출판됐습니다. 이정하 작가님이 1, 2권으로 쓰셨고, 영화의 제작 기간, 에피소드 등을 기록했습니다. 우선 관객분들이 〈나쁜 영화〉의 제작 과정을 궁금해하실 것 같습니다.

장선우: 〈나쁜 영화〉의 전작이 〈꽃잎〉(1996)이에요. 이정현이라는 15세 소녀를 주인공으로 광주를 배경으로 찍었죠. 전작과는 장르상으로도 엄청난 차이가 느껴질 거예요. 왜 이렇게 됐는지는 저만의 논리니

인간의 고통은 크게 다르지 않다

까요. 저는 모든 영화를 반성하고, 부정하면서 다음 영화를 끌어들입니다. 어찌 보면 〈꽃잎〉에 대한 반 작용인 거죠. 전혀 다른 길 같지만, 저한테는 한 길과 같습니다. 동기를 길게 얘기하는 것보다 그렇게밖에 설명을 못하겠습니다.

조경희: 〈나쁜 영화〉는 허구와 다큐멘터리를 혼합하여 연출한 영화입니다. 영화의 주인공인 여러 청소년이 직접 겪은 이야기를 글로 써서 이를 재연한 부분이 있고요. 실제 행려와 그들을 재연한 실제 배우도 등장합니다. 또 세 번째 중요한 인물은 카메라를 든 사람들이죠. 이렇게 여러 인물의 구성 과정이 궁금합니다. 감독님께서는 자연스럽게 이루어졌다고 말씀하신 바 있는데요. 특히 청소년과 행려가 같은 화면에서 비춰지지 않아도 그들이 함께 있다고 느끼는 순간이 있고요. 카메라를 든 사람들, 영화를 만드는 이들을 영화에 등장시킨 이유는 무엇인지도 궁금합니다.

장선우: 제가 영화를 만들려 하던 시절에 「열린 영화를 위하여」라는 약간 거친 선언문 같은 에세이를 쓴 적이 있습니다. 모든 것을 다 열어놓고 영화의 큰 범위 안에서 수용하는 것이죠. 우리가 찍거나 찍히는 사실 자체를 다 열어두면서 느끼는 낯선 경험을 영

화 안에 다 담아내고자 했습니다. 보시다시피 지금은 굉장히 유명한 배우들도 행려 속에 많이 나오더라고요. 그 사람들이 얼마나 고생했고, 나름대로 진짜 행려와 구별 없이 섞이려고 얼마나 노력했을지 그 서러움이 보였습니다. 또한 카메라도 계산해서 찍기보다 자기 눈으로 보고 이것이 그림이고, 삶이라는 것을 직접 잡아냈고요.

편집실에 들어가서 보니, 35미리 메인 카메라는 중간에 더 기동성이 떨어져서 쫓아오지 못했고, B 카메라, C, D 카메라의 소스를 주로 쓰게 됐어요. 비디오카메라와 16미리 카메라가 대부분이고, 35미리였던 A카메라는 소스를 골라내는 작업만 상당히 오래 걸렸습니다. 눈이 순식간에 나빠진 느낌이 들 정도로 많은 필름을 계속 보고 골라내는 것이 편집의 힘 같아요. 고전적인 방식이 아니었기 때문에 어떻게 배치하고 리듬을 만들지 고민하여 형태를 완성시켜 나가는 편집 작업이 굉장히 중요하다고 생각했고 공을 많이 들였습니다.

조경희: 96년, 97년의 텔레비전 방송에서 서울역 주위의 행려자 혹은 가출 청소년 문제를 종종 짤막한 뉴스로 다뤘습니다. 그런데 이 같은 뉴스는 당시 사회를 반영하는데 중요한 자료이지만, 행려자와 청소년을 주로 정형화된 모습으로 비춰서 아쉬움을 남겼

인간의 고통은 크게 다르지 않다

습니다. 〈나쁜 영화〉에서 비추는 청소년의 분노는 사회가 그들에 갖는 편견에 대한 분노가 아닌가 싶습니다. 또한, 〈나쁜 영화〉가 그들의 삶을 다양한 모습으로 보여주면서, 기존 미디어의 정형화된 틀에 대항한다고 보았습니다. 감독님께서는 이들 청소년을 만나셨을 때 그들과 세대 차이도 있고, 개성이 강한 세계에서 사는 그들의 에너지와 감독님의 에너지가 충돌하는 느낌을 받았다고 들려주셨는데요, 청소년들과의 첫 만남이 궁금합니다.

장선우: 직접 행려나 가출 청소년들을 만났을 때는 그것이 좋다 나쁘다로 설명할 수 없는 끈끈한 느낌이 있었습니다. 그리고 그것을 다 영화에 담았습니다. 오늘 보면서, 특히 제 나이가 그때보다 20년 넘게 흘러서 보니 되게 슬펐어요. 그때는 몰랐지만, 오늘은 너무 슬펐어요. 제가 영화를 추구하는 방향 중의 하나가 여백이기 때문에 언제 보아도 새로운 느낌으로 볼 수 있기를 바라면서 늘 질문하는 영화를 하려고 하죠. 그래서 오늘도 그때와 다른 새로운 것이 보였어요. '아직도 그때와 똑같은 세상이구나. 형태들이 다르고, 세대적인 경험들은 달라도 사회 구조적 문제, 인간이 갖고 있는 고통의 내용은 크게 달라지지 않았구나…' 그런 것들이 보이면서 슬펐습니다.

조경희: 감독님 말씀을 들으니 〈서울예수〉에 등장하는 두 명의 주인공이 생각납니다. 오늘 〈나쁜 영화〉 전에 〈서울예수〉를 상영했는데요, 〈서울예수〉에는 부모 없이 아이들과 함께 변두리 오막살이를 하는 껌팔이 소년이 등장합니다. 또한, 소년을 동반하는 인물로서 자신을 예수로 여기는 남자가 있는데요. 남자는 정신병자로 취급받지만, 어쩌면 인간 세상의 부조리를 너무 잘 알기에 사회에서 격리되고, 극 중 진짜 예수일 수도 있는 인물입니다. 이러한 〈서울예수〉의 주인공이 사회에서 소외되고, 길에서 생활하는 점에서 〈나쁜 영화〉의 인물과 겹쳐 보이는 지점이 있습니다. 그래서 어쩌면 감독님께서 〈나쁜 영화〉의 행려와 청소년을 만난 것이 우연이 아니라, 〈서울예수〉를 연출한 10년 후에도 여전히 껌팔이 소년과 예수를 생각하면서 다른 모습으로 재회했는지도 모르겠습니다.

〈나쁜 영화〉의 형식적 실험도 영화의 주요한 화두로 보입니다. 지금은 모든 영화를 디지털카메라로 촬영하지만, 당시에는 선구적이었습니다. 소형 디지털카메라이기에 재현 가능한 인물의 움직임과 에너지, 색, 속도뿐 아니라, 오락기 영상으로 연출한 애니메이션과 펑크 음악 등, 혼합적인 이미지와 음향의 양상을 연출하셨습니다. 감독님께서 「열린 영화를 위하여」에서 말씀하신 미학적 시도를 실천한

인간의 고통은 크게 다르지 않다

작품이라고 생각합니다.

관객 1: 디지털카메라의 보급이 〈나쁜 영화〉에도 영향을 미쳤다고 볼 수 있지만, 이 영화를 90년대 말이라는 시간적 배경이 아닌 지금에서도 찍을 수 있을까란 생각을 잠깐 했습니다. 예전에 뉴스에서 봤는데, 유튜브 같은 곳에 서울역의 노숙자들을 찍어서 올리는 사람들에게 벌금을 물리겠다는 식의 기사를 보면서, 허가 없이 찍는 것이 문제인지 서울역이라는 공간 자체를 흥밋거리로 소비하는 모습 자체가 문제인 건지 약간 헷갈렸습니다.

장선우: 그럴 거예요. 지금은 카메라를 대기도 어려운 상황들이 많아졌죠. 〈나쁜 영화〉를 지금에서는 모큐멘터리 장르로도 얘기하지만, 저 때는 장르적 개념을 생각하고 만든 것이 아니니까요. 하다 보니 그 당시에 페이크 드라마나 모큐멘터리를 시도한 것이 된 거죠. 연기를 안 한 것 같지만 실제 자기들의 경험을 연기했고, 시나리오가 없는 것 같지만 나름대로 써서 했고, 또한 배우들은 그 사람들의 삶에 들어가서 자신들의 삶을 끌어내가는 과정을 시도했죠. 그러니까 현장에서 촬영 허가를 받고 안 받고 이전에 그러한 방식이 지금 가능한지 아닌지의 문제인 것 같아요.

조경희: 방금 질문해주신 것처럼 윤리적으로 '보는 행위', '보이는 행위'에 대한 문제도 있지만, 창작자의 고통도 생각해봅니다. 특히 말씀드린 『나쁜 영화』책에서 영화를 찍는 동안 카메라를 든 사람들이 얼마나 힘든 시간을 보냈는지를 느낄 수 있습니다. 제가 존경하는 한 다큐멘터리 영화 감독님도 '고통을 겪은 사람들의 삶을 얘기한다는 것이 너무나 힘들었다'고 말씀하시더라고요. 관객에게는 나와 다른 세계를 만날 귀중한 기회이지만, 만드는 사람은 그들의 삶을 과연 잘 전달할 수 있겠냐는 부담과 그런데도 카메라를 계속 들어야 하는 고통을 감수해야 하는 거죠.

장선우: 하지만 그것을 고통으로 생각하면 너무 힘들죠. 좋았던 경험들이 고통을 넘어서죠. 예를 들어 '만수'라는 실제 행려는 조용규 촬영감독의 무전기까지 뺏어서 놀고 연출부와도 사이가 좋았죠. 구별과 경계가 허물어지면서 고통 그 이상의 것을 만들어내죠. 자신이 어떤 대사를 표현해야 한다고 생각하면 힘든데 서로 받아들이고 나누는 과정에서 조금씩 부담을 덜어낼 수 있죠. 여기에 다큐멘터리의 일선에 계신 김동원 감독님도 함께 계시니 어떻게 하는 것이 좋은 방법인지 여쭤보고 싶어요.

관객 2〔김동원〕: 제일 어려운 문제인데요. 말하자면

인간의 고통은 크게 다르지 않다

자기가 찍는 사람을 대상화할 위험이 언제나 있다고 생각해요. 사실 수평적인 관계가 아닌 카메라에 종속되게 묘사가 되어 버리는 위험을 피할 수 있는 방법은 거의 없어요. 저도 오랜만에 이 영화를 다시 봤는데, 일종의 열린 영화를 만드는 방식 중의 하나이고, 영화의 기존 문법이라든지 꽉 닫힌 시스템을 깨기 위해서 지금 봐도 굉장히 파격적인 방법이지만, 그 당시에는 정말 혁명 같은 거였어요. 그만큼 방법을 찾으려는 고민을 치열하게 했고 굉장히 힘들었겠죠. 또 그걸 뛰어넘게 하는 순간순간의 소통 같은 것들을 잘 찾아낸 것 같아요.

제가 질문드리고 싶은 것은, 이 영화는 시나리오가 없는 것처럼 보이지만, 아까 말씀하신 대로 없는 듯이 있는 거잖아요. 특히 볼링장에서 도망칠 때 유리창 창문을 넘어서 간다든지, 회사 사무실 금고를 털고 나서 공원 가서 노는 장면들은 어떤 스토리를 만들려는 것처럼 보이는데, 설정 같은 것일까요?

장선우: 그러니까 이것은 다큐멘터리라고 부르기는 어려워요. 아까 언급하신 부분은 자기네들이 자기들 에피소드를 써서 조감독에게 제출했어요. 나중에 조감독과 우리들이 에피소드를 취합해서 배역을 애들한테 준거죠. 자신들이 쓰고 자신들의 역할을 연기하면서 다큐 같은 느낌을 만들어 낸 거죠.

관객 3: 영화를 보면 카메라가 없는 듯한 장면과 실제 같은 연기 장면들이 많은데, 카메라와 인물의 관계에서 어떻게 벽을 허무셨는지 궁금합니다.

장선우: 청소년들은 시나리오가 아닌 자기 경험들을 모아서 각색하고 실제 본인이 연기를 했기 때문에 자연스러울 수 있지만, 행려의 경우는 연기자들도 함께 투입했기 때문에 달랐어요. 연출부가 네 명이라고 하면, 두 명은 청소년 담당, 두 명은 행려 담당으로 나눴죠. 청소년들과 같은 방식으로 에피소드를 수집해서 연기자들에게 연기를 시켰더니 생각만큼 너무 느낌이 안사는 거예요. 청소년들은 자신들의 이야기를 가지고 있었고, 그 안에서 오디션을 봤기 때문에 스스럼없이 연기를 했던 반면에 기성 연기자들은 오디션이 아닌 추천을 받아서 캐스팅을 했었죠. 지금은 대배우인 송강호 등의 배우들이 많이 나왔죠. 그중에 잘 녹아들어간 배우가 있는가 하면 너무 힘들어서 겉도는 배우들이 생기는 거예요. 기주봉, 안내상 배우가 꽤 잘 녹아들었었는데, 죽은 딸을 안고 울었던 행려 역할의 기주봉 배우는 실제 자기 딸을 데리고 왔었죠. 이렇게 자기 나름대로의 생존방식을 찾으면서 잘 어울렸던 사람도 있고 아닌 사람들도 있었습니다.

　　　카메라의 경우는 어느 사태가 날지 늘 모르

는 상태기 때문에 계속 따라가면서 움직이고 그 속에서 살아야 되는 거죠. 실제와 같은 생활을 하면서 어떤 사람의 소재로는 전혀 안 먹히는 경우도 있고, 오랫동안 관찰하고 서로 섞이면서 애증 관계도 생기고요. 이 자리에 함께 있는 당시 조감독 이혜영 씨께 당시 상황을 여쭤보죠.

이혜영: 저는 오늘 보고 좀 짜증나더라고요. 옛날에는 정말 제정신이 아니었구나… 란 생각이 들었습니다. 처음에는 청소년 파트였는데, 그 당시에 십대들하고는 잘 못 어울리겠더라고요. 짜증내고 스스럼없이 하는 행동들을 참기가 힘들어서 행려 파트를 담당하게 됐어요. 서울역도 처음에 힘들었지만 십대들을 맡는 것보다는 조금 편했어요. 그냥 저를 행려로 봐주시더라고요. 카메라를 들고 있었지만 별로 거부감이 없으셨고 신경도 안 쓰셨어요. 오히려 굉장히 잘해주셔서 서울역에 가면 편한 마음이 들었어요. 밤에 가야 했기 때문에 무서울 것 같았지만 생각보다 그렇지는 않았어요. 행려 파트 스태프들이 각자 흩어져서 본인들이 찍고 싶은 것을 찍었어요. 어마어마하게 많은 소스들이 있었는데 석 달 동안 거의 날을 새 가면서 정리를 했습니다.

조경희: 감독님의 방향에 공감하시고 현장에서 촬영

2장: 기억들

하신 건데, 제작 과정을 어떻게 기억하시는지 궁금합니다.

이혜영: 그 당시에는 스태프들과 배우들 모두 사이가 굉장히 좋아서 가족 같았거든요. 그래서 그다지 힘들다는 생각은 별로 안 들었어요. 십대 친구들이 촬영이 없을 때는 사무실에 와서 자주 놀았기 때문에 친한 동생 같기도 했고요. 당시에는 굉장히 멋있고 파격적인 일들을 한다고 생각했는데 오늘 보니 저런 일을 어떻게 했나 싶기도 하고, 오히려 사람들이 이 영화를 싫어했던 것이 이해가 가기도 합니다.

관객 4: 저는 오디션 과정이 가장 궁금합니다. 영화 속에서도 아주 짧게 소개가 되기는 하는데, 오디션의 선별 과정과 기준이 궁금하고, 또 오디션을 보러 온 십대 당사자들은 영화에 대한 기대 같은 것을 가지고 왔을 것 같은데 보통 오디션과는 다른 판단이 필요했을 것 같고요.

장선우: 오디션 과정에 대해서는 저보다는 조감독들이 알죠.

이혜영: 영화 처음에 나오는 목소리가 김수현 당시 조감독이죠. 이후에 영화 〈귀여워〉(2004)를 연출하셨죠.

장선우: 거기에 제가 남자주인공으로 나옵니다.

이혜영: 김수현 감독이 십대 파트의 조감독이었는데, 처음에 슬기라는 친구랑 여러 명이 들어왔고, 그 친구들이 자기 친구들을 데리고 왔고… 그것을 보면서 오디션에 많은 사람들이 왔었어요. 근데 이 친구들이 참 글들을 잘 쓰더라고요. 자신들이 어떻게 살아왔는지 글로 써서 내는데 너무 잘 쓰는 거예요. 물론 읽으면서 어느 정도까지 거짓말을 했을까란 생각도 하기는 했지만 시나리오로 만들어낼 수는 있었죠. 실제 연기자들도 많이 왔는데 연기를 하고 싶어서 온 배우들은 일차적으로 걸러진 것 같아요.

장선우: 아, 저절로 빠졌어요. 저도 기억이 났어요.

이혜영: 우선 못 견디더라고요. 그 친구들하고 다 같이 어울리지도 못하고요.

장선우: 연기는 이런 거라는 식으로 연기자로서 온 사람들은 거의 떨어졌어요.

조경희: 『나쁜 영화』책의 내용 중에, 청소년 한 명이 감독님께 〈비트〉(1997)의 정우성처럼 찍어달라고 조르는 에피소드가 있습니다. 그런데 감독님께서는

"네가 정우성보다 훨씬 멋있어"라고 얘기하셨더라고요. 청소년에 대한 감독님의 마음이 느껴지는 대목이었습니다. 〈나쁜 영화〉가 청소년의 분노도 그리지만, 또한 그들의 행복과 즐거운 일상도 보여주면서, 그들의 다양한 삶을 보여주는 부분이 중요하다고 느꼈습니다. 또한 〈나쁜 영화〉 이후에 〈노랑머리〉(1999), 〈눈물〉(2000)처럼 사각지대에 있는 십 대를 다룬 영화가 이어서 만들어졌습니다.

관객 5: 극영화에서 사각지대에 있는 십대들을 주목하게 된 변곡점이 되는 영화인 것 같습니다. 혹시 비슷한 작품들이 나올 때마다 챙겨 보셨는지, 보셨으면 어떤 느낌이 드셨을까요?

장선우: 〈나쁜 영화〉 다음에 〈거짓말〉이란 영화를 만들었죠. 〈거짓말〉은 고등학생에서 대학생으로 가는 과정으로 가는 청소년이 등장하죠. 그것에 초점을 맞춘 영화는 아니고요. 나쁜 정권에서는 성을 정치적 도구로 이용하는 경향이 많았고, 성을 억압하면서 정치적인 탄압을 합리화하고 왜곡시켜 왔죠. 하여튼 저는 다음 영화를 준비하면서 그 전 영화에 대한 관심을 안 가졌던 것 같아요. 아까 말했듯이 늘 부정하고 새로운 것을 찾아 나가고 싶었으니까요.
　　제가 역으로 질문드리고 싶은 부분이 있는

데, 어떻게 이 장소에 이 영화를 보러 오셔서 끝까지
안 나가고 지루한 GV까지 함께 계시는 여러분들의
정체가 궁금해요. 대부분 오늘 처음 보시는 거죠? 아
니면 전에 다운로드해서 보신 적이 있으실까요? 그
때랑 지금은 어떻게 다른가요?

관객 6: 저는 오늘 두 번째로 봤고, 10년 전쯤 영상자
료원에서 처음 봤습니다. 그 사이에 유튜브라는 플랫
폼들이 많이 나오고 발달했잖아요. 영화에서도 단편
적인 부분들이 시작될 때마다 자극적인 질문들과 그
들의 언어가 등장하는데요, 오늘날 유튜브 같은 곳에
서도 조회수를 올리기 위해서 자극적인 섬네일을 만
들고 영화적인 문법이 아닌 방식으로 자기들의 경험
을 영상으로 풀어내는 것들이 많죠. 마치 그것들이
90년대 이루어진 것들을 모은 것이라면 당시 십대
들의 모습을 보는 게 그런 경험이지 않았을까요.

관객 7: 감독님께서 편집에 대해서 말씀을 많이 하셨
는데, 크래딧에 나오는 김현 편집 감독님의 역할은
어떤 것이었을까요?

장선우: 제가 도움을 많이 받았고, 정서적으로 영화
의 스승 같은 분들이 스태프로 오셔서 작품을 같이
했습니다. 그중에 말씀하신 김현 기사님이 계시고,

〈성공시대〉(1988)부터 〈꽃잎〉까지 촬영하신 유영길 감독님이 계십니다. 〈나쁜 영화〉는 디지털로 넘어오는 과도기이기도 했지만, 기존의 편집법하고는 달랐습니다. 하지만 함께 넣었던 건 일종의 헌사라고 할 수 있습니다. 늘 보고 정감어린 코멘트를 해주시는 분이었습니다.

관객 8: 감독님의 영화 평론이나 글들을 볼 수 있는 방법이 있을까요?

조경희: 감독님의 「열린 영화를 위하여」는 학민사에서 나온 『새로운 영화를 위하여』에 수록되어 있습니다. 또 『월간 조선』과 『월간 마당』에 영화에 대한 글을 쓰셨어요. 영화 비평을 하실 때부터 다양한 표현의 가능성에 주목하셨고, 새로운 리얼리즘을 시도하셨습니다. 저는 『월간 조선』과 『월간 마당』에 요청해서 감독님의 비평을 읽었는데, 이른 시일 내에 감독님의 영화 비평 글들이 재출간되어서 여러분이 읽어보실 기회가 있기를 개인적으로 바라봅니다.

곧 다음 영화 〈거짓말〉이 시작됩니다. 지금까지 감독님의 아홉 번째 영화 〈나쁜 영화〉였습니다.

감독: 장선우   2019년 11월 30일
모더레이터: 조경희[영화학자]

늘 부정하고 새로운 것을 찾는다
〈거짓말〉

조경희: 〈거짓말〉의 프랑스 개봉 당시, 텔레비전 뉴스에서 장선우 감독님의 〈거짓말〉을 소개하면서, 오시마 나기사(大島渚)의 〈감각의 제국(愛のコリーダ)〉(1976)과 베르나르도 베르톨루치(Bernardo Bertolucci)의 〈파리에서의 마지막 탱고(Ultimo Tango a Parigi)〉(1996)와 함께 매우 용기 있는 작품이라고 언급했습니다. 영화에서 표현의 자유의 중요성도 덧붙였고요. 국제 영화제에서 〈거짓말〉 상영 중 관객이 시종일관 웃음을 터뜨렸다는 에피소드와 함께 매우 재미있지만, 또한 슬픈 영화라고 전했습니다. 오늘 〈거짓말〉을 다시 보면서, 한국과 해외에서 영화를 받아들이는 수용의 차이에 관해 생각할 수 있었습니다. 감독님께서도 극장에서 오랜만에 〈거짓말〉을 보셨을 텐데요. 먼저, 소감 말씀을 듣고 싶습니다.

장선우: 지금 상영된 버전은 검열본 극장판이네요. 제작사에서 세 번인가 심의에서 반려됐다가 결국 타협해서 15분 정도 삭제한 것으로 극장에 건다고 했는데 제가 반대할 수 있는 입장과 상황을 아니었습니다. 그래서 개봉관에서는 보지 않았고 사실 오늘 처음 봤습니다. 영화제 같은 곳에서 개봉심의를 거치지 않은 버전만 본 거죠. 오늘 처음 본 느낌은 '검열이라는 것이 얼마나 나쁘고 안 좋은 건가' 라는 생각을 지울 수 없게 됐습니다.

늘 부정하고 새로운 것을 찾는다

물론 저의 개인적인 견해이지만, 무삭제판은 굉장히 천진난만하고, 아까 말씀하신 대로 웃으면서 즐겁게 볼 수 있는 영화입니다. 밑에 깔려 있는 정서는 다르지만, 예를 들어 베니스 영화제에서도 관객들이 발을 굴러가면서 웃었지요. 특히 가방에서 여러 가지 도구들이 나오는 장면에서는 모두들 웃음을 참지 못했지요. 그렇게 웃지 못하는 이유는 검열로 인해 화면이 잘리고, 대사가 잘리고, 모자이크 처리가 되면서 마치 음란물처럼 만들어져 버린 것이죠.

좀 전의 〈나쁜 영화〉에서도 말씀드린 바와 같이, 〈나쁜 영화〉는 검열을 거치면서 일부가 삭제됐더라도 이야기의 흐름이 유지되면서 다행스럽기도 했지만, 〈거짓말〉의 경우는 좀 불행한 일이었던 것 같아요. 오늘 보니 정말 나쁜 영화가 되어 있었네요. 그런 버전을 여러분하고 보게 되어 유감스럽고 죄송합니다. 하여튼 함께 끝까지 봐주셔서 고맙습니다.

조경희: 검열에 관해 덧붙이자면, 오늘 아침에 상영한 〈서울예수〉의 경우, 대본 심의를 거치면서 137개 장면 중 20개를 삭제했습니다. 87년의 6.29 선언 이후에 대본 심의 제도를 폐지했지만, 안타깝게도 〈서울예수〉를 제작한 이후에 실행했고요. 〈나쁜 영화〉와 〈거짓말〉은 96년의 사전 검열 위헌 판결 후에 제작됐지만, 영화진흥법에 따라 검열이 상영등급분류 제

도로 바뀌면서, 두 편 모두 '등급보류' 판정을 받았습니다. 더 큰 문제는, 당시 등급보류 판정을 받은 영화를 상영할 등급외전용관의 설립을 허용하지 않았고, 해결책이 없는 상태에서 등급보류 판정을 내렸다는 사실입니다. 〈거짓말〉은 두 차례의 등급보류 판정을 받았고, 결국 제작사에서 18분 분량을 삭제한 후에야 극장에서 상영할 수 있었습니다.

　　　〈거짓말〉의 각색을 결정한 시기는 이미 원작 소설인 『내게 거짓말을 해봐』의 장정일 작가가 '음란 문서제조' 등의 혐의로 기소된 상황이었습니다. 각색을 결정하기가 쉽지 않았을 것 같습니다. 이전에도 장정일 작가의 소설 『너에게 나를 보낸다』을 각색하셨는데요. 어려운 상황에서도 장정일 작가의 작품을 선택하신 배경이 궁금합니다.

장선우: 맞아요. 장정일 작가의 원작으로 〈너에게 나를 보낸다〉(1994)라는 영화를 만든 적이 있지요. 그때도 검열 때문에 조금 미치긴 했는데 이렇게 심하진 않았죠. 당시 검열위원회에 부산국제영화제를 만드신 김동호 위원장님이 공동 심의를 맡으시면서 조금 우호적으로 해주신 덕분에 극장에 거는 과정까지 크게 문제되지는 않았죠. 〈거짓말〉은 제가 선택한 것은 아니고, 제작사 신철 대표가 그분의 원작을 사가지고 제게 영화화하자는 제안을 했죠. 처음에는 거

189　　　　　　　늘 부정하고 새로운 것을 찾는다

절했어요. 저는 시위 전력도 있고 해서 일찍이 교도소를 들락거렸고 매도 맞으러 다녀서 더 이상 교도소와 얽히는 일들은 하고 싶지 않다고 했죠. 그러다가 어느 날 공항에 있었는데 뉴스에 장정일 작가가 나오는 거예요. 기소돼서 끌려온 건지는 모르겠지만 얼굴이 약간 상기되어 있었어요. 〈너에게 나를 보낸다〉로 친해진 것도 있었지만 그냥 보면서 모른 척 하기가 참 어려웠어요. 그래서 같이 가자는 결심이 생겼죠. 신철 제작자께서 장선우 아니면 못 한다고 말했던 생각도 났고요.

약간 불교적인 테마로 영화를 만든 적이 있는데, 반야심경을 보면 구체적인 구절은 생각이 안 나지만, '자기 마음이 음란하게 안 보면 결과도 음란하게 안 나올 것이다, 천진하게 보면 천진하게 나올 것이다'라는 내심외경 같은 생각이 있었죠. 그런 바탕에서 내가 이것을 유쾌하고 거리낌 없이 풀어내면 관객들도 그렇게 볼 것이다는 자신감을 갖고 시작해보기로 했어요. 그래서 각색도 누구에게 맡길 수 없었고 연출 방식도 〈나쁜 영화〉에서 학습한 점을 응용해서 분별없는 세계로 밀고 가보자고 결심했죠.

이미 작가는 구속됐고, 집행유예로 유죄 판결을 받은 상태에서 시작했어요. 아마 이 배우들이 아니었다면 정말 어려웠을 거예요. 배우들한테 너무나 고맙더라고요. 특히 여자주인공은 연기에 대한 부담감이 컸음에도 끝까지 저렇게 해냈는데 그 결과가 검열로 인해, 쉽게 말해서 지저분해진 것에 대해 진짜 사과하고 싶어요. 근데 어떻게 해요. 제가….

조경희: 〈나쁜 영화〉의 형식적 실험을 〈거짓말〉에서도 이어갔다고 말씀하셨는데요. 담론의 측면에서는 〈너에게 나를 보낸다〉의 화두였던 몸과 성, 권력의 관계에 대한 은유와 알레고리를 〈거짓말〉에서도 엿볼 수 있습니다.

장선우: 제가 다루고자 하는 영화의 코드를 세 개로 놓고 얘기하자면, 하나는 정치, 다음은 인간의 본성적인 문제인 사랑, 즉 섹스, 그리고 종교적인 코드입니다. 〈서울예수〉도 그 자체로 기독교적인 코드가 있고, 〈화엄경〉(1993)은 불교적인 해석을 하고자 했던 영화이고요. 그런 식으로 세 개의 코드들을 모티브로 해서 작업해왔다는 것을 스스로 알고 있어요. 이 코드들이 서로 갈등 없이 연결되고, 자유롭고 평화로운 에너지로 발현되어 춤출 때 참 좋은 세상이 되지 않을까요. 나쁜 권력은 어떤 것은 되고 안되고 하면서 계속 잘라버리죠. 정치, 성, 종교를 다 분리하고 분해해놓으면 삶이 힘들어지고 고통이 심해진다고 봐요. 그래서 저는 가능하면 하나로 보려고 해요. 하나의 세상으로.

늘 부정하고 새로운 것을 찾는다

조경희: 감독님께서는 베스트셀러 극장을 비롯한 TV 드라마를 위해 스물다섯여 편의 시나리오를 쓰셨는데요. TV 드라마뿐 아니라 영화 시나리오 집필에서도 문학으로부터 많은 영감을 받으신 듯합니다.

장선우: 문학에 편향적인 것은 아니고요. 어떤 작가적인 욕심, 의도와 별개로 대중성과 소위 예술성이 분리되지 않고, 작가성과 상업성을 구별 짓지 않고 하나로 용해되는 방식을 저는 좋아합니다. 다만 작가적 의도가 있다면 당시에 가장 민감하고 관심을 가져야 하는 주제를 택하는 것뿐이에요. 그게 문학에서 왔다면 그것을 바탕으로 하는 거고요. 또 사이버 공간에 대한 사회적 해석이 필요한 시기에 다뤘던 것이 〈성냥팔이 소녀의 재림〉(2002)이었고요. 〈꽃잎〉 같은 경우는 원작을 취하긴 했지만 제가 영화를 시작한 동기에서 만들어진 거고요. 영화로밖에 표현할 수 없는 부분들이 있어서 영화로 들어오게 되었는데, 문학은 제게 부족한 부분을 채우기 위해서 차용한 것이지, 문학을 편향하는 것은 아니에요. 〈성공시대〉(1988)도 원작이 없지요. 결국 당대 사회에서 어떤 얘기를 해야 하는가, 어떤 얘기로 말을 걸어야 할까 라는 선택이 중요했던 거죠.

관객 1: 〈나쁜 영화〉 GV에서도 비슷한 질문이 있었는데요, 〈거짓말〉의 경우도 두 주인공에 대한 캐스팅 과정을 듣고 싶습니다.

장선우: 예. 좀 전에도 말씀 드렸지만, 이 배우들을 만나지 않고, 느낌이 없는 사람이 왔더라면 못 했을 거라는 생각은 분명해요. 근데 뭐랄까. 좋은 배우들을 만날 거라는 기대가 있었어요. 내 스스로도 부끄러움 없이 만들겠다는 목표가 있었지요. 조감독이 몇 사람을 보여줬는데 느낌이 좋았어요. 여자주인공을 맡은 배우는 모델이었고, 남자주인공은 실제 조각가였어요. 근데 막상 현장에 들어가니 얼마나 경직되어 있었는지 첫 3일 동안 찍은 건 다 버렸어요. 마음의 준비가 된 후에 하자고 기다렸고 다시 찍기 시작했죠. 그 다음부터는 거의 일사천리로 진행됐어요. 제가 찍은 영화들 중에서 3개월 이내에 해외 촬영까지 다 마친 건 처음이었죠.

배우들도 매우 훌륭했고 촬영감독의 역할도 컸죠. 김우형 촬영감독인데, 〈나쁜 영화〉 때 세컨드인가 써드 카메라를 맡았었어요. 영국에서 공부하다가 들어왔을 때였는데 아주 잘 찍더라고요. 그래서 〈거짓말〉에서는 단독으로 카메라를 맡겼고, 배우들도 굉장히 신뢰했었습니다. 캐릭터들을 꾸밈없이 잘 잡아냈지요.

조경희: 〈거짓말〉의 카메라를 말씀하셨는데, 에로영화의 전형적인 문법에서 벗어난 카메라를 사용하고 연출하셨습니다. 그래서인지 여자주인공의 모습에서 해방된 듯한 느낌을 받습니다. '꾸밈없이'라고 말씀하셨는데, 영화 촬영 당시에 조명이나 각도 등에도 신경을 많이 쓰셨다는 얘기를 들었습니다.

장선우: 그렇죠. 기존의 에로영화 문법으로 생각하면 한 발짝도 못 나갈 영화고, 내용상의 표현, 언어, 그들의 사랑 등을 다 꾸밈없이 보여주고자 했는데, 결과적으로는 에로의 문법으로 검열을 한 거죠.

조경희: 프랑스에서 출시한 〈거짓말〉의 DVD는 오늘 상영본과 많이 다릅니다. 전체적으로 밝은 톤이고요. 한편으로는, 국내 극장판에서 처리한 모자이크가 이상한 미적 기능을 일으키는 것 같습니다. 음악도 궁금한데요. 〈나쁜 영화〉에서처럼, 〈거짓말〉의 음악과 이미지는 대화하면서 의미를 만듭니다. 음악사용에 관해 말씀 부탁드립니다.

장선우: 영화는 혼자 할 수가 없어요. 많은 사람들과 교감하면서 현장에서 그려지는 건데, 오늘 보면서 특히 중요하다고 느낀 게 음악이더라고요. 〈나쁜 영화〉는 당시 삐삐밴드에 있었던 달파란이 주제가를

만들었고요, 본명은 강기영이란 분인데, 달파란의 앨범을 듣고 영화로 만든 계기가 되지요. '나쁜 영화'라는 노래를 듣고 그것을 영화 제목으로 사용한거죠. 그러니까 음악을 통해서도 영감을 얻었고, 〈거짓말〉에서는 음악의 역할이 훨씬 커지게 됐죠. 사실 제 아들이 당시 '장민승과 신속배달'이라는 밴드로 음악 활동을 하면서 영화 음악도 만들었었는데, 음악적인 부분에서 아들 덕을 많이 봤죠.

관객 2: 주인공 와이가 통계학과나 컴퓨터공학과로 대학에 진행하고 싶다는 설정이 신경 쓰였습니다. 혹시 그때부터 컴퓨터나 사이버 세계에 관심이 있으셨을까요?

장선우: 통계학과는 원작에서 그렇게 되어 있었을 거예요. 아마 가장 건조한 느낌의 전공으로 선정한 것 같아요. 어떻게 보면 정서적으로 육체적인 내용에 반해서 굉장히 건조한 느낌을 주거든요. 그래서 전산과나 통계학 같은 전공이 잘 어울리는 설정이라고 생각했고요.

관객 3: 저는 장선우 감독님을 너무 좋아하고 〈나쁜 영화〉 상영 당시의 팜플렛을 아직도 가지고 있습니다. 광주에서는 신동아 극장에서 개봉했고요. 감독

늘 부정하고 새로운 것을 찾는다

님이 쓰신 「새로운 영화를 위하여」는 당시 신명의 카메라론이나 마당극, 그리고 탈춤과 영화의 관계성에 대해서 80년대 초반에 이론적으로 정리하신 건데, 그때 고민하셨던 영화에 대한 질문, 그리고 한동안 영화를 만들지 않고 있는 입장에서 한국영화 혹은 영화에 대한 생각들은 어떠신지 궁금합니다.

장선우: 영화하기 전에 저의 어떤 결심, 포부 또는 일종의 불안을 잠재우기 위해서 나름대로 논리를 찾고 있었을 때, 학교에서 민속학 또는 탈반, 무속 등 한국의 전통 연희 속에서 배운 개념을 영화에 접목시켜 보고자 노력했습니다. 그렇게 가장 많이 반영한 작품이 〈나쁜 영화〉였고, 〈거짓말〉은 좀 더 보편적인 방식으로 만든 케이스라고 볼 수 있죠. 보통은 한 작품이 끝나면 전혀 다른 방향으로 영화를 만들고, 부정하고, 새로운 걸 찾아가면서 계속 좌충우돌을 겪는 것이 저의 스타일인데, '열린 영화'라는 테마가 제게 굉장히 중요해서인지 〈나쁜 영화〉 이후 〈거짓말〉에서 다시 한 번 시도했던 거지요.

　　제가 영화를 안 하겠다고 선언한 계기를 조금만 간단히 설명할게요. 〈성냥팔이 소녀의 재림〉으로 투자자들이 피해를 봤고, 저는 그 영화의 부정적인 견해를 인정하지 않으려고 사투하면서 답답해할 즈음에 몽골 초원에서 말 타고 뛰노는 소재를 찾앗죠. 들뢰즈의 동명의 철학책에서 따온 〈천 개의 고원〉이라는 영화죠. 몽골의 오래된 두 줄짜리 악기에 대한 전설을 바탕으로 노마디즘을 동화적인 방식으로 각색을 했어요. 해외에서 많은 관심을 가지면서 투자가 들어왔었는데 저의 여죄가 있었는지 국내 투자선들이 다 끊겼죠. 여러 시기들을 놓치게 되면서 엎어졌습니다. 그 후 영화를 진짜 관둔다고 선언하고 몽골 초원같은 느낌의 제주도로 내려왔습니다. 저한테 한국영화에 대해서 물어보면 제가 뭐라고 답하기 어렵습니다.

조경희: 80년대 초 감독님께서는 '열린 영화'에 관해 쓰신 글에서 에피소드 형식을 주목하셨습니다. 기승전결의 전형적인 서사에서처럼, 부분이 전체에 종속되거나 혹은 부분이 전체를 위해서 존재하는 것이 아니라, 각각의 부분이 독립성과 개체성을 갖추면서 서로 조화를 이루는 형식에 관심을 두셨습니다. 이 점에서, 개인과 공동체에 기대할 이상적인 관계를 영화 형식에서 부분과 전체의 관계로 은유하신 것은 아닐까 생각해봅니다. 오늘날의 젊은 관객에게는 마당극 형식에서 출발한 감독님의 영화 사유가 낯설 수도 있지만 매우 반가울 거로 생각합니다. 감독님의 글과 영화를 지속해서 접할 기회가 있으면 좋겠습니다.

늘 부정하고 새로운 것을 찾는다

관객 4: 말씀하신 얘기들을 들으니 오늘 상영본 버전으로 본 게 계속 아쉽습니다. 최근에는 상영관에서 성기가 노출된 영화들도 볼 수 있는데 이렇게 큰 스크린에서 모자이크로 가득 찬 영화를 보니 오히려 너무 낯설게 느껴졌습니다. 무삭제본을 다른 곳에서 볼 수 있을까요?

조경희: 현재 영상자료원에서《금지된 상상 억압의 상처》라는 제목으로 영화 검열의 역사에 관한 전시가 열리고 있습니다. 그중 검열한 영화에서 삭제 장면만 모아서 상영하고 있어서, 〈너에게 나를 보낸다〉의 검열도 확인할 수 있습니다. '왜 잘랐을까?'라는 질문을 일으키는 장면들입니다.

장선우: 영상자료원 같은 곳에서 잘려진 본과 원본을 비교 상영도 해보고 잘린 필름들을 포함한 복원 등을 해주면 좋겠죠. 필름이 유실됐는지 아닌지는 모르겠지만 보통 여러 본들을 만들었을 테니까 보관되어 있는지도 모르겠네요.

조경희: 베니스 국제영화제에서 경쟁작으로 소개할 당시에는 검열하지 않은 감독판으로 상영하셨죠?

장선우: 그렇죠. 아무튼 과거도 우리의 모습이니까

오늘 같이 본 것만 해도 저는 좋습니다.

조경희: 〈거짓말〉은 '관음' 행위 혹은 '타인에 대한 시선'을 직접적으로 질문하는 영화라고 생각합니다. 영화에서 주인공 커플을 바라보는 시선이 도처에 있고, 그 시선을 영화가 재현하기 때문인데요. 택시기사, 엘리베이터의 감시 카메라, 인물의 사랑 행위에 접근하는 카메라의 앵글 등에서 엿볼 수 있는 시선입니다. 〈거짓말〉이 보여주는 '관음'과 도처에 있는 시선은 우리가 타인을 바라보는 시선 혹은 사회가 만든 고정적인 시선, 편견에 대한 질문으로 돌아옵니다.

관객 5: 혹시 차기작은 언제쯤 나올까요?

장선우: 제가 유배하듯이 제주로 갔기 때문에 유배를 풀어줘야 나오죠. 누가 풀어준다기 보다는 제 스스로 풀어야 하는데 그 때가 오면 한 번쯤 나가자는 생각은 하고 있어요. 천 개의 고원처럼 매일 바뀌는 천 개의 바다가 늘 저한테는 큰 위안이고 공부할 것도 많아요. 제가 〈화엄경〉이라는 영화를 만들었지만 불교를 많이 모르고 있다는 생각을 해요. 〈성냥팔이 소녀의 재림〉은 금강경 사구게를 영화화한 거죠. 현실 세계라는 실상과 사이버 공간이라는 허상이 나뉘는

　　　　　　늘 부정하고 새로운 것을 찾는다

것이 아니라 모두 허상에 사는 것이란 생각을 하곤 했지요. 마침 제주도에 있으면서 좋은 스승을 만나서 다시 공부를 시작하고 있어요.

조경희: 〈거짓말〉의 이야기가 해피엔딩일까 혹은 새드엔딩일까 질문하는데, 볼 때마다 느낌이 다릅니다. 두 사람이 헤어지면서 영화가 끝나기 때문에 슬프면서도, 한편으로는 마지막까지 서로를 열정적으로 사랑하는 그들의 모습이 행복해 보여서 해피엔딩으로 느껴집니다.

장선우: 지금은 자주 못 보지만 예전에 뵈었던 스님 한 분이 영화는 무조건 슬퍼야 한다고 말씀하셨죠. 전 그 말이 늘 맞다고 생각해요. 영화뿐만 아니라 모든 예술 행위의 결과는 슬픔으로 드러나야 된다고 생각해요. 단순히 그냥 슬픔으로 끝나면 공허할거고 그것이 갖고 있는 슬픔 속의 여러 가지 반대되는 뭐가 있을 거라고 봐요. 그래서 늘 슬픈 것 같은데 슬픈 게 아닐 수도 있고, 슬픔이 되는 원인이 있을 수 있고, 슬픔을 끊는, 벗어나는 방법이 있을 수 있고요. 그렇다고 신파적으로 울라는 얘기는 전혀 아니고요.

조경희: 아쉽게도 대화를 정리할 시간입니다. 장선우 감독님 모시고 〈나쁜 영화〉, '열린 영화'를 얘기할 수

있어서 귀한 시간이었습니다. 추운 날에도 늦게까지 영화에 관한 생각과 느낌을 나눠주셔서 감사합니다. 곧 감독님을 다시 만나 뵐 것을 기대하면서, 관객분들께 인사 말씀 부탁드립니다.

장선우: 하여튼 감사한 말씀 밖에 전할 게 없어요. 영화를 떠난 지 오래됐고, 지금 저기 서귀포라는 강 건너 그 쪽에서 산지가 벌써 십 몇 년 째 됐어요. 최근에 한국 영화 100주년이 되면서 본의 아니게 자꾸 영화 쪽과 접촉이 되면서 어떤 형태로든 피하면서 참석을 안했는데 여기는 오게 됐어요. '나쁜 영화'라는 타이틀 때문에.

저는 이 기획전이 좋더라고요. 보통 회고전 등에서는 좋은 영화들로 소개하려고 하는데, 더욱이 100주년을 나쁜영화들로 기념한다는 것이 재밌었어요. 다른 100주년 행사나 개인들에게 제 영화들을 물어보면 〈우묵배미의 사랑〉(1990), 〈꽃잎〉, 〈경마장 가는 길〉(1991) 등을 베스트로 꼽죠. 여기는 〈서울 예수〉, 〈나쁜영화〉, 〈거짓말〉을 뽑아줬어요. 〈서울 예수〉를 〈서울 황제〉라는 제목으로 쓰지 않았던 것도 너무 고마워요.

제가 광주 영화 〈꽃잎〉을 찍은 이후로 직접 광주를 온 건 처음이에요. 앞선 대화에서도 얘기했지만 이런 환경에서 다 같이 영화를 보면서 얘기할 수 있다는 게 조금 비현실적이에요. 필름이 돌아가는 소리가 들리고, 추워서 무릎담요를 덮어가면서 영화를 보고, 다 같이 모여 얘기하는 자리도 특별하고요. 무조건 사람은 행복해야 돼요. 행복하기 위해 공부하는 거거든요. 저는 오늘 행복합니다. 여러분도 행복하시기를 바랍니다.

감독: 김소영
모더레이터: 신은실(영화평론가)

2019년 11월 29일

'경'으로 들여다보는 한국영화사
〈황홀경〉

신은실: 《한국 나쁜영화 100년》 기획전을 통해 〈황홀
경〉을 다시 보게 되어 정말 기쁩니다. 김소영 감독님
께 관객들을 만나신 소감과 인사 말씀 청해들으면서
시작하겠습니다.

김소영: 이렇게 훌륭한 기획전에 초청해주셔서 굉장
히 기쁘고요. 이 전체 기획 속에서 〈황홀경〉을 본다
는 게 저한테는 조금 새로운 의미로 다가와요. 관객
여러분의 의견도 듣고 싶고, 신은실 선생님 의견도
듣고 싶습니다.

신은실: 앞 시간에 최인규 감독님의 〈자유만세〉와 이
창민 감독님의 〈디어 엘리펀트〉가 상영되었지요. 〈자
유만세〉는 한형모 감독님이 촬영하셨는데, 〈황홀경〉
에서 인용된 〈운명의 손〉(1954)과 〈자유부인〉(1956)
의 감독이시죠. 또 다른 인용된 작품으로 변영주 감
독님의 〈낮은 목소리〉 삼부작이 있는데 그 중 〈낮은
목소리 2〉는 본 기획전에서 함께 상영되고 있습니다.
이렇게 보니 〈황홀경〉이 영화의 새로운 지도 속에
서 특별한 시각을 저희에게 제공해 주는 것 같아요.
〈황홀경〉은 2002년에 만들어진 작품으로, 그 전후
로 〈거류〉(2000)와 〈원래, 여성은 태양이었다: 신여
성의 First Song〉(2004)와 함께 여성사 3부작으로 제
작되었죠. 그 배경과 과정을 들어보고 싶습니다.

김소영: 제가 한국영화아카데미에 다닐 당시 영화를 만들고 F를 받았어요. 나중에 보니 완전 실험영화를 만들었더라고요. 충무로에 나가서 시나리오도 좀 쓰고 일을 해보려고 했는데 당시 한국 영화계 상황이라는 게 여성이 진입을 하더라도 자기가 원하는 것을 만들 수 있는 지평이 전혀 보이지 않았어요. 그래서 공부를 다시 했었지요.

얘기가 조금 장황해질 수도 있는데요. 여성 영상집단 '바리터'를 변영주 감독과 같이 만들고 여성 민우회와 함께 작업을 했어요. 그때 제가 어떤 벽에 부딪혔었죠. 초기에 실험영화를 만들면서 굉장히 사람들한테 질타를 받았었는데 이번에는 사무직 여성 노동자들의 이야기를 만드니까 분파주의라는 비판이 나오는 거예요. 이후 공부를 하고 글을 쓰면서 사람들에게 평론가로 조금씩 알려지게 됐죠. 제가 영화를 만들었다는 사실은 수면 아래로 가라앉고요. 이후 제1회 전주국제영화제에서 정성일 선생님과 프로그래머로 일했는데요, 그 무렵에 영화제에서 정말 열심히 영화를 선정했어요. 대안적이고도 새로운 디지털 영화를 소개하고자 했던 영화제의 열기 속에 있다 보니 영화를 다시 너무나 만들고 싶어졌죠. 그러면서 〈거류〉라는 다큐멘터리를 제작하게 되었고 여성의 언어를 다시 세상에 끄집어내고자 했던 작업이었습니다.

지금은 '미투(MeTOO) 운동'이라든지 사회의 네거티브한 것들에 대항할 수 있는 여성 운동의 새로운 장을 맞이하고 있지만 이 영화는 2000년대 초반에 만들어졌잖아요? 이 영화는 서울 대방동에 여성사 전시관이 만들어지면서 거기서 커미션을 받아 기획되었어요. 영화의 마지막에 보시면 '또 하나의 문화'에 있던 '소녀들의 페미니즘' 팀들이 나오거든요. 당시에는 그런 친구들처럼 여성들의 에너지가 막 샘솟는 시기였어요. 그런 와중에 여성사 전시관과 함께 이 작품도 만들어졌습니다.

신은실: 방금 말씀하신 것처럼, '소녀들의 페미니즘'이 수영장에서 유영하는 마지막 장면에서의 에너지는 지금 극장에서 영화를 보고 있는 저희에게도 힘을 줍니다. 벌써 17년이 된 작품이고, 객석에는 새로운 세대의 관객들 특히 여성 관객들이 많이 계셔서 영화의 맥락을 이해할 수 있는 중요한 동기를 제공해주신 것 같습니다.

참고로 감독님께서 F를 받으신 영화는 〈겨울 환상〉(1984)이죠. 제가 알기로는 감독님께서 영화를 못 만드셔서 F를 받으신 게 아니라, 당시 『겨울 공화국』이라는 양성우 시인의 시집을 연상하게 하는 내용과, 노동운동에 종사하는 여성 노동자와 남성 노동운동가가 나오는 작품의 맥락 때문이지요. 당시 한국영화아카데미에서 졸업을 못하게 하려고 했다고 알고 있습니다.

감독님은 1989년에 결성된 여성영상집단 '바리터'를 포함해서 많은 여성들과의 집단 영화 활동, 또 이론적인 작업들을 해오셨습니다. 〈황홀경〉은 '판타 시스터즈'라는 이름으로 프로덕션이 표기되어 있는데요. '판타 시스터즈 프로덕션'의 활동과 이 작품에서 프로덕션을 맡게 된 배경을 설명해주시면 좋겠습니다.

김소영 : '소녀들의 페미니즘' 그룹처럼 '판타 프로덕션'도 제가 학교에서 가르쳤는데요. 제가 가르치는 여학생들도 페미니즘에 관심이 참 많았어요. 영화를 제작하는 거에도 관심이 많고요. 당시 그 친구들이 30대 초반이었는데 그들을 중심으로 좀 판타스틱한, 환상 양식의 영화를 만들었어요. 지금은 판타지라든지 판타스틱이 전혀 새롭지 않지만요, 그때만 하더라도 한국영화사에서는 민족주의적 리얼리즘이 항상 가장 큰 가치를 가졌었죠. 따라서 여성이 영화를 만들 때는 한국 영화 중심인 리얼리즘에 맞서야 되는 거죠. '판타 프로덕션'의 이름은 이 영화를 같이 만드는 친구들이 '판타'이기도 하고, 우리가 지향하는 영화의 형식, 또 김기영 감독 영화에서 등장하는 '환타'를 생각해볼 수 있죠. 또한 이 영화에서는 기존

영화들의 푸티지들이 많이 들어가 있기 때문에 편집
과정도 굉장히 길고 저작권도 다 받아야 되기 때문
에 같이 생산해나갔습니다.

신은실: 〈황홀경〉은 이만희 감독님의 〈귀로〉(1967)
부터 시작해서 정재은 감독님의 〈고양이를 부탁해〉
(2001)까지 망라하는 굉장히 다양한 작품들을 따라
가고 있습니다. 영화에서 계속 화면비가 바뀌는 이
유는 다양한 시대, 다양한 제작 배경을 갖고 있는 작
품들을 모았기 때문이죠. 2000년대 초반만 하더라
도 모든 작업들이 디지털화 되지 않은 시기여서 비
디오나 아날로그로 편집하셨을 거라고 짐작이 되고
요. 말씀해 주신대로 저작권 허가를 받는 등의 과정
이 굉장히 길고 지난했을 거라고 짐작됩니다. 편집과
정에서의 자세한 일화나 과정에 대해서 좀 더 듣고
싶습니다.

김소영: 제가 쓴 책 중에『근대성의 유령들—판타스틱
한국영화』라는 책이 있어요. 이 다큐멘터리의 대부
분의 생각들이 그 책하고『시네마 테크노문화의 푸
른 꽃』책에서 나왔고요. 사실 제일 어려웠던 게 저
작권입니다. 그때만 해도 저작권에 대한 것이 잘 안
풀리던 시기라 어떤 분들은 몇 번씩 찾아뵈며 동의
를 구하기 위해 노력했죠. 지금은 한국영화 연구자

들이 굉장히 많아졌지만 2000년대 초반만 해도 한국영화 자체가 중요한 연구대상이 아니었기 때문에 정말 하나하나 꿰듯이 서로 연결하면서 상상력을 발휘해야 했어요. 그런데 윤정희 선생님과 배두나 씨의 인터뷰가 성사되면서 편집할 때 힘을 좀 얻었죠.

신은실: 한국 영화사의 산 증인 같은 최은희 선생님까지 인터뷰를 하시느라 섭외과정부터 쉽지 않았을 것 같은데요. 최은희·윤정희 선생님, 배두나 씨 인터뷰를 하시게 된 과정과 일화도 듣고 싶고요. 그에 못지않게 진주나 부산에서 만나신 일반 여성 관객들을 섭외해서 이야기 나누시는 과정도 굉장히 재미있었고 흥미로웠습니다. 이 역시 쉽지 않았을 텐데 인터뷰 작업에 대해서 좀 더 듣고 싶습니다.

김소영: 저는 평소에 뭐든 너무 힘든 건 없다고 생각하려 하고 그렇게 하는 습관이 있는데, 가령 김수용 감독님의 〈저 하늘에도 슬픔이〉(1965) 필름을 대만에서 찾았거든요. 평소처럼 그냥 가볍게 얘기를 하다 보니 기자들이 '우연히 찾았다'라고 신문에 쓰더라고요. 그런데 사실은 좀 힘들었습니다.

신은실: 최은희 선생님의 경우 인터뷰 요청에 바로 응해 주셨나요?

김소영: 제가 미국에서 다른 교수님들과 같이 한국 고
전영화 관련 영화제를 했었어요. 근데 그때 마침 LA
에 신상옥 감독님과 최은희 선생님도 계셨기 때문에
그때부터 공을 들였어요.

신은실: 〈저 하늘에도 슬픔이〉를 발굴하시는 과정도
감독님 책에 쓰신 거 보면 몸과 마음의 스트레스를
거치시면서 힘들게 찾으셨고요. 한국영상자료원에
서 관객들을 만날 수 있게 지난한 과정을 거쳤던 것
으로 알고 있어요. 〈황홀경〉에는 윤정희 선생님이 출
연하시는 〈야행〉(1977)도 인용되는데, 〈야행〉 역시
본 기획전에서 상영되니 관객 여러분께서 함께 봐주
시면 좋겠습니다.

그런데 이 작업을 처음부터 "과거의 영화, 인
물 혹은 여성 영화인들과 극장, 그리고 도시가 다 극
장이라는 여성상으로 변화한다"는 아이디어를 가지
고 시작하셨는지, 아니면 한 땀 한 땀 바느질하는 편
집과 인터뷰 작업을 거쳐서 그런 결론에 이르시게
되었는지도 궁금합니다.

김소영: 그 당시의 국가적인 재난, 그러니까 우리가
근대화 과정에서 수반되는 재난이라고 하는 것들을
TV나 신문에서도 보지만 길거리를 다닐 때 엄청나
게 큰 전광판에서 큰 스펙터클로 마주하게 되죠. 이

노동 착취적이고, 당연히 반-여성적인 근대화의 문제가 만연한 와중에 저의 환상은 뭐였냐면요, 그런 전광판들을 〈미워도 다시 한 번〉(1968)이라든지 여성들이 좋아하는 영화들로 다 채우고 싶었어요. 그게 저의 도시 프로젝트였고요. 제가 트랜스 시네마라고 글을 쓴 것도 있는데요. 저의 글 작업과 당시 도시의 거리에서 마주치는 재난들을 도려내는 상상 같은 것들이 이 영화의 CG 작업에서 반영이 된 거죠. 재난 대신에 여성들의 극장으로 도시의 코드를 바꾸고 싶었죠. 지금의 미투 운동 국면에서는 많은 디지털 카메라로 많은 여성들이 도촬되고 그게 또 유통이 되죠. 이런 와중에 '소녀들의 페미니즘'과 같은 자기 자신의 연출은 못할 것 같아요. 그러니까 굉장히 다른 두 시대가 이때 여성주의 시대고요. 그때만 해도 정말 이런 기술을 여성들이 전유할 수 있을 것 같은 희망이 더 있었던 것 같아요.

신은실: 말씀하신대로 〈황홀경〉은 2000년대 초반의 공기, 흐름, 그리고 에너지를 볼 수 있는 작품입니다. 방금 여성 관객들이 좋아하는 영화에 대해서도 언급해주셨는데요. 저 같은 경우에는 호러영화 장르를 굉장히 좋아합니다. 바로 감독님의 저서『시네마, 테크노 문화의 푸른 꽃』에서 〈천년호〉(1969) 같은 한국 호러영화들을 언급하면서 특별한 여성들의 존재를

알려주지요. 그 이후로 〈월하의 공동묘지〉(1967) 같은 한국 공포영화에 관심을 기울이게 되었습니다.

감독님께서는 〈미워도 다시 한 번〉 같은 이른바 신파극이라고 불리는 한국의 전통적인 멜로드라마나 한국의 에픽무비라고 할 수 있었던 공포영화들을 과거 영화학도나 관객 시절부터 많이 아끼고 좋아하셨는지요? 가령 한국영화사를 기술할 때 김기영, 신상옥, 이만희 같은 감독들의 모더니즘 대표작들은 어떤 연구자나 평론가든 좋아한다고 말할 수 있지만요. 감독님께서 〈황홀경〉이나 저술 작업 등을 통해 영화 주변부에 있었던 여성들을 재조명해주시지 않았더라면 저는 〈천년호〉를 보기 위해 한국영상자료원에 뛰어가지는 못했을 거라는 생각이 들거든요.

김소영: 요즘 저는 '한국영화 연구를 안했으면 참 행복하게 살았을 거다'라는 생각을 해요. 왜 그런가 하면 한국영화를 연구하는 힘이 너무 권력화 되어버렸기 때문이에요. 예전에 제가 한국영화에 대한 관심을 가질 때 제 위의 선배들은 이론이나 참고할 것들이 많이 없었지만 정말 한국영화를 사랑하고, 후배들을 사랑하고, 또 후배들이 한국영화 연구를 잘 할 수 있기를 바라는 선한 분위기가 있었거든요.

언젠가 임권택 감독님이 정성일 선생님과 인터뷰 하시면서 그런 이야기를 하셨어요. 임권택 감

2장: 기억들

독님이 우연히 대만 영화제를 가시게 되었죠. 그때는 외국에 나가는 것이 힘들었고, 특히 임 감독님의 집안이 연좌제에 걸려있어서 더 힘드셨는데요. 그때 영화 상영을 위해 대만에 가서 한국영화를 생각해보니 한국도 너무 불쌍하고 한국영화도 너무 애처로웠다는 거예요. 그 이후로 영화를 열심히 만드셨다는 내용이었어요. 저는 미국에서 공부를 했는데 당시 제 선생님인 아넷 마이클슨(Annette Michelson) 교수가 미국의 실험영화 이론가셨어요. 그래서 사실은 실험영화 쪽으로 갈 수 있었는데 저를 사로잡았던 영화가 딱 한 편이 있었어요. 그 전까지는 한국영화를 보지도 않았다가 김기영 감독님의 〈하녀〉를 우연하게 보게 된 거죠. 가령 베니스 영화제에 구로사와 아키라 감독의 〈라쇼몽〉(1950)이 나왔을 때 사람들이 일본에 〈라쇼몽〉이란 영화만이 있는 게 아니다, 그 전후에 굉장히 많은 영화들이 있었기 때문에 〈라쇼몽〉이 나왔을 거라고 추측을 했다는 거예요. 마찬가지로 저는 김기영 감독님의 〈하녀〉를 보고 젠더의 문제라든지 영화의 만듦새라든지 한국 영화가 가지고 있는 잠재성을 연구해보고 싶었는데 이론적인 레퍼런스가 하나도 없었어요. 이영일 선생님이나 안병섭 선생님께서 리얼리즘에 대해 충실하게 연대기적으로 만드신 기록 밖에 없었어요. 그래서 거의 독학으로 공부를 했는데 그 때 굉장히 반가운 동료들이 제 학생들이었어요.

제가 한국예술종합학교 영상원에서 맨 처음으로 학생들을 가르치게 됐는데 한국 영화들을 보면서 선생인 관계를 떠나 정말 평등하게 대화를 나눴어요. 그 당시만 해도 정말 세계의 주변부 중에서도 주변부적인 영화에서 B급 장르영화들, 멜로드라마들, 공포영화들을 학생들과 같이 보면서 애기를 트기 시작했죠. 그러면서 외국의 식민지 근대성이나 탈식민주의 같은 외국이론들을 번역하기도 했고요. 학생들하고 같이 대화를 하면서 『시네마, 테크노 문화의 푸른 꽃』이나 『근대성의 유령들』 같은 책을 쓸 수 있는 물꼬를 튼 거죠.

신은실: 〈황홀경〉이라는 제목에 대해서 애기해보고 싶습니다. 앞서 애기했던 '판타 프로덕션' 경우에는 감독님의 저서인 『근대성의 유령들―판타스틱 한국영화』를 생각해볼 수 있고, 말씀해주신 대로 김기영 감독님의 영화에서도 나오지만 이 영화의 마지막 장면에서 '소녀들의 페미니즘'이 주는 청량감 때문에 '아, 환타를 먹으면 시원하다는 의미인가?' 이런 생각을 해보기도 했는데요. 그런데 2010년 개봉했던 감독님의 〈경〉이라는 극영화도 있고, 저서를 보면 '경전의 경', '경계의 경', '거울의 경'처럼 바꿔가면서 애기를 많이 하시고요. 이 작업도 시작할 때 보면 그

것을 의미하는 세 한자가 다 번갈아 출연하면서 한글로 바뀌고, 그러다가 그 경이 황홀이라는 양태에 대한 단어가 붙어서 '황홀경'이라는 제목이 만들어지죠. 알 듯 말 듯 한 제목이라서 그렇게 지으신 이유에 대해서도 여쭤보고 싶습니다.

김소영: 연구를 하다 보니 서구 이론을 가져다가 한국영화를 분석하는 점이 계속 고민이었어요. 그래서 한국에서 우리가 사용하고 있는 말로 영화 이론을 만들어보려고 굉장히 노력했던 게 '경'이라는 글자예요. '경'은 거울 경(鏡)도 되고, 경계의 경(境)도 되지요. 제가 만든 〈경〉이라는 극영화도 '보는 것', 자기 자신의 무의식이라는 '거울' 등 여러 가지로 생각해볼 수 있어요.

　　　　제가 굳이 그렇게 지은 이유는, 2000년대 초반만 해도 한편에서는 소수자들의 열기가 올라오는데 비해서 여성사를 기술하는 방식은 굉장히 피해자 중심이었어요. 영화에서도 잠재적인 폭력을 여성에게 행사하는 방식으로 여성 관객성을 설명하고요. 그러니까 우리들은 소수였던 거죠. 남성적인 황홀경, 여성한테서 취하는 황홀경을 뒤집어서 여성들이 영화와 맺고 있는 관계를 '황홀경'으로 재정의하고 전유하고 싶었어요.『근대의 원초경』이라는 책에서도 이런 내용을 썼었는데, 한국에서 어떤 이론도 되

'경'으로 들여다보는 한국영화사

고 우리의 복기를 위한 장치도 되는 것 중에서 쓸 만
한 용어라고 생각해요.

신은실: 감독님의 영화에서 '경', '거울' 등이 많이 불
려 나오고 말씀하신대로 『근대의 원초경』으로 글도
쓰신 얘기를 여성사 3부작 중 〈원래, 여성은 태양이
었다: 신여성의 First Song〉 같이 여성 선구자들을 다
룬 작품으로도 만드셨는데요. 사실 여성과 한국 영
화, 근대 한국과 여성에 대해서는 하얗게 밤을 새도
계속 얘기가 나올 것 같습니다.

관객 1: 최근에 여성감독들의 작품이 많이 나왔잖아
요. 감독님이 보시는 앞으로의 여성 영화의 전망 같
은 것을 얘기해주실 수 있을까요?

김소영: 여성주의 극영화 혹은 여성감독들의 극영화
는 사실 돌파가 아직 안 된 것 같아요. 저는 오히려
다큐멘터리에서 돌파가 좀 있었다고 보는데요. 현재
극영화에서 여성감독들의 영화가 많이 나오지만 몇
년이 지나고 보면 이게 약간 과도기였다는 생각을
할 것 같아요. 왜냐하면 저는 지금 극영화에서 여성
들이 역사적인 트라우마를 다루는 방식이 그렇게 저
돌적이라고는 생각하지 않거든요.

관객 2: 제가 좋아했고 익숙한 노래가 중간에 한 번 나왔어요. 전영 씨가 부르는 노래가 짧게 나오는데 이게 좀 이상하더라고요. 처음에 남자가수 목소리가 나오다가 이게 아닌가봐 그러잖아요. 저는 이걸 전영 씨의 노래로만 기억을 하고 있어서요. 처음에 남자 목소리로 노래가 나오다가 금방 바뀌는 부분에서 어떤 의도가 있었는지 질문 드리고 싶고요.

김소영: 이 다큐멘터리에서는 그 부분뿐만 아니라 전체적으로 음악을 다 바꿨어요. 원래 있던 음악을 약간 낚아채는 느낌으로 재전유하고자 했죠.

신은실: 올해 망명 3부작을 잇는 〈눈의 마음: 이후〉(2018)라는 단편이 다시 나왔고 〈굿바이 마이러브 NK: 붉은 청춘〉(2017)이 극장 개봉을 해서 아주 바쁜 시간을 보내신 것 같아요. 그리고 또 한 가지 있죠. 이번에 한국영화사 100주년을 위한 100명의 감독 프로젝트에서 〈팬톰 시네마〉라는 단편을 만드시기도 했는데요. 『근대성의 유령들—판타스틱 한국영화』라는 과거 저서의 제목에서 판타스틱과 유령이 같이 동행한 것처럼 이번 〈팬톰 시네마〉라는 작업의 팬톰, 유령이라는 의미와 판타 혹은 판타스틱이라는 것을 저희가 혹시 영화로 느낄 수 있을까요?

'경'으로 들여다보는 한국영화사

김소영: 지금 계신 관객 여러분을 뵈니 여러 세대가 섞여 계시는 것 같은데요. 제 세대에서는 여성들이 비판적인 작업을 한다고 해도 항상 피해자 의식을 갖고 작업을 해야 되는 포지션으로 강요받았어요. 제가 제일 많이 싸웠던 것이 그 부분이었어요. 따라서 피해자의 자리를 보지만 제 스스로 피해자 의식을 가지고 그것을 만회하는 방식으로 연구나 영화를 만들지 않겠다고 했죠. 그래서 가장 중요한 게 소위 잠재적인 공간이었지요. 그 공간은 과거일 수도 있고 미래일 수도 있고 현재일 수도 있어요. 그런 잠재적인 공간을 제가 싸우는 굉장히 중요한 공간으로 인식하고 그 안에서 유령이든 괴물이든 보이지 않는 것들을 불러와서 작업을 하는 것이죠. 우리가 빈자나 빼앗긴 사람들, 보이지 않는 사람들을 살려내고 그 사람들을 다시 역사 속으로 불러내는 작업을 하기 위해서는 피해자의 자리를 어떤 식으로든지 다른 방식으로 만드는 것이 저의 방법론이었던 것 같아요.

신은실: 저희가 《한국 나쁜영화 100년》을 기획하면서 여타의 한국영화 100주년 행사와 다르게 탈바꿈하고자 했던 부분은, 한국영화사를 피해자의 위치로만 위치시키고 기술하지 않도록 저항과 새로운 상상력, 다른 시도들을 적극적으로 개입시키자는 거였죠. 이렇게 감독님의 말씀을 들으니 확실히 이 기획

전에 어울리는 나쁜 감독, 나쁜 영화로서 저희가 잘 모셨다는 생각이 듭니다. 방금 제가 잠깐 언급한 〈팬텀시네마: 보이지 않는 영화를 보다〉는 유튜브에 검색하시면 보실 수 있으니 꼭 〈황홀경〉과 짝지어서 보시면 어떨까 생각이 듭니다.

'경'으로 들여다보는 한국영화사

감독: 임상수   2019년 11월 29일
모더레이터: 변성찬 [영화평론가]

쓰레기통에서도 가끔은 장미가 핀다
〈그때 그사람들〉

임상수: 15년 전에 찍은 영화로 아직까지 불려 다니면서 행세하는 것 같아 민망한 마음입니다. 오랜만에 광주에 내려오고 싶었는데 이번 기획전을 계기로 2박 3일 있으려고 합니다.

변성찬: 생각보다 젊으신 관객 분들이 많이 와계셔서 저는 아주 반갑기도 하고 놀랍기도 합니다. 아무래도 영화 자체나 영화의 맥락, 배경에 대해 궁금하고 확인하시고 싶은 것들이 많을 것 같습니다. 이런 자리에 오면 감독님들께서는 평론가보다는 관객 여러분이 궁금해 하시는 것, 영화를 보고 즉각적으로 확인하고 싶으셨던 것들에 대해 얘기를 나누는 것이 중요하다고 생각하고요. 그래서 저는 감독님께서 말문을 여실 수 있도록 간단한 질문을 드리고 바로 객석에서 질문이나 소감을 말씀하실 수 있는 시간을 드리고자 합니다.

당시 이 영화의 일부가 잘린 채로 상영을 해야 했었지요. 오늘은 온전한 상태로 보게 됐습니다. 당시의 과정에 대해서 말씀해주시지요.

임상수: 제16대 대통령 선거 투표일이었어요. 당시 〈바람난 가족〉(2003)을 찍으면서 개표 방송을 보다가 노무현 대통령이 당선됐다는 소식을 듣고 '아! 이 영화를 찍을 수 있겠다.'는 생각이 들었죠. 그때 이미

쓰레기통에서도 가끔은 장미가 핀다

〈그때 그사람들〉을 준비하고 있었거든요. 〈그때 그 사람들〉이 개봉할 무렵에는 박근혜 전 대통령이 한 나라당의 대통령 후보군 중에 유력한 분이셨기 때문에 신경이 많이 쓰이긴 했지만 그땐 저도 좀 젊고 어려서 자신만만했어요. 그런데 개봉 전부터 소송에 휘말리면서 영화의 앞뒤를 잘라내야 했고, 온갖 보수 언론에 십자포화를 맞았지요.

변성찬: 지금 생각해도 참 기묘한 판결이었어요. 영화 앞뒤 부분의 실사 이미지들을 제거하는 조건으로 상영 허가가 났죠. 이 이미지들이 비밀스러운 것도 아니고 이미 공개된 푸티지들인데 그것을 보여주면 안 된다? 이거 무슨 얘기지? 그런 허무맹랑한 판결 내용이 이상하고 이해가 잘 되지 않았죠. 결국 개봉 당시에는 그 푸티지들이 없는 상태로만 극장에서 상영됐던 건가요?

임상수: 그렇죠.

변성찬: 그렇다면 오늘처럼 온전한 형태로 볼 수 있게 된 것은 언제부터인가요?

임상수: 완전판으로 공개된 지 5년 정도 된 것 같아요. 말씀하신대로 엉뚱한 판결을 해야만 하니 판결

을 내린 분도 싫었을 거예요. 어느 날 명필름의 이은 씨에게 전화가 왔어요. 고등법원 판사가 당사자들끼리 합의하라고 하는데, 이 건은 검열과 관련된 중요한 소송이기 때문에 대법원까지 가겠다고 거예요. 전 대법원도 믿지 않으니 그냥 온전히 틀게 해준다고 하면 그냥 타협하라고 했죠. 이미 돈 문제고 뭐고 다 없어지고 끝나버린 거니까요. 그냥 우린 복원만 할 수만 있다면 되는 거니 타협하라고 했더니 이은 씨가 너무 놀라더라고요. 임상수가 세게 나올 줄 알았는데 왜 이러지 싶은 거죠. 어쨌든 결정 사항은 순전히 제작사의 몫이니까 제 얘기만 하고 끊었는데, 이후에 이은 씨가 대법원 항고 포기하고 그냥 복원하는 걸로 만족하고 타협한 걸로 전해 들었습니다.

변성찬: 영화 앞부분의 부마항쟁 이미지들은 사진들이죠? 혹시 기록되어있는 다큐멘터리는 없었나요?

임상수: 그렇죠. 사진도 부산에 있는 민주화 기념관에서 얻은 건데 구하기 좀 힘들었던 것 같아요.

변성찬: 이번에 제가 이 사태를 거론한 영화 계간지를 포함해서 기사들을 찾아봤는데 영화 앞뒤에 다큐멘터리 부분이 잘렸다는 기사들이 보이더라고요. 그런데 다시 보니 앞부분은 그냥 사진이었고, 기존에 숨

겨져 있던 것이 아니라 이미 공개되어있던 사진들이었더라고요. 한편 이 영화를 다시 보면서 굉장히 궁금했던 인물이 있어요. 바로 궁정동 안가의 집사 분인데요. 이 분의 정체가 도대체 뭘까. 심지어 영화 안의 사람인가, 영화 밖의 사람인가 신비롭기까지 하거든요. 그 집사 분에 대해 어떤 생각을 가지고 인물을 형성하셨는지 궁금합니다.

임상수: 저 사건이 일어났을 때 제가 고등학교 2학년이었어요. 서울에 있는 경복 고등학교를 다녔는데 청와대와 한 200미터도 떨어져 있지 않았죠. 그때는 궁정동 안가도 몰랐었죠. 10월 26일 사건이 터지고 그날 새벽인지 그 다음날 아침인지 학교를 가는데 착검한 철모 쓴 군인들이 지키고 있었고, 이를테면 미국의 NBC나 ABC 로고를 단 카메라맨들이 있었어요. 그리고 학교에서 단체로 조문을 갔었죠. 그때도 반정부 기운이 있었기 때문에 여러 가지 복잡한 심정으로 바라봤어요. 이후 후일담이 계속 새어나오더라고요. 사실 이 영화에 나오는 인물들은 거의 원래 있는 사람들로 구성되어 있어요. 이런 얘기하면 좀 죄송하지만, 말씀하신 집사는 제가 자부심을 갖는 캐릭터죠. "아무 기록이 없고 그냥 집사가 있었다. 조사 받고 기소되지 않은 유일한 사람이다."

변성찬: 마지막에 윤여정 씨의 멘트죠.

임상수: 네. 이 사람은 뭐랄까, 정말 말없이 침실까지 다 관리하는 아저씨였을 것 같아 공들여서 만든 캐릭터죠.

변성찬: 〈바람난 가족〉까지의 임상수 감독님을 보면 '이 사람은 사극이나 시대극은 하지 않을 사람'인 것 같았죠. 당대의 감성, 감각에 굉장히 예민한 촉수를 갖고 즉각적으로 거침없이 발언을 하는 감독이라고 생각했죠. 그런데 〈그때 그사람들〉은 한 세대가 지나간 시대극이잖아요. 어떤 영화가 만들어지기까지는 내적 동기와 외적 계기가 잘 만나야 되는 건데, 외적계기는 잠깐 말씀해주셨고, 내적동기에 대해서 좀 더 말씀해주시지요.

임상수: 저는 제 자신이 항상 젊을 줄 알았는데 쉰 살이 훌쩍 넘어가고 젊은 세대들에게 요즘 말로 '한남충'이라고 불리게 된 거죠. '꼰대'는 그나마 양호한 표현이고요. 정희진 씨라는 여성학자이자 영화에 대해 글을 쓰는 분의 평이 기억이 나요. 이 영화는 박정희 정권과 운동권들의 정치적인 대립 구도로 보면 이해할 수 없다는 거죠. 여기에 나오는 모든 사람들이 소위 다 한남충들이라는 거예요. 항상 소란스럽고 맘

쓰레기통에서도 가끔은 장미가 핀다

에 안 들면 소리 지르고 주먹이 먼저 날라가고… 그냥 지랄만 하는 거죠. 그 글을 읽으면서 참 재미있다고 생각하면서도 내게도 그러한 부분들이 있다고 느꼈어요. 한국의 한남충 문화, 마초 문화에 대한 거부감이 있으면서도 저도 닮아가는 거죠. 그렇게 생각하면 〈바람난 가족〉은 여성주의 영화죠. 이런 부분들에서 일맥상통하는 것 같은데 어떠세요?

변성찬: 그렇죠. 원료를 찾고, 기원을 찾는 부분에서 연속성이 있죠. 하지만 〈그때 그사람들〉을 만드신 것은 약간 뜻밖이었어요. 임상수 감독님과 저는 출생년도가 같죠. 저는 사실 10.26 사건이 터졌을 때 굉장히 슬퍼한 사람 중의 한 사람이거든요. 다른 것을 떠나 태어날 때부터 대통령이 박정희였기 때문에 박정희가 아닌 다른 사람이 대통령으로 들어온다는 것 자체가 너무 이상했어요. 하지만 감독님은 두 가지 측면에서 저보다 앞섰던 것 같아요. 하나는 정치적으로 당대 현실에서 한 발 앞서셨고, 다른 하나는 공간적으로 궁정동 사건의 현장과 가까이 있었던 거죠. 이렇게 말씀을 들으니 이 영화에 대한 개인적 동기와 배경이 강력하게 있었다는 것을 알게 됐습니다.

관객 1: 이 영화는 박정희 대통령 암살이라는 무겁고도 어두운 소재를 가지고 만들었는데 영화 속 인물

들 대부분이 거의 희화화됐다고 느껴질 정도로 블랙
코미디처럼 다루신 이유가 궁금합니다.

임상수: 제가 욕을 많이 먹었던 부분이죠. 아주 중요
한 질문입니다. 이 점에 대해 좀 길게 답변을 드려볼
게요. 미국의 코폴라(Francis Ford Coppola) 감독이
〈대부(The Godfather)〉(1972)를 만들었죠. 3편까지
시리즈로 만든 엄청난 영화죠. 영화의 화면과 인물들
이 장중하고 우아한 느낌까지 들 정도로 잘 만들었
고 저도 참 좋아하는 영화입니다. 인물들은 대부분
마피아들이죠. 그런데 마피아란 우리 식으로 하면
건달들이거든요. 그로부터 몇 년이 지나 코폴라와
라이벌이라 할 수 있는 스콜세지(Martin Scorsese)감
독이 〈좋은 친구들(Goodfellas)〉(1990)을 만듭니다.
똑같은 마피아 영화인데 여기에 나오는 마피아들은
늘 마약에 취해있는 개차반들처럼 묘사되죠. 저는
스콜세지가 코폴라에게 '마피아들을 왜 그렇게 멋있
게 그려? 걔네들은 이런 애들이야'라는 마음이 있었
을 거라는 생각이 들어요. 또 하나 얘기해보자면, 일
본의 구로사와 아키라(黑澤明) 감독의 〈라쇼몽(羅生
門)〉(1950)이라는 작품이 있죠. 제가 데뷔 못하고 빌
빌거릴 때 파리의 조그만 극장에서 이 영화를 보고
충격을 받은 적이 있어요. 숲 속을 걷던 부부가 있었
는데, 산적이 나타나서 남편을 죽이고 아내를 강간

했다는 걸로 재판을 하는데 몰래 훔쳐 본 사람을 포함해서 진술하는 이들의 얘기가 다 다르잖아요. 똑같은 것을 봤음에도 다 다르죠. 저는 그것보다도 재미있었던 것이 그 잡힌 산적이 내가 얼마나 칼을 잘 쓰는 사람인줄 아냐면서 칼을 들고 떨면서 재연하는 데서 충격을 먹었습니다. '아, 칼싸움은 저렇게 떨면서 하는 게 맞지!' 제 영화가 대통령이고 경호원이고 저렇게 희화화해서 버르장머리 없다는 얘기를 듣기도 했지만 저는 희화화했다고 생각하지 않고 실제 그런 것이 아니겠냐고 판단하고 그렸습니다.

변성찬: 그 것에 대해서 제가 한 말씀 더 보태자면, '한남충'이라는 건 요즘 용어고, 결국 유신시대, 군부독재시대의 최고 권력의 핵심은 결국 조폭이었다. 즉 조폭의 세계를 그린 거라고 해석을 한 거죠. 제가 이 영화에서 느낀 가장 큰 힘은, 재연하기 힘든 상황, 그리고 재연을 하고자 할 때 들어가는 물량, 예산 등을 피하기 위해 블랙코미디라는 화법을 취한 게 아니라 오로지 블랙코미디라는 화법을 통해서만 그 세계의 핵심을 드러낼 수 있다는 판단에서 시작된 영화라는 느낌을 받은 부분이죠. 감독님께서 코폴라와 스콜세지의 조폭 영화의 차이를 말씀해주셨는데, 조폭의 세계와 권력이 핵심으로 갈수록 그 세계의 메커니즘은 크게 다르지 않다는 거죠. 통상 블랙코미디 화법

은 무언가 정면으로 말할 수 없거나 피해가고 싶을 때 취하는 수사적인 전략이지만 이 영화에서는 그런 느낌을 주지 않아요. 오로지 그렇게 그려야만 우리가 보고자 하는 핵심의 맛을 느낄 수 있다고 판단한 것으로 보이죠.

관객 2: 영화가 전체적으로 일본 색채들이 두드러집니다. 등장인물들이 일본말을 하거나 한석규 씨가 마지막에 어디로 갈지 몰라서 도로를 방황하는 장면에서 옛 조선총독부 건물이 함께 보이는 부분도 인상적이었습니다. 단순히 일제 잔재를 보여주는 게 아니라 부인할 수 없는 그 시대의 배경이자 현실을 자연스럽게 보여줘서 좋았고요. 그래서 감독님께서 미술 등을 생각하실 때의 의도를 좀 더 자세히 듣고 싶습니다.

임상수: 질문 중에 '부인할 수 없는 현실'이라는 말이 제 가슴에 와 닿네요. 현실이 너무 참혹하니까 우리는 모른 척 하거나 부인하면서 살고 있죠. 그렇지만 오늘 같은 기회에 다 같이 모여서 부인할 수 없는 현실을 다시 되돌아보는 것도 좋은 것 같고요. 한 치 앞을 알 수 없었던 정치적 혼란기였던 고등학교 시절 어디서 이런 글을 읽었어요. '한국이라는 나라에서 민주주의가 꽃 피운다는 것은 쓰레기통에서 장미

가 피기를 기다리는 것과 같다' 식의 글이었는데요. 그 글이 머릿속에 강하게 남더라고요. 그 말을 누가 했는지 나중에 찾아보니 자세히는 나와 있지 않지만 영국 타임즈의 어떤 기자가 했던 말이라는 거예요. 하지만 여러 대통령들을 거치면서 사회는 바뀌어가고 있죠. 이 정도를 위로로 삼으면서 '쓰레기통에서도 가끔은 장미꽃이 핀단다.'라고 얘기해 주고 싶어요. 앞으로도 또 다른 반동은 오겠지만요.

관객 3: 개봉 당시 이 영화를 봤을 때는 다큐멘터리처럼 봤었어요. 잘 모르는 이야기였기 때문에 옆에서 아버지의 설명을 들으면서 봤었거든요. 그런데 오늘 다시 보니 웃음 포인트도 많아서 재미있게 봤습니다. 보면서 몇 가지 궁금한 부분들이 있었는데, 영화의 마무리를 윤여정 배우의 내레이션으로 선택하신 이유가 있을까요? 그리고 궁정동 장면에서 카메라를 위에서 밑으로 내려다보는 시선이 많았는데 그곳이 세트장이었을까요? 마지막으로, 주요 인물들이 끝을 맺으면서 가족에게 전화를 거는 설정에서 어떤 의도가 있으셨는지 궁금합니다.

임상수: 영화 앞에는 부마항쟁에 대한 내레이션이 가수 김윤아 씨를 통해 나오고, 엔딩은 윤여정 씨가 하죠. 남자들의 운명에 대해 아주 시니컬하고 못되게

'대한민국 만세 좋아 하시네…' 처럼요. 정희진 씨가 말한 것처럼, 우왕좌왕 소란피우고 폭력이나 쓰려고 손이 먼저 올라가고 소리 지르는 한남충들 사이에는 여자들이 있었고 그녀들이 다 보고 있었다는 느낌을 주고 싶었죠. 궁정동은 세트였고 위에서 내려다보는, 즉 부감샷으로 찍었죠. 제가 미국의 어떤 영화제에서 세미나를 했었는데 그때 참여했던 대학생이 그 샷을 스콜세지 샷이라고 하더라고요.

> 변성찬: 그렇죠. 〈택시 드라이버(Taxi Driver)〉(1976)에서 나왔는데, 사실은 그 이전에 하워드 혹스(Howard Hawks)의 〈스카페이스(Scarface)〉(1932)에서 나오죠.

임상수: 맞아요. 막 들었을 때는 '그게 왜 스콜세지 샷이야?' 생각이 들면서 기분이 좀 나빴는데 돌이켜보니 저도 〈택시 드라이버〉의 총격전에서 나왔던 그 샷이 너무 충격적이어서 언젠가 써먹고 싶었죠. 그리고 몇 년 있다가 파리에서 제가 좋아하는 영화 〈세상의 모든 아침(Tous Les Matins Du Monde)〉(1991)의 감독 알랭 코르노(Alain Corneau)를 만났어요. 그 때 그 감독이 자기가 최근에 만든 영화에서 〈그때 그사람들〉에 나오는 부감샷을 참고했다는 거예요. 2010년에 돌아가셨는데 저보다 연배도 훨씬 많은 감독이거든요. 영화라는 건 그렇게 서로 베끼고 쓰는 거

죠. 영화를 찍을 때는 어떤 감독이나 촬영 감독이든 머릿속에 생각들이 다 정리되지 않는 상태에서 지나가는 것들을 잡아서 결정을 내리고 찍게 되지요. 따라서 왜 그런 결정을 내리고 찍었는지를 논리적으로 설명할 수 있는 것도 있지만 그렇지 않는 부분들도 있죠. 마지막 질문에 대해서 말씀드리면, 거기에 나오는 사람들이 실제 다 사형을 당했죠. 전화 거는 장면에서도 알 수 있다시피 모두 가정의 가장이자 아빠들이죠. 밖에서는 아주 똑똑하고 잘 나가는 것처럼 비춰지는 사람들이고요. 그런 점들을 부각시키고 싶었습니다.

변성찬: 저도 오늘 다시 보니 부감 장면마다 뉘앙스가 달라서 놀랐어요.

임상수: 여기서 김우형 촬영감독님 이야기를 안 할 수가 없네요. 여기 광주 분이시죠. 영화에서 이순신 동상 장면이 있었죠. 이순신 동상 뒤에 헬기를 CG로 심을 거니 자기 혼자 찍고 오겠다고 저보고 나오지 않아도 된다고 하더라고요. 근데 집이 근처였기 때문에 운동화 끌고 쓱 나와 봤죠. 근데 혼자 허락을 받아 이순신 동상 앞에 크레인을 두고 막 찍는 걸 보고 깜짝 놀랐어요. 사실 굉장히 어려운 장면이었는데 앵글도 너무 잘 잡고 멋있게 찍어서 감탄했었죠. 말

쓸하신 궁정동 마당에 나와서 "총 줘, 총 달란 말이야!" 그 장면도 부감으로 찍자 정도만 얘기했는데 앵글을 잡는 걸 보고 제가 깜짝 놀랐어요. 실제 폭파돼서 사라진 중앙청 장면도 그냥 자동차만 있는 거니 알아서 찍겠다고 하더니 빌딩 위에다가 크레인을 설치해가지고 어마어마하게 높게 잡아내더라고요.

변성찬: 나머지는 CG인거죠?

임상수: 네. 중앙청은 CG인거죠.

변성찬: 김우형 촬영감독은 다음 작품 〈오래된 정원〉(2007)도 같이 하셨죠.

임상수: 네, 〈바람난 가족〉도 같이 했어요.

변성찬: 〈그때 그사람들〉 다음 작품이 〈오래된 정원〉이죠. 79년 10·26 사건에서 약 반년 뒤에 일어난 80년 5월을 배경으로 하고 있는데요. 이 시간적 흐름이 필연일까요, 우연일까요?

임상수: 이를테면 〈그때 그 사람들〉은 제가 고등학생 시절부터 뇌리 속에 강하게 박혀있었고, 언제부터 영화감독이 되어야겠다고 생각했는지는 모르겠지만

쓰레기통에서도 가끔은 장미가 핀다

영화를 만든다면 10·26 사건을 반드시 한번 다뤄보겠다는 마음이 계속 있었어요. 〈오래된 정원〉의 경우도 경험에서 나온 거죠. 제가 81학번이니까 군대 다녀오고 88년도까지 대학을 다녔는데, 당시 교내에 최루탄 냄새가 끊이지 않았어요. 그리고 많은 사람들이 죽고 다치고 망가졌죠. 그런 일들이 있었기 때문에 80년에 대학생활을 보내고 제가 봤던 것들에 관한 영화를 언젠가는 찍고 싶었죠. 세속적으로 말씀드리자면 저는 〈그때 그사람들〉을 찍고 한국이 들썩거려서 거부(巨富)가 될 줄 알았습니다.

변성찬: 대단한 상상력이신데요.

임상수: 저는 운이 좋은 감독이었다고 생각합니다. 흥행이 되냐 안 되냐를 떠나서 저는 하고 싶은 대로 영화를 멋대로 찍었거든요. 제가 잘난 척 하는 게 아니라, 앞으로 더욱 이런 작품들은 나오기 힘들 거예요. 그건 민주주의에 대한 문제라기보다 자본주의에 대한 문제죠. 한국뿐만 아니라 미국, 영국 등도 거대 회사들의 돈이 다 장악을 했기 때문이죠. 우리는 재벌이라는 말을 쓰죠. 이를테면 정치가들, 언론, 미디어를 다 장악한 거죠. 이 회사들의 자본으로 50억, 100억 들여서 찍는 영화들이 어떤 영화들을 찍겠어요. 그런 의미에서 〈그때 그사람들〉은 한국 영화계에 재

벌들의 돈이 들어오는 초창기인 어수선한 시기에 탄생한 영화였고, 이 영화를 제작한 명필름은 아마 보이지 않게 수십 년간 은근히 불이익을 당해왔을 거예요. 그런 점에서 심재명 씨에게 미안하다는 말을 하고 싶어요. 사실은 자본주의 때문에 세상의 민주주의는 다 망해가고 있다고 생각해요. 이제 유일한 방법은 회삿돈에 팔리지 않는 소수의 순수한 정치인과 시민의 힘 외에는 민주주의를 지키거나 사회를 지키는 방법은 없는 것 같은데… 어려운 얘기죠.

변성찬: 그건 굉장히 어려운 얘기인 것 같고요. 〈그때 그사람들〉 같은 영화가 앞으로는 더욱 나오기 힘들 거다'라는 말씀에는 백퍼센트 동의합니다. 비단 〈그때 그사람들〉만을 얘기하는 것이 아니라 2000년대 초반, 즉 말씀하신대로 한국의 영화산업이 덜 자본화가 되어있던 시기에, 대표적으로 싸이더스 같은 성격의 제작사까지 생기면서 재능과 의욕을 가진 젊은 감독들이 만나 굉장한 시너지가 생겼던 시기였고요. 또 그런 시기였기 때문에 소동이라도 일으켰지만 지금 같으면 있었는지도 모르고 넘어갈 수도 있겠죠. 그래서 감독님은 그 이후 '돈, 너의 정체가 뭐냐' 라는 것을 영화적으로 풀어내고 계신 거잖아요.

임상수: 그냥 저는 운이 참 좋은, 행복한 처지의 감독

이었다라고 생각해요. 저 때문에 고초를 겪은 제작자나 출연자들에게 죄송스럽다는 말씀을 드려야 될 거고요. 그런데 언제나 상상력을 가진 예술가들에게 편리했던 사회는 없습니다. 뚫고 나가야 되는 거죠.

변성찬: 운이 닿을 때까지 계속 밀고 나가셨으면 좋겠습니다. 곧 나올 영화는 로드무비죠? 이 영화에 대해 잠깐 얘기해주시고 마무리 말씀을 들어야할 것 같습니다.

임상수: 예. 지금 〈헤븐: 행복의 나라로〉라는 영화를 찍고 편집 중에 있는데 최민식 씨, 박해일 씨가 주연으로 같이 작업했습니다. 특히 이 작품은 사회정치적인 가시를 빼고 약간의 휴가처럼 행복한 마음으로 찍고자 했어요. 그런데 역시나 찍는 거는 정말 괴롭더군요. 내년 봄에 개봉할 예정입니다.

마무리로 말씀드리고 싶은 것은, 앞에도 얘기했지만, 어느 건방진 영국의 기자가 이 나라에서 민주주의가 되는 것은 쓰레기통에서 장미가 피기를 기대하는 거라고 했었죠. 역사적으로 그런 유래가 드물기도 하고요. 하지만 2차 대전 이후 식민지에서 독립한 나라 중에 그렇게 참혹한 전쟁을 거치고도 이만큼 민주주의를 이루어낸 나라는 거의 찾아볼 수가 없습니다. 앞으로도 어려운 일이겠죠. 모두 대단

2장: 기억들

하다는 마음을 가지고 앞으로 나아가시기 바랍니다.
고맙습니다.

쓰레기통에서도 가끔은 장미가 핀다

일상에서 초현실적인 순간을 만날 때
〈빛나는 거짓〉

송효정: 채기 감독님은 〈애절한 운동〉(1999)이나 〈빛 속의 휴식〉(2002)같은 단편 작업을 하셨고, 그 다음에 만드신 〈빛나는 거짓〉이 첫 장편 작품이지요. 이후에도 〈목록〉시리즈(2001~2006), 〈관광〉(2010)과 같은 실험적인 작품들을 하셨습니다. 〈빛나는 거짓〉은 HD로 찍은 영화지만 그전까지는 필름으로 작업을 하셨고요. 대학교에서 물리학을 전공했다고 들었는데 어떻게 영화를 시작하셨는지 궁금합니다.

채기: 고등학교 때 이과였는데, 이과라고 하면 당연히 물리학과라는 생각에 들어갔는데 제가 계속하기에는 과분한 학문이었어요. 영화를 시작하게 된 것은 특별한 계기가 있었던 건 아니에요. 평소에 영화를 많이 보는 편이었죠. 중고등학교 시절에 EBS에서 방영하는 예술영화들을 보고 뭔가 말로 표현할 수 없는 충격을 받았어요. '이런 걸 할 수도 있겠다!'고 막연히 생각하다가 영화워크숍에 참여하면서 본격적으로 시작하게 되었습니다.

송효정: 지금이야 디지털로 누구나 영화를 찍는다고 생각할 수 있지만 당시로서는 필름이었고 여러 가지 스킬들을 배워야 하죠. 독립영화협의회 워크숍에 참여하신 이후에 '젊은 영화'라는 영화 집단에서 활동하셨는데 그때 이야기가 궁금합니다.

일상에서 초현실적인 순간을 만날 때

채기: 그때는 워크숍에 참여해서 필름으로 영화를 만드는 공정을 배우게 되었고요. 그 과정에서 만났던 친구들과 같이 '영화 한 번 만들어보자' 해서 모이게 된 것이죠.

송효정: '청년', '파적', '젊은 영화'과 같은 영화 집단들이 그때 막 생겨났었죠?

채기: 네. '청년'은 그 즈음 제일 앞에 있었던 선배 집단이고요.

송효정: 저희가 이번에 《한국 나쁜영화 100년》을 기획하면서 채기 감독님의 작품과 더불어 '인디포럼 작가회의'에서 활동하셨던 감독님들의 영화도 살펴보고 있어요. 그것과 관련된 질문을 드리고 싶은데요. 96년에 《제1회 인디포럼》 영화제가 만들어졌고, 98년에 한국독립영화협회가 생겼잖아요. 감독님께서도 그 시대의 분위기를 느끼셨을 것 같아요. 그 시절에 관한 이야기가 좀 궁금합니다.

채기: 《인디포럼》은 《서울독립영화제》와 성격은 다르지만 독립영화를 상영하는 영화제입니다. 《인디포럼》이 생길 당시의 단편영화제들 대부분은 영화과 학생들을 위주로 교수들이 상을 주는 성격의 영화제

였습니다. 하지만 실제로는 그 외에 영화를 만드는 사람들도 존재했죠. 그런 동료들끼리 모여 우리의 영화를 상영하자라는 취지로 상영관을 잡고 영화제를 시작하게 된 거죠. 당시에는 검열이라는 것이 있었고 그 과정에서 여러 문제들이 불거지면서 우리는 검열 받지 않겠다고 싸우기도 했어요. 그런 일로《인디포럼》영화제가 좀 유명해진 면도 있고요. 본질적으로는 자기가 만든 영화를 틀고 싶은 사람들이 모여서 만든 영화제인 거죠.

> 송효정: 영화를 모아 상을 수상하는 이런 관습적인 것을 벗어나 우리가 만든 영화를 우리가 틀고 검열에도 얽매이지 말자는 의기투합이 굉장하다고 생각합니다. 당시에 검열로 논쟁이 된 영화들이 있었나요?

채기: 네, '파적'의 영화들도 있었고, 또 제 영화에 성기가 나오는 장면도 있어서 문제가 되었죠. 대표적으로 '파적'이 만든 영화들이 문제가 많이 되었고, '곡사'도 그 즈음은 아니지만 논쟁이 되었던 영화를 계속 만들었죠.

> 송효정: '곡사'라고 하면은 김곡과 김선이라는 두 형제가 함께 작업할 때 사용하는 이름이죠.《한국 나쁜 영화 100년》에서도 두 편이 상영되고 있습니다. 감

독님은 《인디포럼》에서 영화를 만들기도 했고 프로그래머로도 활동을 하셨는데요. 당시 영화를 만들 때 서로 지향하는 바가 달라서 미학적인 논쟁이 있었다고 들었어요.

채기: 그 당시 《인디포럼》에서 상영되는 영화는 주류에서는 잘 모르는, 말하자면 언더그라운드 영화들인 거지요. 몇 해 영화제를 열다 보니 다양한 의견들이 나오기 시작하는 거죠. 미학적인 논쟁이라기보다는 대충 이런 내용입니다. 극장에서 돈 내고 보는 영화들은 기본적으로 영화를 만드는 어떠한 모양새라는 게 있지 않습니까. 돈을 받으려면 이 정도는 만들어야지 하는 모양새들이 있는데요. 그냥 아마추어의 정신을 갖더라도 어떤 새로운 영화들, 즉 대단한 건 아니지만 최소한 주류영화문법에 충실한 영화에 매몰되지 않는 영화를 상영하자는 것입니다. 많지는 않더라도 보러 오는 관객들이 아마 있을 거라고 생각했고요. 관객들도 한두 번 보다 보면 이를 선호하는 관객들이 형성될 수 있지 않을까. 최소한 저는 이런 관객층을 만들어내는 게 더 중요하다는 생각을 했습니다. 어차피 여기서 만든 영화들은 잘 팔릴 영화들도 아니고, 오히려 관객층을 조금씩 조금씩이라도 넓혀가는 것이 《인디포럼》에서 지향해야 하는 지점이라고 생각했어요. 우리도 관객들이 생기면 동력

이나 힘을 받잖아요. 또 요즘은 디지털로 제작환경
이 변하면서 예산도 많이 줄일 수 있으니까요. 다른
여러 가지 실험도 해볼 수 있고요. 한편 내부에서도
"그래도 관객에 대한 배려도 있어야 된다"라고 "무슨
말인지도 모르는 영화들만 틀면 관객들이 있겠나",
"자의식 과잉된 영화들이다" 라는 여러 가지 논쟁들
도 있었던 거고요.

  송효정: 일단 영화에 대한 애기로 좀 넘어가 보도록
하겠습니다. 이 작품이 첫 번째 장편 영화죠. 이 영화
를 보신 관객들은 그 전에 찍었던 작품들이 좀 궁금
해질 것 같아요.

채기: 영화를 만들면서 영화의 길이를 별로 생각하지
않았고요. 하지만 여러 가지 조건에 의해서 영화가
조금 길어지다 보니 장편이 되었죠. 장편이다 보니
극장 개봉이 용이해서 어떻게 해서 극장까지 개봉하
게 되었어요. 그런 측점에서 더 용이했다는 것뿐이
지요. 사실 이 장편이 저의 첫 장편이자 마지막 장편
입니다. 그러니까 제 작품 중 장편이 하나예요. 그 외
에는 나머지 10분에서 30분 내외의 단편들을 찍었
고요.
  애초에 영화를 만들게 된 거는 그런 거였죠.
'특별하게 실험을 한다' 이런 의도가 있었다기보다

일기처럼 머리에 남아있던 이미지들이 차곡차곡 시간이 지나고 쌓이면서 제가 그 이미지들 간의 연관 고리들을 찾는 거죠. 저도 제가 만든 이야기가 어떻게 될지는 모르지만, '이거와 이건 뭔가 연관이 되고, 이 장면과 이 이미지는 대구(對句)가 되겠는데?' 이렇게 마치 벽돌 쌓듯이 하나하나 쌓이면 어느 순간 시나리오가 만들어지죠. 그러다가 '아 이거 영화로 만들어야 되겠다. 이 정도면 뭐 하나 나오겠다.'란 생각이 들 즈음에 마침 영진위에서 단편영화 지원 사업이 있었어요. 그 지원을 받게 되어서 〈애절한 운동〉을 완성하게 된 거죠.

송효정: "일기처럼 쌓아갔다" 이렇게 이야기를 했는데요. 여러분이 지금 방금 보신 영화에 세 명의 인물이 나오는데요. 두 번째에는 그나마 사람도 여러 명이 나오고 대화도 나오고 그랬는데요. 이게 사실 일기 형식이잖아요. 이런 것도 전작들과 연관성이 있는 건가요?

채기: 그렇죠. 일기의 형식이지만, 예를 들어 일기영화, 비디오 다이어리 등과는 조금 다른 극적인 구성을 하고 있죠. 만드는 과정이 일기형식인 것이지 만들어내는 모양은 다르기 때문에 일기 같은 영화는 아니라고 생각합니다.

송효정: 영화를 많이 보시는 분들은 아실 수도 있지만 익숙하지 않으신 분들에게는 이 영화가 왜 이렇게 어려울까라고 느낄 수도 있어요. 대사가 거의 없고 카메라도 거의 안 움직이고 장면도 좀 많이 길고 그 다음에 배경음악도 없고요. 사실은 없는 것들이 굉장히 많은 영화거든요. 그런데 이렇게 없게 하겠다는 게 감독님의 생각이었을 것 같아요. 영화적인 형식에 대해 말씀해주시지요.

채기: 형식으로만 따진다면 〈빛나는 거짓〉 같은 영화는 외국에도 많아요. 흔히들 예술 영화라고 불리는데요. 뭘 하나를 '난 안 넣어야지'라기 보다 '꼭 이게 있어야 되나?' 하다보니까 이렇게 된 거고요. 가령 카메라가 움직이지 않고, 음악이 없는 것들을 하나의 형식이라고 보지는 않아요. 모양새는 비슷하나 다 각자의 다른 색깔들이 나오고 있기 때문에요. 그것을 하나의 형식으로 묶어버리면 사실은 한 영화가 되어버립니다.

송효정: 이전의 단편영화는 대사가 거의 없었거든요. 그런데 이번 영화에는 대사들이 좀 있어요. 시나리오 작업은 어떻게 하실까요?

채기: 시나리오를 쓰는 거는 '무슨 이야기를 하겠다'

하고 쓰지는 않았습니다. 아까처럼 이미지들이 일기나 어떤 책에서 나왔던 것, 지나가다 보았던 것 등 여러 가지 직간접적인 경험에 이미지들이 계속해서 남아있어요. 마치 어디다 기록한 것처럼 머리에 계속 남아있는 거죠. 그래서 그게 어떤 지점에 당도하면 '아 이거 가지고 계속해보면 뭐가 나올 수 있겠는데' 이런 생각이 들면서 그걸 하나씩 벽돌처럼 옮겨보는 거죠. 여기다 옮겨보고 저기다 옮겨보면서요. '내가 왜 이 이미지를 많이 기억하게 되었을까, 왜 좋아할까, 아니면 나는 왜 싫어할까' 이런 생각을 하면서 벽돌처럼 쌓는 거죠. 이렇게 옮겨 다니면 어느 순간 이제 하나의 모양이 만들어졌다, 이 정도면 됐겠다고 생각하는 거죠. 그러니까 요즘의 디지털 편집하듯이 그렇게 시나리오를 쓰는 것 같습니다.

송효정: 영화를 보면 세 명의 인물이 나오는데요. 보통의 이야기 같은 경우는 '이 사람과 이 사람은 이런 관계고 앞으로 이렇게 될 거야' 이렇게 예감하며 볼 수 있는데요. 사실 이 세 명이 어떤 관계고 이 영화는 왜 이 세 명을 묶었는가가 굉장히 궁금해요. 전작에서도 여러 인물들이 꼭 만나기도 하고 안 만나기도 하지만 무슨 관계인지 설명해주지는 않거든요. 영화에 나오는 이 세 명은 누구입니까?

채기 : 제가 영화를 찍을 때 어떤 사람의 캐릭터라든지 그 사람이 어떤 사람이고 저 사람이 뭘 먹으면서 살고 어떻게 행동하나 이런 것이 저는 궁금하지 않아요. 그냥 저 사람들은 한 사람일 수도 있고 열 사람일 수도 있고요. 말하자면 매번 나왔던 커트가 다 다른 사람일 수도 있는데요. 시나리오는 쓰는 그 시점에 제가 이렇게 구성해보고 싶은 마음이 드는 사람을 인물로 만들었고요. 그 다음에 이 영화는 장편영화 지원을 받아야 했기 때문에 좀 긴 영화를 만들어야 했어요. 그래도 인물이 너무 많이 나오면 사람들이 더 힘들어하겠다 싶어서 인물을 좀 줄여보려고 했습니다.

제가 생각할 때 이 세 사람은 거의 같은 사람이라고 봐야 될 것 같아요. 저도 정확하지는 않은데요. 제가 이렇게 말하니까 맨날 듣는 얘기 중에 하나가 지가 만들어 놓고 지가 무슨 말 하는지 모른다고 발뺌한다고 하는데요. 그런 것 같아요. 제가 아까도 말했지만, 이미지를 채집할 때 그게 왜 좋은지를 계속 만드는 과정에서 생각하기 때문이에요. 배우가 실현하면 제가 생각했던 거랑 또 다르게 실현이 되는 부분들도 있거든요. 그래서 커트 길이가 조금씩 길어지는 것 같아요. 그 이유를 지금 생각해보면 혹시라도 '배우가 저렇게 가만히 있다 보면 뭔가 좀 다른 일을 하지 않을까' 그런 기대를 제가 자꾸 갖는 것 같아요. 그래서 커트 길이가 조금씩 길어지는 게 아닌가 싶습니다.

송효정: 한 장면을 여러 번 찍으셨나요?

채기: 어떤 것은 많이 찍은 것도 있고 한 번에 찍은 것도 있고 그렇습니다.

송효정: 그렇군요. 왜냐하면 저는 개인적으로 초반에 이난 배우, 우주비행사 역으로 나오는 분이 욕실 앞에서 이렇게 서있는 장면이 있잖아요. 이렇게 길게 비춰서 영화가 멈췄나 순간적으로 이런 생각을 했습니다.

채기: 그런 얘기 많이 들었습니다.

송효정: 이 영화 말고 〈애절한 운동〉, 〈빛 속의 휴식〉이라는 두 편의 작품을 만드셨잖아요. 그런데 제가 볼 때는 형식이라든지 인물 구성 같은 것들은 굉장히 거의 한 작품 같다는 느낌을 받을 정도로 좀 비슷했던 것 같아요. 앞 작품하고 이 작품의 어떤 연관성이 있을까요? 꼭 논리적으로 인과가 있다는 것과 무관하게요.

채기: 네. 무조건 연관성이 있죠. 그냥 어떤 인물을 중심으로 영화를 만드는 것이 아니기 때문에요. 만약에 제가 여건이 됐으면 계속 영화를 찍은 후 시간 단위로 잘라 영화를 틀어도 아마 비슷해질 것 같아요. 그래서 당연히 연관성도 있고 또 저는 다르게 찍어야 될 이유도 잘 모릅니다. 물론 시간이 지나면서 조금 조금씩 변하는 부분들은 있는 것 같아요. 제가 찍어놓고 보면 아까도 말한 제 영화부터 지금 〈빛나는 거짓〉까지 영화를 만드는 방식이 바뀌지 않았기 때문에 거의 비슷하겠죠.

송효정: 그 이후에는 감독님 방식이 바뀐 시점이 있었나요?

채기: 없었죠. 비디오 작업을 했었는데요. 비디오 작업은 이것보다 좀 더 뭐랄까, 흔히 하는 실험영화들과 비슷한 영화들을 찍었으니까요. 완전히 모양이 다른 흔히 비디오 아트 같은 영화들이에요.

관객 1: 지금은 오히려 〈빛나는 거짓〉 같은 비슷한 작품을 여러 영화제든 상영관에서 더러 볼 수 있는 것 같은데요. 〈빛나는 거짓〉이 개봉되었을 당시에는 굉장히 낯설었던 작품이었을 것 같아요. 극장에서 처음 상영했을 때 관객들의 반응은 어땠는지가 궁금

일상에서 초현실적인 순간을 만날 때

합니다.

채기: 극장에서 개봉을 했는데요. 그해 「씨네 21」의 최저관객 영화로 꼽혔거든요. 당시 화를 내시는 분도 있었고요. 하지만 GV 같은 걸 하면 그렇게 공격적으로 질문하거나 그러지는 않으셨어요. 질문이 많이 없어도 제가 최대한 말을 많이 해서 설명해 드리려고 노력했죠. "제가 이렇게 해서 만들었습니다. 죄송합니다."이렇게 계속 얘기하면서요.

송효정: 해외 영화제도 가신 걸로 알고 있는데 해외에서는 어떤 질문 받으셨는지 기억나시나요?

채기: 해외에서 특별히 질문 받은 특별한 기억은 없습니다. 기억나는 것은 거기도 별로 질문을 안 하더라고요.

관객 2: 〈빛나는 거짓〉이라는 제목의 의미가 무엇인지 궁금합니다.

채기: 제목도 문구처럼 제가 기록을 해두는데요. 제목을 써야지 하고 써놓는 게 아니라요, 이것저것 낙서 해놓고 노트에 기록해놓은 것을 보면, '아, 이걸로 괜찮겠다, 이거 마음에 든다'는 생각이 들어요. 뭔

가 '빛나는' 영화에 대한 이야기면서 또 여기 나오는 사람들, 그런 척하면서 연기하는 배우들의 이야기인 것 같기도 하고요. 그런 느낌 때문에 이 제목으로 정하게 된 것 같아요.

송효정: 무엇이 진실이고 거짓이고 이런 것에 대한 얘기가 아니라 어떤 인상을 가지고 제목을 정하신 건가요?

채기: 네. 또 그 제목이나 이미지들을 보면 마음의 반 이상 정리가 되고 있었을 때에요. 제목이 나타나면 빠질 건 빠지고 새로 생기는 것들도 있고 그런 거죠. 그걸 지금 하나씩 다 말씀 못 드리겠는데요. 저는 제목은 빨리 짓는 편입니다. 제목을 지어놓고 뭔가 그런 이미지들을 하나씩 하나씩 담는 편입니다.

송효정: 그럼 이 영화 제목은 〈빛나는 거짓〉이고 〈빛 속의 휴식〉이라는 제목도 있잖아요. 감독님이 이 '빛'이라는 말을 자주 쓰시네요?

채기: 그런가 봐요.

송효정: 나중에 이미지를 선별할 때 그런 것과 관련된 것들이 선별의 기준이 되기도 하나요?

채기: 네. 제가 만든 영화 중에 굳이 얘기한다면 느슨한 극적인 구성을 가지고 있는 영화제목들이 〈애절한 운동〉, 〈빛 속의 휴식〉, 〈빛나는 거짓〉입니다. 그리고 제가 비디오 작업했던 것 중에 〈묻어있는〉, 〈너의 눈 속에 나의 신념이 남아있다〉 이런 것들이 있거든요. 그런 것들 보면 영화의 주제에 대한 것이라기보다는 영화 그 물질 자체에 대한 제목들이 아닌가 생각합니다.

송효정: 어떤 인상에 대해서 그와 같은 느낌인가요?

채기: 해놓고 보니까 어떤 영화를 내가 정의할 때 이런 말로 부르는 게 아닌가라고 생각이 듭니다.

송효정: 일반적으로 우리가 제목을 들으면 많은 관객들이 그 제목으로 영화를 설명받기를 기대하거든요. 그런데 감독님의 영화는 뭔가를 설명해주는 영화는 아니고 이 영화가 가지고 있는 어떤 감정이랄까 인상에 대한 스케치 같은 느낌이 있었던 것 같습니다.

채기: 이야기를 하지 않으려고 하는 건 아니고요. 이야기는 어떤 사람이 무슨 일을 해도, 가만히 앉아 있어도 이야기는 생기거든요. 그 이야기가 흔히 얘기

하는 드라마틱하지 않은 것 뿐이고요. 그래서 저는 분위기, 공기, 그런 것을 느끼게 하고 싶은 마음이 있는 것 같습니다. 커트도 조금 길어지면서 배우가 좀 뭔가 다른 일을 하지 않을까 하는 기대감을 주고 싶기도 하고요. 배우가 가만있으면 그 배우들의 공간이나 모습을 마치 사진처럼 볼 수도 있지 않을까 하는 생각에서요. 커트들이 좀 길어지는 것 같고 반대로 지겹게 되기도 하고요.

관객 3: 이 영화에 대한 어떤 정보가 없는 상태에서 봐서요. 다른 일반적인 영화처럼 씬(scene)과 씬의 관계를 생각하고 처음에 봤을 때 스토리가 전혀 안 느껴지더라고요. 중반부터 아예 다 포기를 하고 그냥 씬만 보다 보니 너무 아름다운 거예요. 일상에서는 바쁘게 살아가고 항상 생각이 많으니까 그런 미니멀한 씬들은 항상 지나쳐 갔는데요. 씬에 집중하다 보니, 신기하게도 장면들이 하나씩 보이더니 뭔가 내러티브가 있는 것 같이 느껴졌습니다.

지금 감독님의 설명을 들으니, 이미지 위주로 작업하시다가 나중에 그것들이 모아져서 어떤 하나의 연결성을 만들고 배치가 만들어졌다는 말씀이 이해됐습니다. 그래서 감독님이 말씀하신 대치되는 점이나 연결점, 이런 자신의 이미지 안에서 저희에게 설명해줄 수 있는 내러티브가 있는지 궁금합니다.

일상에서 초현실적인 순간을 만날 때

채기: "뭔가가 숨겨져 있고 의미가 있는데 불친절하다." 이런 얘기를 관객과의 대화를 하면 많이 듣거든요. 사실 저도 관객과 같은 입장에서 제 영화를 대합니다. 영화를 만들 때나 아니면 시나리오를 쓰면서 글로 대충 모양을 만들 때에도 정확히 정해진 것 없이 조합하고 구성하는 재미, 영화를 만드는 재미 그 자체를 위해서 영화를 만들기 때문입니다. 조금 무책임하다 할 수도 있겠지만 그런 게 없다면 사실은 영화를 만드는 재미가 없거든요.

그래서 하나로 얘기할 수 있는 어떤 내러티브나 이야기는 없는 것 같습니다. 그렇지만 뭐 아까 말씀하신 것처럼 장면이 예쁘면 예쁜 맛으로 볼 수도 있고요. 또 제 영화의 특징은 잠깐 졸아도 거의 장면들이 비슷하기 때문에 이야기를 놓쳐서 '아 아깝다' 이렇게 할 게 없거든요. 그런 장점도 있고요. 이 영화가 70분 정도 되는데, 한 두 시간 같은 느낌을 전달할 수 있는, 경제적으로 효율적인 장점도 있습니다.

송효정: 사실 이 영화는 굉장히 모던한 영화거든요. 장르적이라거나 초현실적인 장면이 많지 않고 되게 단단하고 무던한 작품인데요. 한 세 장면 정도는 '어, 이거 뭐지?' 하는 장면이 있었던 것 같아요. 우주비행사가 침대에 누워있는데 하늘에서 구름이 흘러가

는 장면과 남자가 차에 탔다가 있다가 없어졌다가 다시 있는 장면, 그 다음에 여자가 또 누워있을 때 밤에 도로가 깔리는 장면이 있는데요. 이 세 장면의 세 인물이 되게 인상적이었어요.

채기: 처음에 우주비행사가 나왔던 장면은 제가 꿈을 꾼 겁니다. 계속 생각나는 꿈이었어요. 그래서 그 장면을 어떻게든 쓰고 싶었고요. 거기서 꿈처럼 나오기 때문에 꿈이라고 생각해도 괜찮을 것 같고요. 두 번째 장면은 그냥 인물이 사라지고 싶은 마음입니다. 간단합니다. 그러니까 사라졌다가 못 사라지고 다시 남는 거고요. 그리고 세 번째는 편집을 하면서 대구(對句)로 무언가 있으면 좋겠다는 생각을 하게 되었습니다. 편집에서 즉흥적으로 만들어진 겁니다.

송효정: 이렇게 말하면 지금까지 다른 사람들은 "영화에 의미가 있는데 감독이 불친절해서 설명을 안 해준다"라고 했나보군요.

채기: 네 그렇죠. 마치 블록 쌓기처럼 영화를 만들기 때문에 저도 딱히 뭐라고 말씀드릴 게 없어요. 영화제 같은 데서 제 영화를 다시 보게 되는 경우가 있는데, 영화를 보고 나서 '곡사'의 김곡 감독이 그런 얘기를 하더라고요. 형은 어떻게 자기 영화를 그렇게 집

중해서 재미있게 보냐고. 생각해보니까 저는 제 영화를 계속 잘 집중해서 보는 편인 것 같아요. 부끄러워하는 걸 좀 덜 하는 것 같습니다.

송효정: 오늘은 재미있으셨어요?

채기: 아, 오늘은 좀 부끄러웠습니다.

송효정: 공 장면을 여쭤보고 싶은데요. 보이지 않는 곳에서 공이 튕기는 소리가 계속 들리다가 어디선가 날아드는 부분이 있고요. 두 번째 파트에서는 꼬마가 공을 치기도 하고 남자가 공을 가지고 있기도 하거든요? 여기에 어떤 관계들이 있는 걸까요?

채기: 제가 경험한 것이죠. 공 장면도 제가 직접 본 장면이고요. 현실에서 가끔씩 초현실적인 순간들이 있어요. 여러분도 그럴 때가 아마 있을 것 같은데요. 그런 것들은 기억에 오래 남죠. '아 이런 거를 한번 만들어 봐야 되겠다' 이런 생각을 가지게 돼요. 그런 비슷한 이미지들이 계속 쌓이게 되면, 그 이미지와 이 이미지가 겹쳐 보이다가 또 다른 이미지와 연결되고 분화해가는 거죠. 그 분화를 통해 연상되는 하나의 또 다른 느낌은 사람마다 조금씩 다르겠죠. '저게 뭔가 의미가 있지 않나?'라고 생각이 드는데 제가 감독

과의 대화에서 "특별히 없습니다" 라고 말하게 되는
이유인 거 같아요. 그러면 관객들은 '뭔가 숨겨놓고
저러니까 재수 없지' 라고 오해하시는 것 같습니다.

　　송효정: 〈가장 빨리 달리는 남자〉(2009)를 보면, 거기
　　에도 갑자기 밖에서 배드민턴공이 날아와서 확 잡는
　　장면이 있죠.

채기: 그 장면은, 어떤 책에서 '배드민턴공보다 빨리
달린다'라는 문장을 봤는데 '어떻게든 그가 배드민턴
공을 잡아야 되겠다'는 생각이 들면서 그 장면이 떠
오르게 된 거예요.

　　송효정: 〈가장 빨리 달리는 남자〉는 흑백영화였죠. 거
　　기서 남자는 달리진 않죠. 왜 그 제목인지 방금 설명
　　을 듣고 납득을 했습니다.

　　관객 4: 감독님은 한 때 인디포럼에서 활동하셨고,
　　기여도도 크실 것 같은데, 최근 몇 년 동안 작품 활동
　　이 없으시잖아요. 차기 작품을 준비하고 계시는지,
　　혹은 작품 계획이 없으실 경우 그 이유는 무엇인지
　　궁금합니다.

채기: 영화가 좋다 나쁘다 이런 걸 떠나서 '제 영화

가 이렇게 만들어졌는데 어때요? 뭐 욕도 하고 아니면 좋아하실 수도 있는 데 아무튼 이런 영화가 있습니다.' 라고 말할 수 있는 그런 환경이 되었으면 합니다. 영화가 가진 여러 가지 좋은 장점들이 있는데도 불구하고 관객들이 한 가지 부분으로만 너무 빨려 들어가는 것 같아서, '이런 것도 있고, 이것도 나름 재미가 있어'라고 할 수 있는 환경이 만들어졌으면 합니다. 그런 건 상업영화판이 할 수 있는 게 아니고, 사실 그런 부분은 뭐랄까 공공적인 부분도 있다고 저는 생각을 하거든요. 그래서 관객들이 번거롭지만 조금만 품을 팔아서 '이런 영화도 있네, 이건 내 취향이야' 이렇게 자기가 흔히 얘기하는 취향이라는 것을 선택할 수 있는 그런 상태를 만드는 게 저는 훨씬 더 큰 목적이었습니다.

이렇게 얘기하면 믿으실지 모르겠지만, 제가 만들고 싶으니까 영화를 만들었고, 그걸 틀 수 있는 영화제를 만들고 싶어했지만, 그것보다는 여러 가지 영화들, 예를 들면 내 옆에 있는 친구가 영화를 만들었다고 하니 궁금해서 그 친구의 영화를 보러 갈 수도 있는 환경, 영화를 만들고 틀고 하는 게 별스럽지 않은 그런 이상적인 상태를 꿈꿨던 것 같아요.

그런 생각과 현실 사이에 괴리가 있다 보니 당연히 영화제작에 대한 열정도 시들해지기도 하고 제작비도 구하기 어렵고 등등해서 자연스럽게 영화를 안 만들게 된 거고요. 그런 와중에 제주도로 이사 가게 돼서 더욱 뜸해지게 된 것 같습니다.

송효정: 별도의 지원 없이 개인적으로 하고 계시는 작업이 있으신 건가요?

채기: 이미지들은 많이 쌓여가고, 그로부터 계속 생겨나는 부분들이 있긴 하지만 그걸 꼭 찍어야 되겠다는 생각은 없습니다. 왜냐하면 저도 관객이 중요하기 때문에 영화제나 한 번 틀어지고 끝내기는 아쉽거든요. 차라리 그럴 것 같으면 짧은 영상 만들어서 SNS에 올리는 게 낫지요. 그런 생각 때문에 할 의지가 별로 안 생기는 것 같은데요. 한 10년 동안 작품을 안 했더니 하고 싶다 이런 마음이 들긴 합니다.

송효정: 오늘 이렇게 감독님 모시고 상영을 하게 돼서 저는 굉장히 즐겁거든요. 《한국 나쁜영화 100년》이라는 기획이지만 이게 도덕적이고 윤리적인 의미에서 나쁘다기보다는 우리가 합의하는 표준적인 영화의 바깥의 여러 가지 유형의 영화들을 모아보자라는 취지였을 것 같아요. 그런 의미에서 감독님 영화를 극장에서 보고 감독님도 뵙게 되어 개인적으로 저에게는 즐거운 경험입니다.

영화에 대해서 한두 개만 더 질문하고 자리

일상에서 초현실적인 순간을 만날 때

를 정리를 해야 될 것 같아요. 이 영화가 동시대를 보여주는 것 같지만 약간 SF적인 상상력도 있는데요. 제가 개인적으로 인상적이었던 것은 우주복을 입고 우주로 가는 우주 관리 공사. 이런 장소가 주는 느낌이 되게 좋았거든요. 그 장소를 택하신 이유가 좀 궁금해요.

채기: 전체적인 의도가 있다기보다는 제가 좋아하는 장소들을 찍은 겁니다. 제가 인상이 남고 저런 곳에서 영화를 찍으면 좋겠다고 생각하는 공간. 저기에 어떤 사람이 왔다 갔다 하면 좋겠다고 생각되는 공간에서 찍은 거죠.

송효정: 사람이 거의 없다보니 굉장히 미래적으로 보이더라고요.

채기: 하지만 우주복 소품이 미래적이지 않아서요.

송효진: 거기가 파주였죠? 파주 거리에 사람들이 안 보이니 마치 SF적인 느낌이 들면서 인상적이었어요.
배우에 대해서 질문드리고 싶은데요. 첫 번째는, 우주비행사 역할에 한 때 같이 영화를 찍으셨던 이난 감독님이 배우를 하셨고요. 두 번째는 김한 배우, 세 번째는 옥지영 배우가 있는데, 이 세 배우랑

어떻게 만나게 되셨는지 궁금해요.

채기: 이난 감독은 이번 기획전에서도 상영하는 〈스윙 다이어리〉를 만들었죠. 96년도에 나온 작품인데, 당시 단편영화들 안에서 아주 화제였죠. 인디포럼을 통해서 만나게 되었고요. 저 사람을 배우로 쓰고 싶다고 생각했고 자기도 실제로 배우를 하고 싶어 했었어요. 김한 배우나 옥지영 배우는 다 소개를 받았어요. 제가 그전에는 전문 배우들을 쓰지 않았는데요. 촬영감독이 이번에는 전문 배우를 써야 된다고 계속 얘기를 해서 함께 하게 되었습니다.

송효정: 촬영감독님은 단편부터 계속 같이하시던 분인가요?

채기: 네. 제가 이런 느슨하지만 극적인 구성을 가진 영화를 찍은 건 전부 다 이두만 촬영감독과 함께했습니다.

송효정: 그럼 마지막으로 궁금한 한가지만 여쭤보고 마무리 인사말씀을 듣겠습니다. 지금까지 감독님의 영화들은 거의 롱테이크 고정카메라였잖아요. 이번 영화도 계속 그러다가 맨 마지막에 여행하는 여자가 나오는 데에서 카메라가 배우를 따라서 움직이거든

요. 그거는 감독님의 의도였는지 카메라 감독과 같이 상의 하셨는지요? 차에서 내려서 걸어가는 장면에서 큐브를 줍기 전에 카메라가 인물을 따라가던데요.

채기: 인물을 따라가는 장면도 한두 장면 정도 있습니다. 전체적으로 화면이 고정되어 있다는 느낌을 받으셔서 그런 걸 겁니다. 김한 배우가 서울 시내 걸어갈 때 찍은 장면도 있고, 가끔씩 카메라를 좌우로 돌리는 것도 그때그때 썼었어요. 카메라를 특별하게 고정시키겠다는 마음이 있어서 그런 건 아니고요. '굳이 움직여야 되나?' 이렇게 생각이 되어서 안 움직인 것 같아요. 필요하다고 느낄 땐 카메라가 움직입니다. 물론 인물의 감정에 복무하는 카메라워크는 아니죠. 그건 조금은 다를 수 있을 것 같아요.

아까도 말했지만 저는 그런 영화가 좋거든요. 자다가 일어났는데 다시 그 장면이고, 놓쳐도 별로 지장 없고, 끝났는데도 뭐 어땠지? 질문할 건더기도 없는 그런 영화들을 좋아합니다. 이런 경험을 만약 처음 하시는 분들이라면 '아, 이런 짓거리도 하는구나. 재밌네' 이렇게 생각해주시면 고맙겠습니다. 극장에서 오래간만에 제 영화를 봤어요. 느낌이 어떨까 궁금했는데요. 어우, 너무 커트가 기네요. 다음 영화 때는 좀 줄이겠다는 생각이 듭니다. 고맙습니다.

감독: 서원태
모더레이터: 김소희(영화평론가)
2019년 12월 4일

관계 맺기에 미숙한 사람들
〈싱킹블루〉

서원태: 굉장히 지루한 영화인데 끝까지 봐주신 많은 분들에게 감사드립니다. 이 작품을 거의 12년 만에 다시 봤는데도 여전히 지루하네요. 《한국 나쁜영화 100년》이라는 기획전에 나쁜영화로 초청되어 기쁘게 생각합니다.

김소희: 어떤 영화는 '이것 때문에 이 영화를 만들었구나' 라는 게 분명히 보이는 경우가 있는가 하면, 〈싱킹블루〉의 경우는 '그게 좀 모호하다'라는 생각이 들었어요. 두드러진 포인트가 없어서라기보다 오히려 포인트가 굉장히 많았기 때문인데요. 영화의 출발점이 무엇이었는지 궁금합니다. 특정 사건일 수도 있고, 인물 혹은 감정일 수도 있고요.

서원태: 이 말에 동의가 가실 진 모르겠지만 저는 '가족'에 대한 영화를 만들고 싶었어요. 제가 공부했던 미국 캘리포니아 지역의 날씨는 따뜻하기 때문에 거리에 홈리스가 많았거든요. 그러니까 홈리스가 생존하기 좋은 조건인 거죠. 그리고 '왜 홈리스는 홈리스가 되었을까? 혼자가 됐을까?' 라는 생각을 하게 된게 이 영화 서사의 시작이었고요. 결국에는 존재에서 관계의 문제로 넘어가는 건데요. 여기 나오는 캐릭터들이 사실 관계 맺음에 굉장히 미숙한 사람들이에요. 평균 이하의 관계 맺기가 익숙한 사람들이고

요. 그런 사람들과 홈리스들이 궁극에서는 같은 범주에 속한다고 생각을 했어요. 흔히들 장르영화로써 가족영화라고 하면 이런 식의 접근을 하지는 않죠. 아주 이상한 가족영화를 만들고 싶었고요. 이미지에 대해서 말하자면, 구조화되어 있는 이미지를 만들되 서사가 굉장히 헐렁한 영화를 만들고 싶었어요. 서사를 다룬다는 것은 기본적으로 시간을 다룬다는 건데요. 이 영화는 굉장히 지루하잖아요. 그 지루함이 이 영화의 특색일거라고 생각했거든요. 그런데 그 부분을 공간적으로 메꾸면서 채우는 게 이미지라고 생각을 했고요. 그 이미지들이 그 간극들을 채우면서 좀 헐거운 서사가 구성 될 수 있지 않을까라고 생각하며 작업했습니다.

　　김소희: 가족 영화라니 흥미로우면서도 쇼킹한데요. 이 영화가 감독님의 첫 장편 극영화였죠?

서원태: 극영화로는 처음이었고요. 이전에 다큐 작업을 장편으로 한 번 한 적이 있었고, 그 이후에도 장편 다큐를 했습니다.

　　김소희: 극영화로써는 처음이자 현재로써는 마지막이라고 볼 수 있을까요?

서원태: 네 그렇습니다. 현재 영화로써는 마지막 입니다.

김소희: 감독님이 이전에 만드신 단편 작품들과 비교할 때, 단편의 경우 장편의 호흡으로 지속할 수 있었다는 생각이 들었고요. 반대로 이 영화는 단편의 호흡으로 만들 수도 있었다는 생각이 들었어요. 처음부터 장편으로 만들 계획이셨나요? 영화 길이를 결정할 때의 차이가 무엇인지 듣고 싶습니다.

서원태: 대부분 영화를 서사로 받아들이잖아요. 만든 사람도 서사로 많이 받아들이는 측면이 있고요. 앞서 말한 바와 같이 서사를 다룬다는 것은 영화에서 '시간'을 다룬다는 거죠. 그런데 제가 시간을 다루는 것보다 영화적 공간을 다루는 데에 더 관심이 있고 능력이 있다는 생각이 들었어요. 따라서 서사를 다루는 테크닉의 정교함보다는 이미지를 다루는 데에 초점을 뒀고 헐렁해도 되는 서사에 긴 호흡이 허락이 되는 소재라고 생각했어요. 단편과 장편 만들기의 차이점도 기본적으로는 시간적 개념이지요. 〈싱킹블루〉는 30대 초반에 만든 영화인데, 당시에는 제가 생각하는 영화는 시간이 밑에 깔린 공간적 접근의 예술매체라고 생각했어요. 그래서 단편 만들기가 저한테 더 적합한 포맷이었다라고 생각을 했고요. 장편 극영화였던 이 영화는 제가 좀 전에 말씀드린

그런 맥락들이 교차하는 과정에서 나오지 않았나 생
각을 합니다.

김소희: 이 영화가 영상물등급위원회(영등위)에서 제
한상영가 등급을 받은 작품인데요. 현재 영등위 사
이트에는 심사를 받은 흔적은 있지만 그 사유는 찾
을 수 없어서 과연 어떤 이유로 제한상영가 등급을
받았을까 궁금했는데요. 당시의 상황에 관한 자세한
이야기를 들려주시기 바랍니다.

서원태: 좀 아이러니한 게 이 영화 제작을 영화진흥위
원회에서 해줬거든요. 제가 독립영화 장편 제작 지
원을 유학하던 시절에 받았어요. 한국에 자료를 다
보내고 영어 스크립트 등을 보내서 충분하진 않지만
지원금을 좀 받았어요. 그러고 나서 이 영화를 상영
제한으로 걸었잖아요. 결과가 나왔을 때 사실 언짢
거나 당황하지는 않았어요. '이 영화를 사람들에게
왜 못 보게 하려고 할까?', '왜 제한을 받아야 하는 영
화일까?' 스스로 생각해봤는데, '너무 지루했나?'라
는 같은 생각을 했고, 우스운 생각이지만 '성기노출
같은 게 있어서 그랬나?'라고도 생각을 했는데 이건
이미지일 뿐이잖아요. 스크린 상에 표현되는 허구의
어떤 조형물이고 이미지가 그 이미지 안에 있는 또
어떤 허구의 이미지로 보여준 것인데… 그것이 성기

관계 맺기에 미숙한 사람들

로 보여줘서 그리됐나 보다 하고 추론만 했죠.

　　지금 한국의 상업 극영화 중에서도 성기를 노출한 영화들이 많지는 않지만 예술적 수단, 표현의 수단으로 필요에 의해서 허용되고 있는 시대죠. 당시엔 이미지를 인식하는 사회문화적인 측면이 너무 보수적이지 않았나는 생각을 했었어요. 저는 오히려 이 영화를 완성하고 나서 자기검열을 했어요. 제 스스로 이런 질문을 해봤어요. '포르노그래피가 더 지루할까? 아니면 이 영화가 더 지루할까?' 그 의미 없음과 반복됨을 봤을 때 포르노그래피가 훨씬 더 지루하고 건조하죠. 섹스는 사랑의 힘이잖아요. 포르노그래피가 표현하고 있는 관점과 이 영화에서 성행위를 묘사하고 있는 관점에 어떤 차이가 있을까도 생각해봤는데요, 사회적인 측면에서 이 영화가 훨씬 더 흥미로운 지점이 있다고 생각했습니다. 한편 연출에 대해서도 생각을 해봤는데, 주로 이런 재미없는 영화들은 영화제에서 상영하게 되잖아요. 해외에서도 비슷하게 지루하다는 반응이었어요. 의미를 찾지 못하는 반응들도 있었습니다.

　　이 영화에서는 남자와 여자 캐릭터 간의 이성애적 성행위가 있잖아요. 하지만 퀴어 코드도 들어가 있고요. 아까 가족영화라고 말씀드렸는데 제 딴에는 퀴어 영화이기도 하면서 다양한 코드들을 담고 싶었어요. 여기에 나오는 싱크로나이즈드 스위밍은 전통적으로 여자들의 경기지요. 근데 이 영화에서 나오는 싱크로나이즈 팀은 혼성팀이고 실제로 그 구성원들이 퀴어 싱크로나이즈 월드 스위밍 대회의 메달리스트들이에요. 영화에 나온 아시아계 미국인 친구도 성적 정체성이 게이고, 여기에 참여했던 스태프들도 다양한 친구들이 있었고요. 보통 가족하면 엄마, 아빠, 자식들이 있고. 너무 자연스럽게 이성애적 관점의 가족 구성원과 그 형제들에 대해서 생각을 하는데요. '그렇다면 퀴어들은 가족을 꾸릴 수 없나?', '가족의 형태라는 게 없나?' 이런 생각도 이 영화를 만들면서 했던 생각 중에 하나입니다.

김소희: 캐스팅 과정이 궁금한데요. 남자 주인공의 경우 감독 본인이 연기하지 않으면 안 되는, 디렉팅이 불가능한 캐릭터가 아닐까 싶었고, 여성 주인공의 경우는 싱크로나이즈드 스위밍과 관련한 실제 사연이 투영된 것 같더라고요.

서원태: 다 학교 친구들이에요. 특히 여자, 남자 배우 모두 제 대학원 동기에요. 여자배우는 다른 과였고, 남자배우는 저랑 같은 과 영화하는 친구고요. 이 영화를 만든 다음에 남자 배우 친구들이 퀴어 영화를 하나 만들었는데 몇몇 영화제에서 상도 받았어요.

　　　　　　　　관계 맺기에 미숙한 사람들

관객 1: 감독님이 얘기를 하셨듯이 저도 굉장히 지루하게 잘 봤는데요. 남자 주인공이 아까 말씀하셨듯이 인간관계를 잘 갖지 못하는 평균 수준 이하의 사람인데요. 홈리스와 일대일로 만나는 장면이 몇 번 연출이 되면서 남자 주인공이 가로막는 행위를 하잖아요. 그래서 저는 '나중에 이 남자 주인공이 변화하면서 뭔가 다른 모습으로 연출이 되겠구나'라고 생각했어요. 감독님께서 그 장면을 어떤 의도로 이렇게 연출을 하셨는지 궁금하더라고요.

서원태: '가정이 없다', '집이 없다', '식구가 없다'라는 측면에서, 가까운 미래에 혹은 좀 먼 미래에 남자 주인공이 맞이하게 되는 측면이 아닐까라고 생각을 했어요. 마지막 장면에서는 남자 주인공이 남자 쌍둥이 아기 유모차를 끌고 가는 동양 남자 아빠로 추정되는 분을 도와주잖아요. 여기에 많은 사실 혹은 의미들이 열려 있음에도 불구하고 어떤 건 또 너무 지엽적으로 규정을 해놓은 의미들도 있는데요. 마지막은 그걸 좀 열어 놓고 싶었어요. 캐릭터의 미래에 대해서 혹은 제가 갖고 있는 캐릭터성, 주체성 이런 부분들에 대해서 '좀 규정짓지 않고 영화를 맺었으면 좋겠다.' 라는 생각이 있었습니다.

김소희: 첫 장면과 비교해서 마지막 장면을 봤을 때,

처음에는 자기 폐쇄적인 관계에 몰두해 있던 인물이 마지막에는 미약하더라도 관계를 맺으려 한다는 생각이 들었어요. 감독님의 전작 〈당인리 발전소〉(2004)처럼 사람이 등장하지 않는 영화에서 조차 발전소의 이미지와 주변 풍경이 관계를 맺는 영화처럼 보이기도 하더라고요.

서원태: 그렇죠. 남주인공의 캐릭터를 앞에서부터 쭉 보셨다면 유모차 끄는 동양 남자 아빠를 살짝 도와줬던 그 행동은 관계를 맺는데 사실 굉장히 적극적인 자세지요. 〈당인리 발전소〉라는 영화를 말씀해주셨는데, 제 영화는 사람이 나오는 영화보다 안 나오는 영화가 더 많아요. 자기반영적인 측면이지 않을까 싶지만 실제 사회생활은 아주 정상적으로 하고 있습니다.

제 영화 대부분에 대해 장르를 범주화할 때 보통 실험영화에 집어넣거든요. 실험영화라는 장르가 기존에 있던 관습적인 세계들에 대한 도전, 반항, 비아냥 등의 측면이 있고, 제가 이 영화를 만들었을 때 특히 서사의 측면에 있어서 규격화, 규정화 되지 않아야한다는 측면이 강했어요. 얼마 전에 《서울독립영화제》에 갔다가 봉준호 감독님이 구술 인터뷰한 책자를 받아서 봤어요. 학생 시절에 그런 말씀하셨더라고요. "미국의 장르영화가 한국에 왔을 때 애

관계 맺기에 미숙한 사람들

를 먹는 형태의 영화를 만들고 싶다." 얼추 옮기자면 이런 얘기인데요. '장르적으로 뭔가 좀 비틀고, 장르적으로 뭔가 넘어서는 영화를 만들겠다.' 라는 의미로 받아들였어요. 사람들이 기억하는 재밌고 창의적인 영화라는 것은 장르적으로 뭔가를 넘어서는 영화라고 생각해요. 그리고 그 지점을 성취하는 감독들은 정말 극소수죠. 대부분 다 베끼거든요. 그냥 보면 다 다르지만 구조적으로 쪼개보고 분석해보면 대부분 다 베껴요. 레퍼런스가 어디서 왔는지를 보면 알 수 있어요. 그런 지점들이 사실은 영화적 스토리텔링의 역사에 있어서 계속 뭔가를 닮아가려고 추구했던 노력의 일환이라고 생각을 하거든요.

저 역시도 영화학도였던 시절에 서사적 측면에 관심이 많았고, 또 제가 할 수 있을까라고 자문했을 때 그 부분에 대해 능력이 있는 사람이라고 생각을 안 했어요. 그래서 이미지가 중심인 공간을 구성하는 쪽에 관심을 기울였고, 그것이 움직이는 이미지였을 때의 무언가가 저한테는 영화라고 스스로 개념을 정의하고 규정했었지요. 그래서 제 영화가 거기서 출발하는 측면이 있고요. 물론 지금에 와서 달라진 지점도 있고요. 저 역시도 청소년 시절에 제가 봤던 대부분의 영화는 다 헐리웃 영화였고 장르영화였어요. 그리고 그 영화들을 보면서 영화를 하겠다고 시작했고, 영화를 공부하다보니 영화에 대한 다른 질문과 고민들이 생겨났고요. 〈싱킹블루〉는 그런 고민들 속에서 나온 영화 중 한 편이라고 생각하시면 됩니다.

김소희: 아까 공간에 관한 이야기를 잠깐 하셨는데요. 감독님의 영화에서 비슷한 느낌을 주는 배경 이미지들이 발견돼요. 이를 테면 〈싱킹블루〉에서 똑같은 모양과 크기의 기계가 배치된 코인세탁소라든지, 똑같은 모양의 문이 연속한 라커룸이 등장합니다. 전작 〈청년〉(2001)에서는 텅 빈 강의실에 책걸상들이 나열된 풍경이라든지, 비디오가 빼곡히 들어찬 진열장이 등장합니다. 일상적인 공간이 감독님 영화 안에서는 굉장히 낯설게 느껴지기도 하는데요. 선호하거나 끌리는 공간의 이미지가 있나요?

서원태: 우리가 초등학교 국어 시간에 아마 이런 거 배울 거예요. 이야기를 구성하기 위해 필요한 요소에서 '인물, 사건, 배경' 이렇게 순서대로 배우잖아요. 인물이 있어야 되고, 그 인물이 뭔가 사건을 만나야 되고, 그 배경 안에서 이루어지는 시간적, 공간적 배경 등등. 제가 영화를 만들 때도 이러한 요소들 각각을 나누어서 접근하지만 나름의 순서, 전략이 있어요. '공간이 낯설게 보인다'라고 얘기하신 것은 아마도 제가 공간을 낯설게 보려고 노력을 했기 때문일

관계 맺기에 미숙한 사람들

거예요.

　제 영화 중에 〈서울역〉(2006)이라는 영화가 있는데요. 현재 역사문화박물관으로 바뀌기 전에 싹 다 들어내고 빈 공간만 있을 때, 제가 거기 들어가서 작업 한 작품이 〈서울역〉이에요. 제가 그 작업을 마무리하고 저희 어머니 아버지께 보여드렸어요. 두 분 다 40년 중반 생이신데 그곳이 서울역인지 모르시더라고요. 마지막에 엔딩 타이틀이 나오는데, 그 타이틀을 보고나서 이게 서울역이냐고 다시 반문을 하시더라고요. 통상 서울역하면은 홈리스들이 많은 공간이라고 생각하실 수도 있고, 보수단체 집회를 위한 집결지라고 기억하시는 분들도 있을 거고요. 또 어떤 군인 분들은 휴가를 나온 후 거쳐 가는 어떤 지역으로 생각하실 수도 있을 거고요. 명절을 떠올리시는 분들이 있기도 할 거고요. 그게 다 사람들이 갖고 있는 자기만의 관점이라고 생각해요. 그 관점들이 '뭐가 맞아. 뭐가 더 무게 중심이 가 있어'라고 생각해보면요, 사실 그런 건 없거든요. 그냥 그 자체로 중립적인 거지요. 제가 공간을 다루고 영화에서 다 바라보는 관점이 그런 생각에 좀 기초했다는 생각이 들고요. 근데 사람이기 때문에 무엇이든 금방 익숙해지잖아요. 사회문화적으로 공간이라는 게 익숙해지면 낯설게 보기도 굉장히 힘들고 대부분의 사람들이 보는 방법으로 보게 마련인데요. 시각 예술을 하는 사람으로서 영화 매체를 통해 그런 부분들을 계속 견지해나가는 게 영화적으로 저한테는 굉장히 중요하다고 느끼고 있어요. 그래서 제 작업에 지금 보셨던 공간의 낯선 느낌들이 '아 어떻다.' 라고 느끼셨다면 아마 그런 부분들 때문에 그렇지 않을까 싶습니다.

　　김소희 : 〈싱킹블루〉에서 중심 공간은 '남자의 집'일 텐데요. 영화의 비율이 시네마스코프(CinemaScope)로 가로가 넓은 비율이다보니 집이라는 공간이 하나의 풍경 혹은 우주 같다는 느낌을 받았어요.

서원태 : 풍경이라는 표현을 하셨는데 통상 집을 풍경으로 여기지는 않잖아요. 풍경처럼 보이길 바라서 시네마스코프에 대한 고민, 파노라마에 대한 고민을 했어요. 집이라는 공간이 혼자 있을 때 황량하다는 느낌을 우리가 받을 때도 있는데요. 시각적으로는 그렇지는 않죠. 캐릭터 특성상 주인공이 사회 바깥에서 굉장히 고립돼있는 인간이고요. 관계 맺는 것 자체가 미숙한 걸 넘어서, 굉장히 병적으로 된 캐릭터이고요. 그래서 집이라는 공간이 풍경처럼 묘사되고 그 배경 안에 저 캐릭터가 들어간다면 이게 저 캐릭터를 묘사하는 영화적인 시각적 접근이 아닐까 생각을 했죠. 그리고 풍경 안의 '색 공간'이 저는 되게

중요했어요. 많은 연출자들이 '색'을 상징적으로 은유적으로 사용하고, 그 색의 공간들을 구성화해 의미를 발생시키는 데 굉장히 공을 많이 들이는데요. 다들 보셨겠지만 알록달록한 다채로운 컬러들이 나온 장면들도 있고요. 그 풍경이라고 부를 수 있는 공간 안에, 색이 갖고 있는 부분들의 의미에 캐릭터들을 의인화 시켜서 저 캐릭터들의 이야기를 조금 더 표현해 보고 싶었다는 게 당시의 생각이었습니다.

김소희: 좁은 공간에서 촬영해야 했기에 '어디에 카메라를 놓을까' 고민하셨을 것 같아요. 기억에 남는 것은 천장과 함께 찍는 구도가 좀 많았던 것 같고요. 그러한 구도들이 인물의 움직임을 고려했다는 느낌이 들었어요. 카메라를 어디에 배치하고 얼마큼 지속할 것인가를 결정하실 때 어떤 고민을 하셨는지 궁금합니다.

서원태: 보통은 집이라는 공간이 안락하고 친숙한 공간이라고 인지를 하면서 살잖아요. 집에서 제일 넓은 공간은 시각적으로 천장이에요. 그래서 그걸 배경으로 로우 앵글로 담아냈을 때 '인물이 집이라는 풍경 안에 들어갔다'는 효과가 생길 것이라고 생각했어요. 그리고 시각적 정보가 다 들어오고 대사 같은 청각적 정보가 많지 않은 상태에서 관객들에게

쇼트들을 오랫동안 보여줬을 때 관객들은 보통 무엇을 볼 것인가 궁금했어요. 제가 계속 관객들에게 화면을 보라고 강요하고 있는 거죠.

김소희: 또 재미있는 지점이 '영화 속 인물들이 언어로 대화하는 장면이 없다'는 거예요. 언어는 영상 속 섹스 장면이라던가 전화 음성, 전자음성 등을 통해 다른 시공간에 배치돼요.

서원태: 화면이 굉장히 비어보인다는 느낌은 그것이 긍정적이든 부정적이든 풍경으로서 비어보이는 것과 같은 맥락이라고 생각을 했어요. 사운드도 사운드 공간이라고 불리는 배경적 측면이 있죠. 그것을 영화사운드에서는 '엠비언스(ambience)'혹은 '룸톤(room tone)' 이라고 지칭을 하는데요. 배경으로써의 소리도 역시 시각적인 측면에 있어서 배경이 비어보이게 처리된 것처럼 비어보여야 되지 않을까라는 측면이 있었어요.

보통 관계에 있어서 우리가 소통을 할 때 가장 직접적이고 많이 쓰면서 효과적인 게 언어잖아요. 그런데 여기서는 두 사람의 관계에 대해서 단절에 가까운 접촉을 하고 있잖아요. 그래서 언어를 안 쓰는 게 좋겠다고 생각을 했고요. 또 한편으로는 이 영화에서 한국어, 일본어, 영어라는 3개의 언어가 나

오지만 이것들이 다 매체에서 흘러나온 소리일 뿐이
지 사람이 직접 육성으로 낸 소리가 아니라는 것이
죠. 배경을 풍경으로써 다루기 위해서 넓게, 공허하
게, 건조하게 묘사했던 것처럼, 풍경으로써의 사운
드 처리에 있어서도 그런 측면들이 결을 같이 해야
된다 생각했어요.

김소희: 인공조명이 거의 사용되지 않고, 내부의 소리
외에 음악이 등장하지 않는데요. 연출할 때 고수한
원칙이 있으셨나요.

서원태: 여기에 있는 사운드는 다 동시 사운드이고요.
한 가지가 있다면 믹싱할 때 넣었던 사이렌 소리, 그
리고 타이밍에 맞춰서 효과음으로 들어간 게 있지
요. 앰뷸런스가 한 번 나오는데, 앰뷸런스에 대한 지
시적 의미에서 사운드를 계속 반복적으로 넣었어
요. 통상 배경음에 섞여 있는 소리들은 사람들이 의
미화 시키지 않거든요. 때문에 오히려 사운드를 그
렇게 사용했어요. 제가 영화 사운드나 이미지를 다
루는 원칙 같은 게 있다면, 배우들이 동선을 맞출 때
구도나 타이밍에서 통제를 많이 하는 편이었는데요.
그런 연출들이 사실은 영화학교에서 이론을 습득한
사람들에게 나오는 안 좋은 습관 같다는 생각을 현
재는 하고 있습니다. 하지만 당시에는 그것이 영화

적 연출의 접근법에 있어서 되게 중요한 측면이라고 받아들였던 시기고요. 그래서 조형적으로 색을 쓰는 것, 명암의 사용, 동선 배치, 그리고 조명의 사용 이런 부분들에 있어서 규칙성을 가지고 연출하려고 노력했었죠.

이 영화의 총 예산이 한화로 1600만원이었어요. 현장에 능숙한 스태프가 한 명도 없었고, 당시 저는 대학원 조교였는데 학부생들과 같이 스터디하고 가르쳐주면서 함께 작업했지요. 13일 동안 촬영했는데 주로 돈 들어간 데는 식비, 수영장 대여비, 장비 임차비 정도였죠. 촬영은 제가 직접 했는데 카메라도 영화용이 아니라 방송용 ENG 카메라였어요. 당시의 여러 제약과 조건에서 나름대로의 연출 방향 등이 버무려져 나온 결과지요.

관객 2: 개인적으로는 영화가 '굉장히 사실적으로 묘사가 잘 됐다'라고 느껴지면서도 남자 주인공이 포르노를 보면서 자위할 때 '왜 가려주지?'라는 생각을 했습니다. 다른 장면에서는 일부러 다 노출을 했는데 남자주인공이 자위하는 것은 보여주지 않더라고요. 그것만 다르게 표현하신 이유가 별도로 있으신지, 아니면 아까 얘기하신 것처럼 자체 검열을 하신 건지 궁금합니다.

관계 맺기에 미숙한 사람들

서원태: 관객께서 느끼신 게 맞아요. 제가 이 영화를 만들고 나서 제일 후회했던 것이 자기 검열 측면입니다. 이 영화에 나오는 배우와 스태프들이 다 제 친구들이었기 때문에 연출자라고 해서 배우들에게 원하는 만큼 요구한다는 것이 결례라고 생각했어요. 그런데 정작 그 친구들은 제 마음을 읽고 이건 다 영화일 뿐이라고 말해줬지요. 제일 큰 검열의 장본인은 저였던 것 같고 스스로도 굉장히 아쉽습니다.

김소희: 마지막으로 질문을 하나드리면 영화 제목이 〈싱킹블루〉인데요. 어떻게 생각하느냐에 따라서 여러 가지로 해석이 가능한 제목입니다. 감독님께서는 어떤 의미로 〈싱킹블루〉 라는 제목을 사용하셨나요?

서원태: 남자의 상징색이 푸른색으로 주로 설정이 되었고, 여자의 색이 붉은색으로 설정이 됐는데요. 영화 초반에 보면 배수구가 막혀서 오물이 둥둥 떠 있고, 푸른 컵이 둥둥 떠서 반복되는 이미지가 나오는데 그 푸른색이 가라앉는다는 생각을 했어요. 스펠링은 다르지만 발음상 '씽킹(sinking)한다'라는, 즉 '가라앉다'라는 의미가 있었고요. 그것이 자기 내면으로 침잠해가는 캐릭터를 표현하는 제목이라고 생각했죠. 또 하나는 싱크를 계속 못 맞추는 남자 주인공이 있고, 싱크로나이즈를 연습하기 위해 수영하는

사람들이 있고, 전직 싱크로나이즈를 했다고 추론되는 여자와 주인공 남자가 사랑을 나누는 이야기를 다룬다는 의미를 생각하면서 제목을 지었습니다.

김소희: 덧붙여 스크린을 사이에 두고 관객과 인물이 혹은 인물들이 서로 싱크를 맞추는 느낌도 받았습니다.

서원태: 네. 마지막 장면에서 자기들의 동영상을 같이 본다는 게 느껴지죠.

김소희: 오늘 긴 시간 들어주셔서 그리고 말씀해 주셔서 감사드리고요. 감독님께 마지막 인사와 소감 들으면서 끝내겠습니다.

서원태: 제가 이 영화를 영화제에서 상영했을 때 관객 여러분께 드렸던 말씀이 "이 지루함을 좀 즐겨주십시오."였는데 되게 모순된 얘기라는 생각이 들어요. 통상 지루함을 굳이 여기까지 와서 즐길 필요는 없다고 생각하는데요. 그럼에도 불구하고 장시간 이렇게 자리를 지켜주셔서 감사드리며, 이 영화가 이 멋진 기획전 안에 함께 상영될 수 있어 개인적으로도 감회가 새롭고 영광입니다. 긴 시간 함께 해주셔서 감사합니다.

관계 맺기에 미숙한 사람들

감독: 김곡, 임철민
모더레이터: 정재훈 (영화감독)

2019년 12월 2일

영화의 촉감
〈자살변주〉 & 〈골든 라이트〉

정재훈: 한국영화 100주년을 기념한 《한국 나쁜영화 100년》에 초대되셨습니다. 너무 오랜만에 이 작품들이 다시 상영이 됐는데 어떠신지요?

김곡: 우선 《한국 나쁜영화 100년》에 초대를 해주셔서 감사드리고요. 임철민 감독의 〈골든 라이트〉는 아주 좋은 영화인데, 〈자살변주〉는 그렇지 않은 것 같아 죄송합니다. 영화가 나댄다는 느낌? 아, 그래서 뽑혔나보다 이런 생각을 하게 되네요.

임철민: 〈골든 라이트〉가 좋은 영화라고 말씀해주셔서 감사합니다. 글쎄요. '나쁜 영화'라는 기획으로 이 영화가 과연 어떻게 소개될 수 있을지 저도 궁금했었죠. 이 영화는 제가 연출한 다른 영화들에 비해 소개할 기회가 많지 않았어요. 이후에 종종 저의 다른 영화들과 묶어져서 상영 기회를 얻긴 했지만, 이렇게 따로 다른 영화와 함께 상영을 할 기회는 많지 않았죠. 한국영화 100주년을 맞이해 〈자살변주〉와 함께 이 영화를 상영할 수 있어서 더 기쁘고 감사합니다.

정재훈: 두 영화 모두 내러티브 중심의 영화라기보다는 이미지 중심의 영화들이죠. 〈골든 라이트〉는 '명상', 〈자살변주〉는, 감독님의 표현에 의하면 '나댐'을 다루는 영화예요. 〈자살변주〉는 제목부터 해서 빛나

는 박스의 정체 등 여러 가지 궁금증을 자아낼 만한 요소들이 많아요. 영화 소개 겸 알려주시면 좋겠습니다.

김곡: 거창할 건 없어요. 내러티브랄 것도 없는 아주 간단한 줄거리죠. 공동작업자 김선이 어느 날 그냥 몇 줄 끄적거린 메모 같은 거였어요. 어떤 여자가 누굴 죽였다는 생각에 죄책감에 시달리다 자살을 하려고 하는 거죠. 영화를 구상할 때 줄거리가 먼저였는지 형식이 먼저였는지는 기억이 안 나는데요. 중요한 것은 그녀가 죽는 걸 보여주는 게 아니라 죽는 순간의 그녀 머릿속을 찍어보자는 기획이었습니다.

죽으려는 바로 그 순간 뇌 속으로 들어가면 뭐가 보일까? 문학작품 같은 거에서 보면 주마등처럼 지나간다는데 주마등은 페나키스티스코프(Phenakistiscope)와 같은 것이 아닐까? 초기 영화들을 보면 이렇게 깜빡깜빡 거리면서 다라락 지나가잖아요. 주마등을 실제로 본 적은 없으니 주마등같은 영화를 한번 만들어볼까? 이게 주제였습니다. 죽기 전에 본 영상들, 이것을 무의식이라고 불러도 좋고 시간이라고 불러도 좋은데요. 그 안으로 들어가면 새카말 것 같잖아요. 그냥 까말 것 같은데, 사실은 까맣지 않고 막 반짝반짝 거리고 있지 않을까 해서 플리커(flicker)라는 형식을 떠올렸어요. 사운드 역시 플리커의 형식을 따르고자 했고, 노이즈를 썼습니다. 노이즈가 너무 강렬한 나머지 이 영화를 상영할 때 극장 스피커를 고장내는 일도 더러 있었어요. 그래서 나중엔 PA 스피커를 손수 들고 다니며 상영을 진행한 적도 있고요.

〈자살변주〉는 두들기는 영화입니다. 스크린에서 빛과 소리의 주먹이 날아와서 망막이고 고막이고 두들기는 영화죠. 저흰 그것이 죽음 직전에서야 뇌에 행해지는 마지막 폭력일 거라 생각합니다. 〈자살변주〉는 그저 보는 영화가 아닙니다. 〈자살변주〉는 온몸으로 감각해내는 영화입니다. 좀 더 정확히는 두들겨 맞는 영화입니다. 실제로 저희도 편집할 때 흠씬 얻어맞으면서 편집했고, 저만 맞는 게 너무 억울한 나머지 상영하게 되었습니다. 관객 분들도 함께 두들겨 맞아보라고.

언젠가 〈자살변주〉를 관람하신 한 관객이 "우와, 영화가 스크린에서 기어 나오는 건 처음 봤어요!"라고 말씀을 해주신 적이 있어요. 이 영화를 위한 가장 완벽한 비평이라고 생각합니다.

임철민 : 〈골든 라이트〉는 2011년에 처음 공개가 됐는데요. 이전 작품인 〈시크릿 가든〉(2010)을 제작할 때 이미 〈골든 라이트〉의 제작과 관련된 일련의 과정들이 동시에 진행되고 있었다고 할 수 있어요. 두 영화

는 서로 엮여있지만 최종적으로는 각각의 분리된 작업이 되었죠. 〈시크릿 가든〉을 제작할 때 의식과 무의식을 오가며 기억의 단초들을 더듬어보고자 했고, 그 방법 중 하나로써 최면을 진행했었는데요. 〈시크릿 가든〉을 완성한 이후에 남은 자료들을 어떤 형태로든 다시 정리를 해야 하지 않을까하는 생각에 당시의 녹취자료나 이미지들을 재구성하면서 지금의 형식으로 매듭을 짓게 됐어요.

사실은 최면의 효과나 결과보다 전반적인 과정들이 제겐 더 흥미가 있었어요. 특히 최면의 도입부에서 차차 무의식으로 접근해 갈 때 늘 '황금색 빛'을 매개로 하는 게 인상적이었는데요. 동의를 얻어 여러 차례 진행된 최면과정들을 녹취했고, 각각의 도입부들만 잘라 여러 개의 입구가 연결되는 것처럼 사운드트랙을 만들었어요. 그 이후에 제가 작업했던 영상이나 사적으로 촬영했던 영상 중에 사용하지 못했던 푸티지들을 다시 살펴봤죠. 앞서 마련된 일부의 사운드를 기준으로 그것과 직관적으로 부합된다고 생각하는 것들을 추렸어요. 그리고 그렇게 모인 시청각 이미지들 간의 관계를 고려해가면서 배치했어요. 그러던 차에 포털 사이트에 '황금색 빛'이라고 검색을 했고, 마침 한 블로그에서 황금색 빛을 중심으로 한 '사랑해 명상법'을 소개하는 글을 찾게 되었습니다.

정재훈 : 잔치국수님이 올려주셨죠.

임철민 : 예. '잔치국수'라는 닉네임을 가진 블로거의 게시물 중에 한 파트를 발췌했고, 그것이 마치 전체 매뉴얼이라도 되는 것처럼 순차적으로 나열했습니다.

정재훈 : 두 분 말씀을 약간 연관 지어서 생각해보면, 이 영화관 자체가 '뇌'처럼 쓰인 것 같아요. 그러니까 〈자살변주〉에서 빛나는 박스랄지, 〈골든 라이트〉에서 창문을 열 때랄지 관객석을 향해서 다 같이 밝아지잖아요. 조금 떨어져서 보게 되면 영화관이라는 블랙박스에 너무 잘 어울리는 영화들입니다. 뇌 속으로 15분 정도를 함께 여행한 느낌이 들었습니다.

김곡 : 저는 임철민 감독님의 영화 팬이에요. 감독님이 옆에 계셔서 하는 말이 아니라 영화에서 중요하게 나오는 이미지들이 저는 참 좋아요. 예를 들어, 흐물거리는 천 조각이나 그 패턴들 같은 거요. 그걸 극단적으로 줌을 당겨 보면 참 신기한 이미지들이 나타납니다. 사물들을 가까이 바라보면 우리가 알고 있던 모양들이 픽셀이 터지듯 원래의 모양새를 잃으면서 해체되는 순간이 있어요. 사실 대부분의 임철민 감독의 영화들이 그렇게 시작하거든요. 저는 그냥 영화를 보러 왔다가 그런 식의 이미지를 보면 어

영화의 촉감

김없이 무너지면서 빨려 들어가는 거죠. 방금 말씀하신 '영화관이 하나의 뇌가 된다'는 말은 그런 느낌이 아닐까 싶어요. 스크린을 그저 바라보는 느낌이 아니라, 그 속으로 스윽 빨려 들어가는 느낌. 사실 전 〈골든 라이트〉를 오늘 처음 봤습니다만, 딱 그런 느낌이었습니다. 뇌를 통해 무언가를 감각하는 게 아닌, 무언가를 감각하는 뇌 자체를 감각하는 느낌. 임철민 감독님의 완전 팬이 되렵니다.

정재훈: 실제 영화관 스크린도 아주 가까이서 보면 되게 작은 알갱이들이 모여 있는 것처럼 보이죠. 〈자살변주〉는 16미리 필름으로 찍으셨죠. 그 과정을 듣고 싶습니다.

김곡: 처음에는 저 플리커 작업을 다 옵티컬 프린팅으로 뜨려고 했어요. 사실 말도 안 되는 작업이죠. 어떻게 필름으로 다 하나씩 뜨겠어요. 간혹 거장들 중에 그렇게 하시는 분들이 계시는데 제가 겁도 없이 그렇게 해보려고 16미리 흑백필름으로 찍어서 현상까지 하고 보니 도저히 못하겠는 거예요. 타협을 했죠. 하하. 필름을 디지털화한 뒤 네거티브 본과 포지티브 본을 만들어서 그걸로 피아노 연주하듯이, 비디오 믹싱하듯이 몽타주했어요. 빛과 어둠이 가장 강렬하게 부딪히는 순간이나 리듬을 찾고, '이런 패

턴 재밌다' 싶으면 그 배열된 블록 하나를 쟁여놓고, '이 두 얼굴이 부딪히면 재밌겠군' 싶으면 또 한 블록 쟁여놓고. 은근 오래 걸렸던 과정입니다. 무수한 조각들을 계속 맞춰보고 실험해보며 가장 강렬한 조합들을 찾아내야 했으니까요. 돌아보면, 〈자살변주〉의 공정은 편집한다기보다는 조각하는 느낌에 가까웠던 것 같아요.

　　음악은 김곡, 김선이 사랑하는 노이즈 뮤지션 홍철기 씨가 맡아주셨습니다. '아스트로 노이즈'라는 밴드의 멤버로도 활동하는 뮤지션인데요. 제가 '형, 이딴 영화에 어떤 음악이 있어야 되는 거야?'라고 물으니 '이런 변태 같은 영상엔 쇤베르크(Arnold Schonberg)가 딱이지" 하더니, 쇤베르크 LP를 턴테이블에 걸고 각종 이펙터로 소리를 찌그러뜨리기 시작하더군요. 이 영화에 쓰인 노이즈는 거기서 다 나왔습니다.

임철민: 사운드 디자인이 정말 인상적이었어요. 사운드는 필름 작업이 편집되고 난 후에 진행된 건가요?

김곡: 네. 물론 진짜 재밌게 하려면 비디오를 믹싱하면서 같이 사운드 믹싱을 하는 것일 텐데요, 내러티브 형식을 가진 영화에선 어렵죠. 여러분이 못 믿으시겠지만, 〈자살변주〉에도 심지어 내러티브가 있습

니다. 여자의 이야기도 있지만, 그에 조응하는 플리커와 노이즈의 내러티브도 있고요. 사실 저희는 뭔가 즉흥적으로 하는 데엔 재주가 없는 것 같아요. 좀 더 정확히 말하면, 즉흥적으로 뭔가를 재밌게 하는 재주는 없는 것 같아요. 어딘가 어색하고. 만드는 사람이 어색하면 관객들도 어색할 게 분명하고. 그래서 일찌감치 즉흥연주는 포기했죠. 김곡 김선은 디자인을 먼저 해놓고 그를 따르는 편입니다. 영화 크레딧에 저희를 '비타협 영화 집단'이라고 소개하지만, 사실 저흰 꽤나 타협적인 인간들입니다.

정재훈: 〈골든 라이트〉는 DV로 찍은 건가요?

임철민: 최종 포맷을 DV로 종합했어요. 〈골든 라이트〉를 위해서 추가로 마련된 푸티지들은 없고, 모두 그 이전에 작업한 영상이나 촬영된 클립들을 다 모아다가 작업했기 때문에 DV로 촬영된 것도 있고 HD로 촬영된 것도 있었죠. 그러다 보니 비율도 다 달라요. 영화에서도 비율이 4:3이었다가 16:9였다가 클립의 원래 비율에 따라 계속 변하죠. 아까 김곡 감독님께서 말씀하셨던 '커튼을 향해 줌이 계속 들어가는 장면'은 HD 카메라를 처음 다루었을 때 테스트하느라고 줌을 당겨서 이것저것 찍어뒀던 것 중 하나인데요. 한동안 잊고 있다가 이 영화를 만들기 위

해 그동안 촬영했던 클립들을 살피면서 해당 촬영본들을 다시 보게 되었고 이 영화의 시작점으로 가지고 왔습니다.

정재훈: 〈자살변주〉는 벌써 8년 전 영화가 되었네요. 공개 당시는 어떻게 받아들여졌는지 궁금하네요. 지금 보더라도 익숙한 형식은 아니잖아요. '이게 영화냐' 같은 말은 없었나요?

김곡: 욕을 많이 먹었죠. 특히 기술진 분들에게요. 우선 앰프도 위험하고 특히 스피커가 위험하다는 말을 많이 들었어요. 영사실에서는 게인 볼륨 가지고 영사기사님들과 실랑이를 벌였던 걸로 기억해요. 관객석에서는 플리커가 센 장면에서는 나가시는 분들도 계세요. 실제로 시신경이 너무 자극되면 불쾌할 뿐만 아니라, 심한 경우엔 현기증이나 발작도 일어나기도 하죠. 그런 증세를 갖고 계신 분은 극소수겠으나, 그만큼 플리커나 노이즈는 물리적인 사건이란 거죠. 그래서 보시다가 괴로워서 나가시는 분들도 꽤 있어요. 이 작품이 《로테르담 국제영화제》에서 상영될 때도 보다가 뛰쳐나가는 사람들이 있었죠. 재밌었던 건, 꾹 참고 앉아계신 관객들 중엔 훌리건처럼 박수 치며 환호하던 분들도 있었다는 겁니다. 〈자살변주〉에겐 완벽한 피드백이었죠.

영화의 촉감

약간 그런 식의 영화를 만들고 싶었어요. 영화라는 형식을 갖고는 있지만 아까 제가 들어본 가장 좋은 칭찬이었다는 그 말처럼 '눈에서 스크린으로 거리를 두고 보여지는 대상 같은 영화가 아니라, 스크린에서 스멀스멀 기어 나와서 귀도 때리고 눈도 때리고 피부를 두드리는 영화'를 만들고 싶었어요. 단지 소리를 키우고, 이미지를 세게 하고 이런 문제가 아닌 것 같아요. 사실 〈골든 라이트〉도 그렇고, 김진만 감독의 〈오목어〉(2012)도 만질 수 있는 것들의 촉감들이 전해지잖아요. 스크린을 단지 보여지는 것이 아닌, 만져지고 촉지각되는 것으로 만드는 무수한 방법들이 있을 겁니다. 임철민 감독 같은 작가들은 그걸 고민하고 연구하는 것이라 생각합니다. 그런 작가들이 만드는 공정에서 체험한 것을 관객들은 이어서 체험하게 되는 것이고요.

정재훈: 제가 원래 자동차나 버스를 타면 멀미가 있는데 〈자살변주〉 끝부분쯤에 멀미 현상이 좀 있더라고요. 그러면서 장리우 배우님의 기분이 살짝 이입되지 않았을까?

김곡: '괴로운데 감정이입이 되네?' 그런 느낌이었다면, 이 영화는 대성공한 겁니다.

임철민: 등장한 한쪽 발은 감독님의 발인가요?

김곡: 제 발은 아니고 김선 감독의 발입니다. 그런데 김선 발이 되게 연기를 못하더라고요. 가뜩이나 필름도 모자란데 심지어 NG가 났어요. 저건 두 번째 테이크일 거예요. 그냥 걸으라고 했는데 너무 어색해가지고. 방독면을 쓴 캐릭터는 저희가 현장에서 '찰리'라고 불렀기 때문에 엔딩크레딧에도 찰리라고 올라갔습니다. 왜 그렇게 불렀는지는 모르겠네요. 거창한 촬영현장이 아니어서 한 대여섯 명 정도 모여서 촬영했습니다.

정재훈: 〈골든 라이트〉에서도 걸어오는 장면이 있잖아요. 본인이신가요?

임철민: 그 장면에 등장하는 것은 제가 아니었고, 이전에 워크숍의 일환으로 촬영했던 영상물의 테스트 컷을 발췌한 거였어요.

정재훈: 〈골든 라이트〉는 제가 2011년에 《인디포럼》이라는 영화제에서 프로그램팀으로 잠깐 일을 할 때 너무 재밌게 봐서 '신작전'이라고 불리는 섹션에 상영하자고 거듭 요청드렸는데 초청전 프로그램으로 들어가더라고요. 당시 두 분이 너무 싫어하셨고, 한

분은 '잘 모르겠지만 괜찮지 않을까?' 정도 반응이여서 초청 섹션으로 들어갔죠. 그 이후에는 몇 번 상영을 안 한 것 같은데 혹시 온라인으로 풀 계획 같은 건 없으신지요? 많은 분들이 보면 좋겠다는 생각이 드는데요.

임철민: 온라인 공개 계획은 없지만 이렇게 상영할 수 있는 기회가 있으면 좋죠. 2011년《인디포럼》에서 초청상영했을 때 기쁜 마음으로 참가했고, 관객들이 어떻게 보실지 궁금해하며 첫 상영을 갔던 기억이 납니다.

늘 그런 편이어서 이제는 익숙하지만 제 영화들도 상영 중에 많은 분들이 극장을 나가세요. 그동안 연출했던 다른 작업들도 상영 후에 '이해할 수 없다', '불편하다', '모호하고 난해하다'는 의견들에 이어 '이것이 왜 영화인지?'에 관해서 질문이 늘 있었고, 〈골든 라이트〉도 특히나 그랬고요. '이건 그냥 미디어아트지 않나?', '영화는 아니지 않나?'라고 말씀해주시는 분들이 많았던 것 같아요.

정재훈: 사실 그런 질문을 던지고 있는 영화인데 그 질문을 다시 받으셨군요.

임철민: 최근에 〈야광〉(2018)이라는 영화를 만들어서

상영을 하게 됐어요. 상영 직후에 영화에 관한 짧은 게시글을 하나를 접하게 되었는데요. "〈야광〉이라는 영화를 우연히 보게 됐는데, 관객으로서 너무 화가 났다. 나는 이 작품이 어떻게 영화로서 분류될 수 있는지 도무지 이해할 수 없고, 게다가 다큐멘터리라니 더 혼란스럽고…" 대략적으로 이런 내용의 글이 었어요. 깜짝 놀랐어요. 제가 영화를 만들 때 고민했던 점이나, 궁금하던 것에 대한 질문을 그분께서 하셨더라고요. 〈골든 라이트〉도 역시나 같은 맥락에서 질문을 많이 해주셨죠.

김곡: 저희 영화는 임철민 감독님만큼 이미지를 파고 들지 않고, 어느 정도 줄거리를 가지고 있는데도, 관객 분들껜 힘들 때가 있나 봐요. 제 영화를 보다가 관객 분들이 뛰쳐나가시는 걸 많이 목격했습니다. 심지어 줄을 설 때도 있더군요. 영화관에 들어가려고 줄 서시는 건 많이 보셨죠? 영화관에서 뛰쳐나가려고 줄 서는 걸 본 적이 있으신가요?

정재훈: 바로 오늘 이어서 저녁에 상영하는 김곡 감독님의 또 다른 작품 〈고갈〉(2008)이 《부산국제영화제》에서 상영 도중에 줄을 서는 상황이 있었다고 하죠?

김곡: 영화를 보던 사람들이 머리 좀 치워달라고 아

영화의 촉감

수라장이 됐던 혁명적인 사건이었죠. 세상에, 사람들이 영화관에서 뛰쳐나가려고 줄을 서더라고요. 참 신기했어요. 사실 〈고갈〉은 조용한 영화입니다. 거의 아무 일도 안 일어나죠. 하지만 어떤 특정 장면부터 영화는 갑자기 파국을 향해 달리기 시작하는데, 그걸 관객들이 어찌 눈치 챘는지, '아, 여기서부터 드디어 터지는구나! 빨리 도망가자'라며 일제히 일어서서 나가려고 줄을 서더라고요. 지금이야 웃으면서 말하지만, 그때는 신기하면서도 상처 받기도 하고 그랬네요.

어느 작가나 그렇듯, 저도 저 자신만 좋자고, 일신의 부귀영화를 누리고자 영화를 만들지 않습니다. 영화는 아무리 혼자 만들지라도, 설령 그 관객이 단 한 명이더라도 군중의 예술입니다. 영화는 어떻게든 다수의 관객과 접촉함으로써만 생존하는 매체이기 때문입니다. 그런 점에서 영화 상영 도중에 관객이 나간다는 건, 그야말로 살덩어리가 떨어져 나가는 느낌입니다. 만든 사람 입장에서 관객에게도 미안하지만, 영화에게도 미안함을 느끼게 되죠.

〈고갈〉의 상영 이후 한 관객 분이 부산영화제 게시판에 글을 쓰셨어요. 임산부셨죠. 이렇게 하드한 영화를 그냥 19세 이상으로 표기하면 안 되고 '임산부나 심신이 약하신 분들은 관람을 피하시라'는 식의 추가표시를 해줘야 되는 거 아니냐, 이런 항의글이었습니다. 심의에 대해서 생각해볼 수 있었던 계기였습니다. 사실 전체관람가, 12세, 15세, 18세, 19세 등의 등급들은 자의적으로 만들어놓은 딱지들이 잖아요. 그런 자의적인 등급나누기로 포착되지 않는 불편함이란 게 분명히 있다고 생각합니다. 심지어 좋은 불편함이란 것도 존재한다고 생각하고요.

관객: 오늘 상영된 작품은 두 분 감독님의 비교적 초기작에 해당이 되잖아요. 현재까지 작업해 오시면서 내용적이든 형식적인 면에서 버릴 수 없는 부분이라던가, 타협할 수 없는 부분이 있다면 말씀해 주실 수 있을까요.

임철민: 의식적으로 '이걸 꼭 붙들고 가야 되겠다'는 생각을 가지고 작업을 하지는 않아요. 하지만 제가 만들었던 작업들을 펼쳐놓고 보면 작업들 간에 반복적으로 눈에 띄는 부분이나 느슨하게 연결되는 점들이 있는 것 같아요. 작업을 하면서 가지게 된 생각이나 궁금증들이 점차 확장이 되고 그 이후의 작업에 걸쳐 영향을 미치면서 작업이 이어지는 것 같기도 해요. 최근 작업도 그랬고요.

김곡: 어려운 질문이네요. 실제로 뭔가를 집착적으로 의식하진 않거든요. 하지만 의식하진 않아도 무의식

적으로 붙들고 있는 게 있는가, 라고 다시 물어본다면, 네, 있는 것 같아요. 영화는 그저 보는 게 아니라, '감각하는 것'이라는 점, 이것만은 붙들고 있는 것 같아요. 그런 점에선 영화는 다른 매체들과 확연히 다른 것 같아요. 가령 TV는 충분히 감각하지 않고도 즐길 수 있는 매체죠. 심지어 설거지를 하면서 뒤통수로 TV 드라마를 즐길 수 있습니다. 하지만 영화는 그렇게 즐길 수 없습니다. 영화관에 들어서고 문이 굳게 닫히면, 온몸으로 스크린을 감각해내야 비로소 영화는 관람됩니다. 그건 영화관에 감금되고 포박된 채로 즐기는 일종의 고통이죠. 영화관에 들어서는 순간 우린 고통을 즐기는 마조히스트가 되는 겁니다. 영화를 만들며 관객 분들께 고통을 드려야겠단 생각을 항상 합니다. 물론 그건 즐거운 고통일 수 있습니다. 그런 점에선 코미디도 고통입니다. 항상 그런 영화를 만들려고 노력하고요. 시각으로만은 다 알 수 없는 영화, 온몸으로 감각해야만 하는 영화. 내 몸이 없으면 결코 즐길 수 없는 영화, 즉 A.I.는 즐길 수 없는 영화.

정재훈: 어떤 쪽에 고통을 주어야 된다고 생각을 하시는지? 이를 테면 한의원에서 침을 맞는 것도 있고 아니면 몸이 찌뿌둥할 때 안마를 받는 것도 있는데 그것도 사실 아프잖아요. 감독님이 말하는 고통의 계

열은 다를 것 같은데요.

김곡: 어떤 영화를 보고 큰 감동을 받았다면, 그건 고통을 느꼈기 때문입니다. 심지어 우린 〈첨밀밀〉을 볼 때도 고통을 느낍니다. 방금 본 〈자살변주〉처럼 빛과 소리로 융단폭격하는 것도 고통이지만, 살을 에는 비통한 전이감각도 고통입니다. 한마디로, 숨이 딱 멎는 듯한 순간, 바로 그것이 영화적 고통입니다. 누군가가 '그럼 숨 멎는 순간만 느낄 수 있다면 다 영화냐?'라고 질문하신다면, 전 '네'라고 대답하겠습니다. 그런 점에서 오늘 상영한 임철민 감독님의 〈골든 라이트〉는 진정한 '영화'입니다.

　　정재훈: 영화를 볼 때 원하는 메뉴가 늘 있고, 그 집에서는 그것을 팔지를 않지만 꼭 그걸 먹어야 된다는 마음이 있는 것 같아요.

김곡: 저는 그 소리 되게 많이 듣고 다녔거든요. "너 하는 짓이 도대체 뭐냐?", "이게 도대체 뭘 하는 거냐? 극영화냐?" 나중에는 '실험'이란 말이 너무 싫었어요. 저는 그냥 만들고 싶은 것을 만드는데 "극영화냐? 실험영화냐? 둘 중 하나의 진영을 택해!" 라는 말이 지긋지긋했죠. 우리가 많이 쓰고 있는 카테고리들은 대부분 그냥 쉽게 분류하기 위한 지식의 범

주들입니다. 내가 편하려고 하는 것이지 영화를 먼저 생각하는 말들은 아니에요. '아니 이게 어떻게 영화란 말인가? 아니 이게 어떻게 다큐란 말인가?' 생각하는 것은 자기 지식의 범주에서 벗어나 있기 때문이죠. 컴퓨터 안에 문서를 정리하다가 어느 폴더에도 들어가기 애매한 문서들이 있죠? 그럴 때 저흰 새폴더를 만들곤 합니다. 따오기 폴더를 만들어서 어디에도 분류하기 힘든 문서들을 거기다가 짬 시키곤 하죠. 이것이 오늘날 '실험'이란 말이 쓰이는 방식입니다. 어떤 카테고리로도 분류하기 힘든 영화들이 '실험'이란 새폴더에 짬 시켜집니다.

임철민: 모호하거나 낯선 것들은 납작하게 '실험'이라고 묶어지죠.

김곡: 분류가 안 되니까요. '따오기 폴더'에 넣어야 하는 영화가 다큐멘터리 영화제에 버젓이 있으면 자신의 지식체계가 무너지는 거죠. 저희가 지금 특정 사례로 말하기는 하지만 더 많은 경우들이 있죠. 그런 언어들이 작품 자체보다는 작품의 관람자가 더 우선시되는 문화에서 오는 거라고 생각합니다.

정재훈: 이제 곧 〈고갈〉이 상영될 시간입니다. 현재 어떤 작업을 하고 계시는지 들으면서 마칠까요.

김곡: 현재 극영화를 준비 중이고, 〈자살변주〉의 정신들을 잊지 않으려고 하지만 솔직히 어렵습니다. 객석에서 지난 시간동안 뭘 붙들고 있냐는 질문을 받았을 때 좀 당혹스러웠습니다. 왜냐면 제 스스로 항상 묻는 질문이거든요. 아직 잘 모르겠어요. 그래서 그것을 확인하려고 작업하는 것 같고요.

임철민: 지금은 관심 있는 것들을 천천히 살피고 있고 정리가 되면 내년부터 다음 작업을 준비를 해보려고 합니다.

정재훈: 평일 낮 시간에 이렇게 많은 분들이 와주셔서 감사드리고요. 이걸로 마치도록 하겠습니다.

영화의 촉감

감독: 김곡
배우: 장리우
모더레이터: 정재훈 [영화감독]

2019년 12월 2일

거대한 굴뚝같은 영화
〈고갈〉

정재훈: 영화를 처음 시작할 때 어떤 이미지로 시작하셨는지요? 그리고 배우님께 이 영화를 어떻게 소개하셨는지 먼저 듣고 싶습니다.

김곡: 짧은 메모처럼 시작했던 작업이에요. 정신적 사춘기라고나 할까요? 그때는 기분이 뭔가 그랬어요. 세상도 저와 비슷한 홍역을 앓고 있었고요. 처음에는 스무 줄 정도로 시작했는데 계속 쓰다 보니 10장 분량의 스크립트가 되어 있었어요. 그렇게 시작하게 된 거죠. 황량한 사막 같은 장소를 찾고 있었는데 박홍열 촬영감독이 그런 곳이라면 군산 새만금을 가야 한다 해서 거기서 촬영하게 됐죠. 영화에서 굴뚝처럼 솟아있는 항타기들, 땅에다 철심 박는 기계인데요. 자세한 명칭은 잘 모르겠어요. 그게 저희에게는 세트였죠. 그 넓은 갯벌에 항타기들이 서 있는데 정말 초현실주의적이었어요. 장소를 물색하러 다니다 한 달 후에 돌아오니 하나둘씩 사라져서 "누가 내 세트를 건드리나!" 허공에 대고 막 분개했었죠.

여자 주인공은 처음부터 장리우 씨를 생각했었고, 남자 주인공인 박지환 씨는 이 영화에서 만났어요. 상업영화 스크린에서 보이는 박지환 씨는 말이 없고 차분하지만 실제로 만나보니 굉장히 에너지가 넘쳤어요. 이 정도면 같이 지옥을 견딜 수 있겠다 싶었죠. 배우 분들이 많이 나오는 영화는 아니지

거대한 굴뚝같은 영화

만 '과연 이 지옥을 견딜 수 있는가'가 섭외의 기준이었죠. 같이 막 강바닥도 헤집고 다녀야 하니까요. 배우들에게 어떤 영화가 될 거라고 말했는지는 기억이 잘 나질 않네요. 그냥 좋은 영화일 거라고 말했던 것 같아요.

장리우: 감독님께서 따로 말씀하시지는 않았고 시나리오를 먼저 받았어요. 그냥 10페이지 정도의 글이 있었는데 읽고 나니 너무 하고 싶어졌어요. 첫 촬영날 밤에 저, 감독님, 박지환 배우가 잠을 못 이루고 모텔 복도에서 모였던 게 기억나요. "이게 맞나?", "우리가 무슨 짓을 한 건가…", "앞으로 어떻게 가야 하나?"라는 고민들로 모두 잠들지 못하고 있었더군요. 하지만 그렇게 모여서 같이 고민하고 생각하고, 그런 힘으로 계속 찍어나갔죠.

정재훈: 첫날 촬영이 별로 마음에 안 드셨나요?

장리우: 마음에 안 든다기보다 영화가 하도 희한하니까요. 도대체 이 두 남녀가 무슨 마음으로 이렇게 살아가고 있는지 끊임없이 고민하고 얘기해야 했어요. 심지어 감독님도 모르겠다고 하셔서 "도대체 이 두 사람은 왜 이러고 있는 걸까?", "그래서 어떻게 해야 되는 걸까?"라는 얘기를 자주 했어요.

김곡: 저는 화두를 던지기만 했지, 사실 다 알지 못해요. 가끔 감독들이 인터뷰하면서 "저는 이런 그림을 원했고, 이런 감정을 원했고…." 하는데 제가 볼 때는 다 거짓말입니다. 특히 〈고갈〉처럼 즉흥성과 동물성을 요하는 작업에서는 더더욱 거짓말이죠. 배우들과 개펄, 육체들, 허공이 마주치면서, 그 스파크 속에서 무슨 일이 일어날지 사실 감독도 다 알 수가 없습니다. 알 수 없기 때문에 찍는 겁니다. 뭔가 모르는 상태로 들어가고, 들어가면서 발견하는 거죠. 그런 의미에서 저는 어떠한 극영화에서도 다큐멘터리의 측면들이 있다고 생각해요. 특히 배우와 장소에 관해서는요. 사실 시간이야 몽타주로 할 수 있지만 장소는 몽타주로 잘 안되거든요. 배우의 마음도 그렇고 육체도 그렇고요. 그래서 촬영 첫날 모두 두려웠던 거죠. 앞으로 전개되는 내용이 무엇을 의미하며, 도대체 저 항타기를 보면서 랩 배틀하듯이 꺽꺽 트림은 왜 하는 건지… 지금도 몰라요.

정재훈: 촬영은 순서대로 이루어진 건가요?

김곡: 아니요. 촬영은 최대한 쉬운 부분부터 찍으려고 했어요. 뒤에 가면 갈수록 감정들이 너무 야만스럽고 거의 인간이 아니잖아요. 그래서 조금 인간다운 것부터 찍어나갔어요.

거대한 굴뚝같은 영화

정재훈: 이 영화는 제한상영가 판정을 받았기 때문에 오늘 보신 상영본에서도 X 처리가 되어 있는 부분이 있어요. 그 부분이 어떤 장면이었나요?

김곡: 수간 장면이에요. 남자가 바라보는 비디오테이프가 수간 포르노입니다. 인간과 개가 섹스를 하는 포르노를 바라보는 장면인데요. 시나리오 단계서부터 계획된 장면입니다.

장티우: 그 장면을 왜 넣으신 거예요?

김곡: 글쎄요. 간혹 '저 세상'이라는 말을 쓰잖아요. 이 영화가 '저 세상'처럼 보이기를 바랐습니다. 거기서 어떤 모순된 느낌이 나오기를 기대했어요. 영화 전체가 저 세상에 있는 것 같지만 동시에 이 세상에서 촬영된 느낌. 거꾸로 말하자면, 이 세상에 저 세상이 이미 내재되어 있는 느낌을 발견하고자 했어요. 배우 분들에게는 가혹한 일이지만 정신과 육체가 몰아붙여졌을 때 나오는 그런 몸부림, 떨림, 그런 느낌들.

정재훈: 영화가 배우 혹은 대상에 대해서 계속 파편화를 시키잖아요. 다시 보니까 의외로 폭력 혹은 자극적인 장면이 없다는 생각이 들더라고요.

장리우: 멜로영화죠.

정재훈: 그런데 오늘 새롭게 발견한 것 중 하나는 목적 없이 걷는 장면이 많다는 거였어요. 예를 들어 터널 장면에서의 예측 불가능한 움직임이나 사람들 간에 계속되는 긴장이 이어지는 장면이요. 우리가 계속 보게 되는 이 예측 불가능한 움직임은 사실 우리가 이미 가지고 있는 어떤 이미지, 그냥 원래 걸을 때의 어떤 상태라고 볼 수 있죠. 그냥 우리가 보던 움직임을 갖고 있기 때문에요. 그런데 그 장면이 어쩌면 이 영화가 품고 있는 가장 폭력적인 부분일 수 있겠다는 생각이 들었어요. 사실 배우 분들에게는 아주 즐거운 작업이었을 것 같고요. 왜냐하면 언어가 없는 사람들이기에 계속 몸이 이쪽 갔다 저쪽 갔다 한다든지 어떻게든 다른 식으로 계속 표현을 해야 했기 때문에요. 그 부분에 대해서 좀 더 듣고 싶습니다.

장리우: 시나리오에 있는 대로 했다고 저는 생각해요. 말씀하신 움직임에 대해서는 리허설 후에 촬영하면서 더 만들어졌어요. 연기하는 동안 들었던 생각은 그녀의 어찌할 바 모르는 움직임과 걸음에서 심리적인 부분이 많이 반영되어 있다는 거예요. 영화 중반을 넘어가면 여자가 철조망을 두고 마치 갈 곳이 있는 것처럼 향해가죠. 하지만 거기엔 아무것도 없죠.

거대한 굴뚝같은 영화

그냥 어찌할 바 모르는 상태인 거예요.

김곡: 이 영화에서 배우가 표현해내는 폭력성엔 아무런 목적도 없어요. 그런 정해진 목표점의 부재가 곧 폭력인 거죠.

장리우: 그런 거 있잖아요. 마음의 목적은 있는데 몸의 목적이 없는 거죠.

김곡: 하지만 여자는 그걸 알아요. 안다는 게 우리가 머리로 안다는 것과 다른 의미이긴 하지만 여자는 파국이 임박했음을 감지하고 받아들일 능력이 있는 거죠. 그걸 견뎌대는 몸짓과 떨림으로만 나타나긴 해도. 남자는 상황이 완전히 반대죠. 남자는 다 아는 척하고, 뭔가 있는 척해도 사실 아무것도 감지하고 있지 못합니다. 예를 들어 남자는 굴뚝 저기로 가면 된다고 아는 척을 해대죠. 그걸 통해 여자를 지배하려 하고요. 하지만 모두 허울이고 지배는 불가능합니다. 남자는 모르고 여자가 아는 것은 저 땅바닥 밑에는 사실 아무 것도 없다는 사실입니다. 그래서 여자는 곧 다가올 위기도 알고, 그 위기는 어떤 강력한 대상에 의한 것이 아닌 정말 아무것도 없어서 오게 되는 위기란 것도 잘 알죠. 반면 남자는 애써 그걸 부인하고, 그래서 위기도 알지 못합니다.

관객 1: 원초적인 질문일 수도 있는데요. 이렇게 실험적인 독립영화를 많이 찍으면 제작비는 어디서 충당하는지 궁금합니다.

김곡: 이 영화는 초저예산 영화예요. 필름 현상의 절반도 제 손으로 직접 했고요. 이런 영화의 경우는 사비로 제작하고 상금으로 메웠습니다. 그래도 그때는 이런 것을 만들어도 되는 분위기였어요. 돈보다 더 귀한 거죠. 만드는 사람들에게는 그것이 재산이거든요. 우울하지만 지금은 그런 분위기조차 고갈되어 버린 느낌이에요.

정재훈: 한 한 달 정도 촬영하셨죠? 몇 회차 정도로 찍으셨나요?

김곡: 20회차에서 30회차 정도 찍었습니다. 필름으로 만들 때의 우수한 장점이 있습니다. 정말 한 컷, 한 컷 다 정성을 들여 찍거든요. 돈이 아까워서요. 8미리 필름으로 찍었는데 제작비가 없다 보니 정말 아껴서 찍게 돼요. 자투리 하나도 다 인서트로 쓰게 되고요. 요즘은 모든 게 디지털이다 보니 이것도 해보고 저것도 해보며 샷을 남발하는 경향이 있습니다. 근데 필름은 그렇게 해볼 수가 없죠. 아까 장리우 배우가 말한 것처럼 계속 대화하면서 작업해 나갔

거대한 굴뚝같은 영화

어요. 말하자면 우리 마음에 디자인을 하는 거죠. 전장으로 달려가는 마음으로 자 출격! 하고 훅 찍고요. 또 다음 장소로 이동할 때 "아까 짐승이 헥헥거렸는데 침을 덜 흘리더라. 이건 좀 더 흘려줘야 해!" "오케이!"하면서 찍고. 이렇게 원초적으로 작업했어요.

정재혼: 모니터도 없이 찍은 건지요?

김곡: 모니터 없이 찍었어요. 필름 작업의 장점이죠. 모든 결과를 운명에 맡기고, 망하면 망한 대로 가는 겁니다. 뒤돌아보지 않고.

정재혼: 그래서 몇 장면만 밤이고 대부분 낮인 거죠?

김곡: 밤 장면은 마지막에 여자가 갈대밭을 내달리는 장면이었는데요. 이 장면을 위해 트렁크에 2KW 조명 하나만 싣고서 군산에 다시 내려갔어요. 공장 앞이 허허벌판이다 보니 휘발유 넣고 돌아가는 발전기 하나 딸랑 돌려놓고 촬영했던 기억이 나네요. 지금이야 웃으면서 말하지만 당시 촬영장의 분위기는 정말 짐승들이었습니다. 매직아워에 찍었던 장면도 기억나네요. 해가 지기 직전, 노출 개방으로 하늘이 시푸르둥둥 올라올 그 순간에 딱 맞춰서 몇 테이크만 찍어내는 겁니다. 모든 결과물은 운명에 맡기고서.

갈대밭을 내달리는 롱샷은 딱 세 테이크만 갔던 걸로 기억합니다.

　　정재훈: 맨 마지막 장면은 햇빛이 반짝반짝하던데요.

김곡: 영화 내내 진행되던 어둠과 대비되게끔 마지막 장면만은 노출 오버로 날렸습니다. 어둠이 소멸 직전의 공포라면, 빛은 소멸의 느낌 자체입니다.

　　정재훈: 당시 이 영화로 해외영화제를 자주 다니셨는데 인상적인 질문이나 기억나시는 게 있으시면 말씀해주세요.

김곡: 이게 칭찬인지는 모르겠지만 제가 매우 존경하고 좋아하는 캐나다 감독인 가이 매딘(Guy Maddin) 감독님을 해외영화제에서 만났어요. 완전 팬이라고 말씀드리고 소개를 서로 하다가 제 작품을 건네드리게 되었는데요, 영화제 끝나고 캐나다로 돌아가신 후 이메일로 소감을 보내주셨어요. 별장에서 프로듀서 친구와 이 영화를 같이 보고 친구 분이 십 년 동안 끊었던 담배를 다시 피웠다는 코멘트였어요. 저는 칭찬이었다고 생각합니다. 가이 매딘 감독님은 이것보다 더한 영화도 많이 만드시는 분이거든요.

관객 2: 영화 중간에 보면 여주인공이 들판을 막 가는데 중간중간에 공장지대가 있잖아요. 굉장히 높다란 굴뚝같은 것을 카메라가 틸업(till up)을 해서 쭉 보여준단 말이죠. 거대한 남성 성기 같은 느낌을 주는 그 장면이 여주인공의 시선으로 클로즈업이 되고요. 약간 의도적으로 보이는데 이 부분에 대해 감독님의 이야기가 듣고 싶고요. 다른 하나는, 장리우 배우님을 이 영화를 통해 알고 난 후 김수정 감독님의 〈파란입이 달린 얼굴〉(2015)을 찾아봤는데 굉장히 인상적이었습니다. 두 영화 현장의 차이를 배우님께 들어보고 싶습니다.

김곡: 그 굴뚝에 대해서 질문을 많이 받았어요. 솔직히 말씀드리면 별 생각이 없었습니다. 무의식적으로 의도된 것일 수도 있을 테지만요. 사실 굴뚝이 높다랗게 솟아있는 것보다 제 이목을 더욱 끌었던 것은 그 안이 비어 있다는 사실이었습니다. 되게 큰 놈이고 되게 높이 솟은 놈이 우릴 내려다보고 있는 것 같지만 사실 그 안은 텅 비어 있다는 사실에 놀랐습니다. 굴뚝이 남근처럼 보이지만 그건 정말 그렇게 보일 뿐입니다. 여자에게 굴뚝은 사실 터널의 의미입니다.

장리우: 저는 〈고갈〉을 찍고 오랜만에 〈파란입이 달린

얼굴〉을 찍었는데요. 〈고갈〉을 촬영했을 때와 느낌이 되게 비슷했어요. "이 여자는 도대체 왜 이럴까" 등등 감독님과 너무 많은 얘기들을 해서 나중에는 얘기가 없어도 그냥 흘러갈 정도였죠. 그리고 우스갯소리로 감독님이랑 "파란 입이 달린 이 여자가 나중에 〈고갈〉의 여자가 되는 게 아닐까?" 라는 농담도 했죠. 영화의 결은 다를 수 있지만 이 여자와 그 여자의 비슷한 부분들이 있었어요.

관객 2: 8미리 필름으로 찍으신 이유가 궁금합니다.

김곡: 8미리 필름은 정말 손톱처럼 작은 필름이에요. 현상하다가 끊어지기도 할 정도로. 그래서 큰 스크린에서 영사되면 자연스레 블로우업(blow-up)이 되면서 형상이 약간 무너지는 효과가 납니다. 〈고갈〉에 등장하는 존재들과 같은 처치인 거죠. 같은 이유로 8미리 필름 그레인(Grain)이 스크린에 고스란히 담기기를 원했습니다. 그레인을 살리려고 일부러 고감도 500T로 찍었고요. 필름 입자들이 공기 중에 떠돌아다니는 미세한 물체처럼 보이길 원했습니다. 허공의 살결처럼 보이기를요.

정재훈: 지금으로 치면 한 270P 정도의 화소로 찍은 거잖아요?

313   거대한 굴뚝같은 영화

김곡: 가령 어떤 무늬를 봤을 때 카메라 줌을 극단적으로 당기면 흐릿해지면서 막 뭉개지잖아요. 〈고갈〉은 딱 그런 관점으로 세계를 바라봅니다.

정재훈: 동영상을 볼 때 와이파이가 잘 안 터지면 화소가 급격히 떨어지는 느낌과도 비슷하죠.

김곡: 그렇죠. 우리의 시지각이 버퍼링에 걸린 느낌과도 비슷합니다. 미세 지각들은 버퍼링에 걸려 모두 덜덜덜 떨리는 느낌이죠. 이 영화도 그래야 한다고 생각했어요. 〈고갈〉을 위해 8미리 필름이 선택된 게 아니라, 필름이 〈고갈〉을 선택한 겁니다.

관객 3: 감독님 영화를 제가 오늘 처음 봐서 지금까지도 진정이 잘 안 되는데요. 보는 내내 거친 화면이나 굴뚝 장면에서 일본의 마스무라 야스조(增村保造)와 와카마쓰 고지(若松孝二)가 생각났어요. 이 영화들은 그 시절의 일본 사회를 대변하려고 했잖아요. 2008년도에 나온 〈고갈〉은 어떤 계기가 있었을까요? 혹은 관련해서 영감을 준 감독님이 계실까요? 이 두 가지가 궁금합니다.

김곡: 두 가지를 같이 대답할 수 있습니다. 영감을 준 감독들 중에 마스무라 야스조와 와카마쓰 고지가 분

명히 있습니다. 마스무라 야스조는 정말 위대한 거장이죠. 한국에 많이 소개되지 않아 아쉬운데요. 그의 초월적인 초현실주의를 저는 너무 좋아하고, 간접적으로 분명 영향을 받았을 거예요. 그리고 아다치 마사오(足立正生), 와카마쓰 고지, 데라야마 슈지(寺山修司)가 있어요. 모두 전공투(전국학생공동투쟁회의) 세대의 느낌들이 있어요.

특히 데라야마 슈지는 아마도 〈고갈〉에 영향을 많이 줬을 겁니다. 허공을 가르며 무턱대고 뛰는 장면은 분명 그 영향입니다. 하지만 차이점도 분명 존재합니다. 당시 일본은 혁명의 좌절기였습니다. 그들 영화에 나오는 몸짓은 더 이상 혁명은 없다는 사실을 알게 된 사람들의 마지막 몸부림, 말하자면 실존주의의 마지막 스파크 같은 것입니다. 시대적 정당성이 엄청나죠. 반면 〈고갈〉은 그런 시대적 정당성이 부재한 지점으로부터 시작합니다. 제 생각이지만 와카마쓰 고지의 경우 짐승을 그렇게 긍정적으로 보지 않습니다. 그는 인간에 대한 믿음을 버리지 않고, 인간의 야만화를 비웃죠. 반면 〈고갈〉은 짐승인 주제에 인간 시늉을 하는 것을 비웃죠. 일본 전공투 세대로부터 20년이 지난 후에 비슷한 작업을 하는 후배가 가질 수밖에 없는 차이점이 아닐까요.

정재훈 : 제가 알기로는 감독님께서 영화를 워낙 잡다

거대한 굴뚝같은 영화

하게 많이 보시니까요. 그게 작품에 조금씩 녹아 들어간 것 같아요. 8미리 필름으로 찍는 것도 보통의 방법은 아니니까요. 그냥 HD로 찍었다면 이 느낌이 안 나왔을 테고, 걸어가는 장면들도 그 떨림이 잘 전달되지 않았을 테고요.

김곡: 촬영감독이나 촬영팀은 굉장히 말렸어요. 배우들 고생만 시키고 다 쓰지 못하면 어떡하나. 게다가 필름이 너무 작아서 초점도 안 맞고요. 너무 말려서 나중에는 살짝 유혹에 빠지기도 했는데 그걸 이겨낸 제 자신이 자랑스럽습니다. 그 유혹이란 것은 'HD로 찍어서 화질을 열화시키면 8미리 필름의 효과가 날 것이다'라는 건데 정말 강렬한 유혹이지요. 한마디로 미니어처로 만들어서 찍을 것을 CG로 찍자는 거거든요.

언제나 최초의 발견이 가장 중요합니다. 무엇이라도 최초로 발견되는 방식이 모든 것을 결정합니다. 필름 그레인을 흉내낼 수 있는 건 지구상에 없습니다. 'HD로 찍어서 열화시키자'는 건 강력한 유혹이지만, 진지하게 딱 5분만 생각해보면 결론은 분명합니다.

정재훈: 이 영화에서 제일 귀여웠던 부분은 슬랩스틱적인 관계가 계속 이루어지는 점이에요. 초반에는

이 느낌이 잘 다가오지가 않죠. 하지만 점차 진행될수록 이 둘의 몸짓을 이해하게 된 걸까요? 뭔가 21세기 무성영화 같은 느낌이 재밌었어요.

장리우: 감독님이 '야만', '짐승'을 얘기하시는데 실제 촬영할 때는 '우린 사람이다. 우린 미친년, 미친놈이 아니다.', '우리는 인간이지만 그냥 말을 안 할 뿐이다.'라고 생각하며 연기했습니다. 그런 사람들은 왠지 이렇게 뛸 것 같고, 이렇게 걸을 것 같고, 이렇게 움직일 것 같고… 라는 느낌을 좇아서 연기했어요. 그러다보니 마치 짐승처럼 보이는 것이지, 전 그들이 가장 인간의 벌거벗겨진 모습이라고 생각합니다.

정재훈: 저는 짐승처럼 보지는 않았고, 움직임들로 계속 판단하게 되더라고요.

김곡: 제가 짐승이라는 말을 쓸 때 〈범죄도시〉(2017)의 윤계상 같은 캐릭터를 말하는 건 아닙니다. 진짜 동물 느낌, 문자 그대로의 움직이는 물체를 말하는 거죠. 그냥 순수하게 우리 신체 자체로 돌아왔을 때의 상태요.

장리우: 태초의 인간 같은 그런 상태죠.

거대한 굴뚝같은 영화

김곡: 그렇죠. 〈2001 스페이스 오디세이〉(1968)에 나오는 원숭이들을 생각해보시면 딱 그걸 겁니다.

장리우: 그래서 여자가 타이어를 기어 다니는 장면에서 감독님이 굉장히 디테일한 요구를 했어요. 사실 저는 움직임이 좋은 편이라, 어설프게 움직이는 것이 외려 어려웠어요. 동작은 어설프지만 그 이면에 뭔가가 꿈틀대게끔 연기하는 것이 어려웠습니다.

정재훈: 보통은 그런 식으로 올라가고 내려가지 않잖아요.

장리우: 그렇죠. 기는 것도 아니고 걷는 것도 아니고… 그게 감독님이 얘기한 짐승의 느낌인 것 같아요.

김곡: 그 장면에서 제 머릿속 표상은 〈모던타임즈〉(1936) 속 톱니바퀴의 찰리 채플린이었어요.

정재훈: 영화를 촬영하다 보면 배우와 감독 간에 오해가 생길 수도 있고 약간의 싸움이 존재하잖아요. 배우들과 그러한 긴장의 순간들이 있었나요?

김곡: 당연히 있죠. 특히 이런 영화에서는요. 나중에는 왜 싸우는지도 모르고요.

장리우: 저는 싸움이라기보다 당황했던 적이 있어요. 풀밭 장면이었죠. 어둠 속에서 맨발로 막 뛰라는 거예요. 풀밭 안에 깨진 유리도 있었는데 말이죠. 그때 정말 당황했어요. 이 사람이 진짜 나를 여배우로 보지 않는구나 생각했어요.

정재훈: 심지어 영화에선 발이 보이지도 않잖아요.

장리우: 나를 진짜 그 여자로 빙의시키려나보다 생각했죠. 남자가 잡으러 오니 뛰기는 해야 되는데, 찍은 걸 보니 바닥이 하나도 안보이더라고요. 보이지도 않을 바닥을 맨발로 뛰다니….

김곡: 죄송해요. 모니터가 없다보니. 사실 주어진 환경에서 배우만이 가지는 느낌이란 게 있습니다. 장리우 배우가 헐벗은 느낌을 가지길 원했던 것 같아요. 그래도 마지막 테이크는 신발을 신고 뛰었어요. 물론 그러다 신발 한짝을 잃어버리긴 했지만! 그 허허벌판에서 신발을 다시 찾아낸 건 다행히도 저였습니다. 나름 사과를 했달까.

장리우: 저는 모니터를 안 하는 배우라 감독님이 복 받으신 거죠.

김곡: 배우님들과 일하다 보면 모니터링에서 딱 두 부류로 나뉩니다. 꼭 모니터링을 해야 하는 배우와 정말 모니터링이 필요 없는 배우로요. 전자가 지배적인 유형이라면 장리우 배우의 경우는 오히려 모니터링이 연기에 방해가 되는 유형이죠. 아주 소수에 속하지만 그런 배우님들이 있어요. 그런 배우들은 자기에 대한 확신이 아주 강하죠.

장리우: 저는 테이크가 같은 상태의 반복이 아니라, 매 테이크마다 새로운 것이라 생각해요. 모니터링을 하게 되면 모니터에서 봤던 것을 더 뛰어넘으려고 연기하게 되거나, 아니면 모니터에서 좋았던 점을 반복하고 싶어지죠. 그런 건 제 연기에 전혀 도움이 되지 않는다고 생각해요.

정재훈: 머리도 진짜로 잘랐던 거예요?

장리우: 네. 감독님이 잘랐어요. 중간에 자르는 장면이 있는데요. 다 삭발이 됐을 때는 제가 직접 잘랐는데 재밌었어요. 젖꼭지를 붙이는 것도요. 제 친한 친구가 촬영팀에 있었는데, 방에서 같이 다리에도 붙여보고 막 붙여봤죠. 그렇게 재미있게 찍었기 때문에 이런 영화를 할 수 있었던 거죠. 영화를 너무 진지하게 받아들이고 반응했다면 불가능했을 거예요.

정재훈: 작년에 〈고갈〉을 다시 보면서 명랑하고 파워풀하다는 생각을 했어요. 영화의 숨겨져 있는 귀여운 부분들도 찾아볼 수 있었고요. 특히 터미널에서 콩나물 먹는 장면이요.

김곡: 해장한다고 생 콩나물을 먹는 게 얼마나 원초적입니까.

정재훈: 해장하는 장면이었나요?

김곡: 그렇죠. 그 전날 술이란 걸 처음 먹어봤기 때문에 해장도 처음 해본 거죠.

정재훈: 그리고, 나중에 거의 고백하듯이 "만난 지 10달 됐네." 말하는 부분도 귀여워요. 늘 날짜를 세고 있었다는 거잖아요. 영화 자체의 분위기에 압도당하면 이런 부분을 찾기가 어려운데요, 거듭 보다 보니 귀여운 부분들이 곳곳에 있더라고요.

김곡: 남자는 이벤트도 해주고 싶고, 지켜주고 싶었던 거죠. 하지만 불행하게도 그런 능력이 없어요. 위기를 감지하는 능력이 현저히 떨어지고, 무엇보다 자신이 온전하게 살아가고 있다고 착각하고 있는 거죠. 그것이 이 남자의 패착이죠.

거대한 굴뚝같은 영화

장리우: 진짜 남녀 얘기 같은데요? 남녀의 헤어짐에 대해 남자들이 대부분 가지고 있는 착각인 것 같아요.

김곡: 그렇죠. 남자들은 그렇게 안심하다가 한 번에 훅 가죠. 위기가 찾아온 줄도 모르고요.

관객 4: 남자 주인공이 "엄마가 나를 낳았대." 이 대사를 두 번 하는데, 어떤 의미일까요?

김곡: 촬영 중에 우연히 제 이모 댁을 들른 적이 있어요. 이모가 "네 조카가 문학시간에 시를 지었는데 이렇게 썼다가 학교에서 된통 혼나고 왔다"라면서 이야기해주시길 '사람들이 그러는데 우리 엄마가 날 낳았단다.' 이게 조카 놈이 쓴 시였어요. 전 순간 빵 터졌죠. 얼마나 웃겨요. 내가 여기 존재하는 건 맞는데 그게 풍문이라는 거잖아요. 제 조카는 그걸 시라고 써서 선생님한테 제출했다가 된통 혼나고 오고. 하하.

그때 '아 이거다'라고 생각했죠. 내가 존재하는 것 같은데 확신할 수 있나? 우리가 자의식이 생겼을 때는 이미 우리가 태어남에 대해서 고마움을 다 잊어버린 상태잖아요. 그래서 우린 우리 자신의 존재를 너무 당연시하며, 어떻게 또 왜 태어났는지의 근거와 여기에 있어야 하는 의미들을 다 알고 있다고 착각한 채로 살아가게 되죠.

〈고갈〉은 제게 거대한 굴뚝 같은 영화입니다. 너무나 자명해보이지만 막상 들여다보기엔, 되돌아보기엔 너무 괴로운 그런 영화. 실제로 저 자신도 이 영화를 다시 보게 되진 않더군요. 촬영 현장에서의 괴로움이 떠올라서라기보다는 당시 했던 생각들이 너무 힘들어서 잘 안 보게 되는 것 같아요.

정재훈: 2008년의 그 김곡 감독님을 불러와야 될 것 같은데요. 사실 당시에 찬반 정도로만 나뉘고 비평적인 면모들이 더욱 전개되지 못한 게 아쉽습니다. 그래서 이번 상영의 의미가 더욱 깊은 것 같아요. '나쁜 영화'라는 타이틀로 〈고갈〉이 다시 소환된 거잖아요.

김곡: 너무 좋은 기획전이라고 생각했어요. 제 자신의 필모그래피에서도 제일 악명스러운 〈고갈〉이 초대되었으니까요. 장선우 감독님, 이장호 감독님과 같이 리스트에 있는 것만으로도 너무 영광이에요. 그래서 이렇게 나쁘다는 타이틀을 달고 있는 것도 큰 기쁨입니다. 사실 더 나쁜 영화들이 많이 나왔으면 좋겠어요.

정재훈: 언젠가는 그 나쁜 영화가 너무 많아져서 좋은 영화전이 열렸으면 합니다.

거대한 굴뚝같은 영화

김곡: 그런 날이 오면 좋죠. 그런데 그런 일은 없을 것 같아요. 요즘 너무 착한 영화들이 많이 나오고 있어서 저도 지금 영화를 만들면서 착해지고 있거든요.

정재훈: 본인만 그렇게 생각하시는 것 아니에요?

김곡: 영화 작업을 계속하다보면 가장 두려운 게 있죠. 좋게 말하면 세상살이를 조금 원만하게 사는 요령이 생기는 거고, 나쁘게 말하면 무뎌지는 거요. 옛날 선배님들이 했던 얘기를 제가 제 입에 담고 있네요.

정재훈: 장리우 배우님과 김곡 감독님의 앞으로의 계획을 간략하게 이야기해주세요.

장리우: 오랜만에 〈고갈〉 GV를 하게 됐는데 이렇게 끝까지 함께 계신 관객님들에게 감사드리고요. 〈이장〉(2019)이라는 영화가 곧 개봉하는데 시간 되시면 보러 와주세요. 〈이장〉은 〈고갈〉과는 전혀 다른 가족 영화입니다.

김곡: 〈이장〉은 해외영화제 투어도 하고 있고, 바르샤바 영화제에서 상도 받았어요. 저는 똑같습니다. 내년 2월 초에 촬영이 있어서 준비하고 있어요.

정재훈: 그럼 이것으로 오늘 이 자리는 마치도록 하겠습니다. 감사합니다.

거대한 굴뚝같은 영화

같은 공간 속 다른 시공간
〈아메리칸 앨리〉

정지혜: 올해 한국영화 100주년을 맞이하면서 여러 기획들 안에서 다양한 작품들이 소개되고 있습니다. 오늘 보신 〈아메리칸 앨리〉는 한국의 근현대사를 관통하는 역사적 사건과 공간, 그리고 현장의 이야기를 담고 있죠. 다큐멘터리 형식의 이 작품은 서울 경기 북부의 어떤 공간, 즉 '기지촌'이라고 우리가 흔히 말하는 공간에서 살고 있는 여성들의 서사를 담아냄과 동시에 이 공간을 중심으로 어떤 서사들이 만들어지고 또 사라졌는가에 대한 질문을 던지고 있습니다. 〈아메리칸 앨리〉는 김동령 감독님의 첫 번째 장편 작품이며, 이 작품을 시작으로 박경태 감독님과의 공동연출로 기지촌 관련 영화들을 두 편 더 만드셨습니다. 바로 〈거미의 땅〉(2012)과 최근 부산국제영화제에서 처음 공개가 됐던 〈임신한 나무와 도깨비〉(2019)라는 작품입니다. 오늘 보신 〈아메리칸 앨리〉는 이 세 편의 출발인 만큼 더욱 여러 가지 고민들이 얽혀있는 작품이었을 거라는 생각이 듭니다.

'아메리칸 앨리'는 기지촌이라는 공간을 두고, 그곳에서 살고 있고 또 생계를 이어나가는 다양한 국적의 여성들이 그곳을 부르는 이름이기도 합니다. 감독님께서 오늘 자리에 함께 하지 못하시면서 대신 제게 문자를 보내주셨어요. 이 공간으로 가게 됐던 배경에 대한 내용인데요. 이 공간은 창작자로서 감독님의 개별적인 작품이 나오기 이전에, 감독님이 '두레방'이라고 하는 기지촌 성매매 여성들의 상담원으로 활동하면서 관심들이 커졌던 것 같아요. '두레방'은 80년대 중후반부터 활동을 해오던 단체인데, 감독님이 활동했을 때 만났던 여성들과의 관계들이 이 영화 안에 들어와 있을 테고 또 이후의 관계들을 만들어가셨겠지요. '두레방'에서의 활동이 이 영화의 시작이 됐을지 혹은 어떤 순서들이 있었는지는 감독님께 더 여쭤봐야 할 부분이지만 감독님의 활동가로서의 시작이 영화제작에 영향이 있지 않았을까 생각이 듭니다.

감독님의 문자에도 그런 내용과 고민이 담겨 있어요. 활동가로서 여성들을 지원하고 그들의 어려움을 상담하는 상담가로서의 위치와 연출자로서의 위치에 대한 차이, 그리고 활동가로서의 역할과 다르게 감독으로서 어떤 포지션과 어떤 역할로 현장에 나가야 하는지에 대한 고민을 읽을 수 있었어요. 이어서 보내오신 문자에는, "이들을 어떤 피해자 혹은 어떤 트라우마에 시달리는 사람들로 규정하고 싶지 않다. 그리고 그녀들 스스로도 자신을 어떤 피해자로 생각한다고 보지 않는다"고 전했습니다. 저 역시도 감독님이 이들과 만나면서 도대체 어떤 것을 보고 싶었는지가 궁금했었는데 '연출자로서의 위치'는 바로 이 문자에서 힌트를 얻을 수 있었죠. 단지 그곳에서 성매매, 성 운동을 한다는 것으로 제3자가 섣불리 그들을 피해자로 규명하거나 규정짓지 않고 그들이 갖고 있는 다양한 욕망에 주목해보고자 하는 것이 창작자로서의 감독님이 보고자 했던 지점이자 그곳으로 간 이유가 아니었을까요.

〈아메리칸 앨리〉에는 다양한 국적의 여성들이 등장합니다. 이 분들이 본국에서 여러 가지 생활상의 어려움을 겪고 돈을 벌기 위해 또는 아이의 양육비를 조금 더 벌기 위해 한국이라는 공간에 온 것은 사실이나, '그들이 여기에 정착 혹은 잠시 기거하면서 단순히 어려움만을 토로했는가….'라고 하면 그렇지만은 않은 것 같아요. 그들도 다른 사람, 다른 삶을 꿈꾸고, 비록 본인들이 원하는 결실로 맺어지지 않았을 수도 있으나, 영구적이든 혹은 다르게라도 계속 살아보고자 하는 욕망들이 엿보입니다. 영화 속 대부분의 여성들은 결혼을 했고, 본국에 있는 자신의 아이를 데리고 올 수도 있으며, 또한 비자가 연장될 수 있는 방법들을 택할 수도 있지만, 한편으로는 누군가의 사랑을 절실히 받고 싶고, 자신들이 외롭고 고독한 상태라는 것을 토로하면서 자기의 영혼을 좀 더 들여다 봐주기를 바라는 욕망들이 곳곳에 비춰집니다. 그리고 이것이 우리가 영화 속 여성들을 주목해야하는 이유이기도 합니다.

이 영화는 한 명의 인물을 쫓아가는 다큐멘터리가 아닌 '아메리칸 앨리'에 있는 다양한 국적, 다

같은 공간 속 다른 시공간

양한 상태에 처해 있는 다양한 사연들을 가진 사람들을 인터뷰하는 방식이지요. 마치 이들의 이야기가 모자이크처럼 모여 그 공간이 이해되는 것 같습니다. 다양한 형태의 사람들 곁에 함께 머무르면서 이야기를 청해 듣는 방식을 취하고 있습니다. 우리가 본 것처럼 카메라가 사적 공간으로 들어갈 때는 대상과 감독이 꽤 오랫동안 함께 지내면서 서로의 마음을 열고 친밀해지는 과정이 중요했으리라 생각됩니다. 감독의 입장에서는 늘 '대상과 관계를 어떻게 맺을 것인가', '카메라가 어디까지 들어갈 것인가'에 대한 고민이 끊임없이 있었던 것 같습니다. 예를 들어 '마리아'라는 여성과 함께 미군들이 가는 클럽에서 밤새도록 지내는 시간이 너무 힘겨워서 뛰쳐나왔던 경험, 그 과정 속에서 그녀에 대한 연민이나 공감보다는 혐오감이 더 높아지고, 감독과 대상의 관계가 역전되는 상황 등을 감독님께서 말씀하신 적이 있죠. 실제 생활로 들어가야 하는 다큐멘터리 작업은 결국 그곳의 사람과의 관계가 중요해지다 보니 어떤 방식으로 관계를 맺어야 하는지가 늘 과제이면서 명확한 답을 내기가 어렵죠. 때문에 그러한 관계 속에서 예상하지 못했던 것들을 발견하고 그것을 마주했을 때, 다큐멘터리만이 가지는 힘과 장점 혹은 약점이 드러나는 것 같습니다.

　　서사에 대한 얘기를 해보죠. 여기서 먼저 주

목할 수 있는 여성은 'K'입니다. 'K'라는 여성은 이주 서사를 가지고 있는 다른 여성들과는 좀 다른 '방랑'과 '유랑'의 서사를 가지고 있어요. 영화의 마지막에 자막으로 그녀의 짤막한 전사를 알려주지만 그 전까지는 계속 궁금증을 자아내는 분이죠. 적어도 심리적인 측면에서는 '마리아'처럼 중심적으로 서사를 끌고 가는 인물은 아니더라도 이 영화에 등장하는 여러 여성들 못지않게 다양한 격변이 있을 것 같은 인물이고요. 아마도 감독님께서는 이 공간 안에서 해외 이주 여성의 서사만이 아닌, 어디에서 왔는지조차 알 수 없는, 마치 'K'처럼 이름 없는 사람들도 보여주고 싶었던 것 같아요. 또한 생계만이 아닌, 자신을 꾸미고 싶어 하는 '여성의 욕망' 같은 것도요. 따라서 그녀를 통해 외롭고 쓸쓸한 공간도 볼 수 있지만, 뭔가를 치장하는 그녀의 모습도 짧고도 인상 깊은 장면으로 남습니다. 또 다른 인물인 우즈베키스탄의 '리디아'도 생각해보죠. 저는 감독님이 우리에게 하고 싶었던 이야기를 '리디아'라는 여성의 목소리로 대신한 것 같았습니다. 다른 여성들과 다르게 얼굴을 드러내지 않고 목소리로만 출연을 하죠. 그녀가 이야기했던 내용들은 우리가 '기지촌'이라는 공간과 그곳에서 일하는 사람들을 바라보는 '편견' 혹은 '한정된 시선' 같은 것들을 다시 생각해보게끔 한다는 인상을 받았습니다.

〈아메리칸 앨리〉는 등장인물들을 통해 바라보는 여성 서사로서의 의미도 있지만 공간 서사, 특히 '이주'를 테마로 했을 때 주목해서 봐야하는 영화이기도 합니다. 이 영화는 지금으로부터 약 10년 전인 2008년도에 제작됐죠. 김동령 감독님은 계속해서 기지촌에서 살고 있는 여성들의 이야기를 영화로 만들고 있습니다. 〈거미의 땅〉은 〈아메리칸 앨리〉 다음에 만들어진 영화죠. 〈거미의 땅〉에는 세 명의 여성이 등장합니다. 오늘 보신 영화가 인물들을 따라서 공간 안으로 들어왔다면, 〈거미의 땅〉은 시작부터 공간에 대한 관심을 비추고 있습니다. 즉 '이 공간을 어떻게 보여줄 것인가?', '이 공간이 어떤 식으로 우리에게 기억될 수 있는가?' 그리고 '이 공간이 왜 기억되지 못하는가?'에 대한 질문을 하죠. 이야기 역시 마찬가지인 것 같습니다. 가령 구전동화, 전설, 설화처럼 어떤 이야기는 지금까지도 계속 전해지고, 재해석, 재발견되기도 하지요. '어떤 이야기가 살아남는 걸까?', '이야기는 어떻게 계속되는가?'와 같은 질문이 〈거미의 땅〉의 다음 작품인 〈임신한 나무와 도깨비〉에서 제기된다고 볼 수 있어요. 기지촌이라는 공간에는 정말 수많은 죽음이 있습니다. 오늘 보신 것처럼 누군가는 어느 폐교에서 갑자기 떨어져 죽기도 하고, 성폭력을 당해서 죽기도 하고, 생활고를 이기지 못해 죽기도 하고요. 하지만 늘 그들의 죽음이 우리에게 기억되지는 않는 것 같습니다.

　　세 번째 영화인 〈임신한 나무와 도깨비〉는 죽음이 아주 직접적으로 등장합니다. 다리를 짓고 도로를 건설한다고 그곳의 땅을 파보면 그렇게 유골들이 많이 나온대요. 아마도 이름 없는 이들의 기억되지 못한 죽음의 흔적이 아닐까 싶어요. 그들의 죽음이 왜 기억되지 못했는가에 관한 질문은 〈거미의 땅〉에도 깊숙이 들어가 있습니다. 〈임신한 나무와 도깨비〉는 이전 두 작품보다 극화된 장치들이 많이 들어가 있어요. 이른바 드라마적인, 퍼포먼스적인 부분들이 들어가 있죠. 예를 들면 저승사자 역할을 하는 사람들이 나오고, 기지촌에서 오랫동안 일을 했던 여성 주인공이 퍼포먼스를 보여주기도 하죠. 그러면서 앞서 말했던 것처럼 그동안 기록되지 못한 이야기를 영화를 통해 담아보고자 하는 의지를 전면적으로 드러내죠. 이 작품의 주인공도 자신의 경험을 단지 비극으로 받아들이며 비관하는 게 아니라 자신의 운명을 받아들이고 비장하게 앞으로 걸어 나갑니다.

　　〈아메리칸 앨리〉가 여성 한명 한명을 따라가며 일반적인 방식의 서사로 흘러갔다면 〈거미의 땅〉은 세 명의 여성들이 각자의 공간에서 생활해나가는 걸 각기 다른 형식으로 보여줍니다. 각각의 다른 형식이라는 것은 재미있고 흥미로운 한편, 관객에게는 좀 낯설게 느껴지는 방식일 수도 있어요. 아마도 감독님은 이러한 방식이 이 여성들의 이야기를 가장 잘 보여주는 방법이라고 생각한 것 같아요.

한편, 다큐멘터리 창작자들은 '대상이 나에게 진실 되게 말하고 있는가'라는 질문 앞에서 어떤 태도를 견지할까요? 촬영 대상과 신뢰와 긴장 관계를 유지하는 게 주요할 텐데요. 이에 관해 감독님이 하신 이야기가 생각납니다. "설령 그 대상이 나에게 거짓말을 하더라도 그것은 별로 중요하지 않아요. 그 거짓을 말하는 사이의 진실이 있거든요."

이와 관련해서 제가 봤던 다른 다큐멘터리 이야기를 좀 할게요. 김소영 감독님이 만든 〈김 알렉스 식당: 안산-타슈켄츠〉(2014)입니다. 서울에서 자리를 잡고 식당을 운영하고 있는 이주 노동자를 촬영한 장면이었어요. 그런데 그 분이 카메라 앞에서 무슨 얘기를 해요. 예를 들어 감독에게는 'A'라고 말을 했는데, 동료하고 서로 본국 모국어로 말할 때는 'B'라는 얘기를 하는 거예요. 카메라로 다 기록하고 나중에 번역을 해보니 거짓말을 했다는 것을 알게 된 거죠. 그런데 감독님은 편집하지 않고 그 장면들을 영화에 다 넣었어요. 김 알렉스 씨가 감독에게 A라고 말하고 다른 동료에게는 B라고 말하는 그 순간을요. 그 분의 거짓말이 오히려 그때의 상황, 즉 이 분이 왜 나에게 A라고 말하고 자기 친구에게는 B를 말할 수밖에 없었는가를 드러내는 진실의 순간인거죠. 저는 그 장면을 다큐멘터리 안에서 굉장히 중요한 장면 중에 하나로 기억하고 있어요.

관객 1: 감독님이 기지촌에 관심을 갖고 계속 작업하신 배경이 궁금합니다. 감독님께서 살아온 과거의 삶에서 기지촌과 관련한 어떤 경험이나 환경에 연관성이 있을까요?

정지혜: 저도 감독님에게 "어떻게 이 공간으로 가게 되셨습니까? 이 작업들을 이토록 오래 하게 되셨습니까?" 라고 좀 더 여쭤보고 싶은 부분인데요. 김동령 감독은 한국영화아카데미에서 연출을 전공하면서 두레방 활동을 하셨던 것으로 알고 있어요. 다양한 관심사가 있을 수 있는데 어떻게 그 공간으로 가시게 되셨을지 저도 궁금한 지점이에요. 제가 아는 정보는 두레방에서 활동을 하면서 사람들을 만났고 본인이 할 수 있는 표현 수단인 영상이라는 매체를 통해 그 공간을 보여주고 싶었던 것 같습니다. 활동가로서 그 공간을 바라보는 것과는 또 다르게 창작자로서의 시선과 태도라는 게 있을 테고요. 그것에 대한 정체성은 확실히 갖고 있는 것 같아요. 이 영화는 단독으로 연출하셨지만 〈거미의 땅〉부터 〈임신한 나무와 도깨비〉의 경우는 박경태 감독님과 공동 연출을 하셨어요. 박경태 감독님 역시 두레방에서 활

동하시면서 계속 작업을 해오셨는데요. 서로가 서로에게 창작자로서 동료로서 영향을 주지 않았을까 하는 생각이 듭니다.

　　박경태 감독님은 〈나와 부엉이〉(2003)를 연출했습니다. 〈나와 부엉이〉는 〈거미의 땅〉에 나오고 〈임신한 나무와 도깨비〉의 주인공인 박인순 씨와 함께한 협업이죠. 왜 협업이라고 말하는가 하면, 제가 앞서 퍼포먼스라고 표현을 했지만, 예를 들면 주인공이 그린 그림을 바탕으로 부엉이, 도깨비, 나무, 임신한 나무… 이런 형상들이 계속 반복해서 그림에 등장을 해요. 이 분이 원활하게 긴 인터뷰를 하실 수 있는 상태는 아니었기 때문에 자기 속마음을 그림으로 표현하셨던 것이죠. 그것을 바탕으로 감독님들은 이 그림에 등장한 의미와 가치, 그분의 마음 상태 등을 함께 만들어가는 것이죠. 〈임신한 나무와 도깨비〉에서의 박인순 씨 그림만 해도 처음으로 죽음의 형상들이 등장해서 영화에 저승사자라는 모티브가 들어오게 되고 협업의 방식들이 계속 들어오고 있어서요. 그냥 찍는 자로서의 다큐멘터리스트가 아닌, 그 공간에 사는 사람 그리고 공간을 기억하는 사람과 계속해서 또 다른 기억을 만들어가고자 하는 욕망이 있는 창작자라는 생각을 합니다. 제 답변이 너무 미흡하지만 그런 전사들이 있고 영화 안에 그런 부분들이 녹아들어 있는 것 같습니다.

관객 2: 감독님께서는 영화를 만드실 때 본인이 관객에게 이야기하려는 바도 있을 것이고요. 그리고 관객이 영화를 어떻게 생각을 해줬으면 좋겠다는 바도 있었을 것 같아요. 저 같은 경우도 이 영화를 보기 전에는 '저러한 환경에 처한 사람들에 대한 연민이나 동정을 가지고 사회가 좀 더 지원할 수 있거나 아니면 더 나은 삶을 살 수 있도록 도움을 주는, 입체적인 방안을 마련해야 된다' 라는 마음이 더 많이 생길 것 같았는데요. 영화를 다 보고 나니 오히려 냉정한 마음을 갖게 되었거든요. 평론가님께서도 이 영화를 보고나서 생각이 바뀐 부분이 있는지 아니면 관객들이 어떻게 느꼈을지 예상되는 바가 있으셨을까요?

정지혜: 저 역시도 말씀하신 것처럼 이 문제에 대해 윤리적인 부분 혹은 제도적이고 행정적인 지원 혹은 상담 등 고민하고 해결해야할 부분이 있다고 생각해요. 예를 들면 영화 안에서 정말 많이 등장하는 단어 중에 하나가 '추방'입니다. 영화에서 계속 여성들이 등장하지만 그들의 사연이 끝났을 때 자막이 보여주는 마지막 단어의 많은 부분은 '추방'이라는 단어잖아요. 그것이 불법이기 때문이라면 왜 그들이 불법으로 여기에 계속 살 수밖에 없는가에 대해서 영화 밖에서 이야기돼야 하는 부분입니다. 어떻게 보면 '왜 이들이 계속 떠나가는 것인가?', '여기에 남아

서 뭔가 더 하고 싶은 것들이 있을 텐데 왜 그들의 결론은 계속해서 추방이라는 방식이여야 하는가'라고 생각할 수 있도록 감독의 의도된 문구가 아니었을까 하는 생각도 들어요. 영화를 만드시면서 감독님이 썼던 촬영일지에도 "이 영화는 어떤 고발의 다큐멘터리가 아니라 사유의 다큐멘터리가 됐으면 좋겠다"고 말하고 있습니다. 르포나, 고발성 다큐멘터리로써 이들의 처지를 개선해야 한다는 호소보다는 이들의 삶을 좀 들여다보고 지금 어떤 마음의 상태인가, 어떤 것을 원하고 또 그 원하는 것이 어떻게 좌절되거나 다른 방향으로 가고 있는지 생각해보는 게 의미가 있다고 저는 해석했습니다.

관객 3: 저도 작년까지만 해도 기지촌에 계셨던 분들에 대해 굉장히 부정적인 생각을 가졌었는데요. 미국에서 우연히 기지촌 출신 분과 만나서 얘기하면서 생각이 좀 달라졌습니다. 그분들 중에는 자신의 삶이 결코 후회스럽지 않다는 분들도 계셨고, 우리가 보듯이 그렇게 짠한 삶만 있는 것은 아니라고 느껴져 한편으로는 다행이다 생각했어요. 기지촌 이후의 삶도 감독님께서 다뤄주셨으면 하네요.

정지혜: 참고로 최근에 감독님이 말씀하신 차기작이 있는데요. 〈거미의 땅〉에 나왔던 한 주인공의 얘기를

통해 알게 됐는데, 60년대 후반에서 70년대 초에 한국에 있던 미군이 8미리 카메라로 기지촌을 찍었다고 해요. 그 필름이 텍사스에 남아있어서 그 원본을 디지털로 스캔을 해서 지금 가지고 계시나 봐요. 이것을 제보해주신 주인공 여성분의 러브레터도 있어서 그것과 관련해서 사랑에 대한 영화를 만드실 계획을 전해 들었습니다. 좀 전에 제가 말씀드린 〈거미의 땅〉의 한 주인공이자 〈임신한 나무와 도깨비〉 주인공인 여성분도 자식들이 다 미국에 있기도 하고 미군과 결혼을 해서 미국에 갔다 오기도 했고요. 그래서 그런 사연 속에서 감독님들도 미국에 있는 그분들의 가족들을 찾으려고 시도하면서 현재 남아있는 자료들을 많이 찾고 계시는 것 같아요.

관객 4: 오늘은 감독님께서 일정 때문에 못 오셨지만 저번에 이곳에서 〈거미의 땅〉을 상영할 때 오셔서 이런 말씀을 하신 것이 기억이 나요. "최근에 독립영화가 굉장히 활발해진 것처럼 보이지만 사실은 독립영화의 형식들이 굉장히 단조로워졌고 오히려 다양한 독립영화가 나오기 힘든 구조가 되어가고 있다"라고요. 평론가님의 입장에서 현재의 독립영화나 다큐멘터리를 어떻게 바라보시는지, 그리고 관객들이 이런 영화들과 더 가까워지기 위한 방법을 들어보고 싶습니다.

같은 공간 속 다른 시공간

정지혜: 최근 독립영화들에서 여성 감독들의 약진을 보면 아주 반갑죠. 그런데 개봉 방식들을 고민하는 지점에서는 극장에서 관객을 만나는 게 너무 어려워졌어요. 원래부터 독립영화가 많은 분들이 보는 영화는 아니었지만 정작 공간 자체도 없어지고 상영의 기회가 없어지다 보니 창작자로서는 늘 고민이죠. '아 뭔가 만들기만 하고 내 영화가 외장하드에서 그냥 잠드는 게 아닌가'는 고민을 계속합니다.

　　김동령 감독님이 얘기했던 것처럼 "어떤 형식이나 이야기가 단조로워진다"는 지점은 극장 혹은 관객을 만날 수 없을 때 오는 문제이기도 한 것 같아요. 우리가 흔히 말해서 더 큰 극장에서 상영할 수 있는 이야기가 되려면 단조롭게 비슷비슷한 이야기로 갈 수밖에 없는 구조가 있거든요. 이런 거는 관객이 안 볼 것 같다, 이런 거는 사람들이 별로 안 좋아할 것 같다고 판단해버리는 순간, 이야기의 다양성, 형식적 시도와 시험은 거의 이뤄질 수 없는 구조입니다. 그래서 다른 생각을 하지 못하게끔 하는 것이 지금의 시장 상황과도 굉장히 맞물려 있기 때문에 관객 분들이 극장을 찾아주시는 것이 정말 중요한 시점입니다. 오늘 보신 〈아메리칸 앨리〉가 김동령 감독의 작품세계의 시작을 알렸다면 이후 〈거미의 땅〉 그리고 〈임신한 나무와 도깨비〉는 굉장히 다른 시도들을 해보려는 것이 엿보입니다. 또한 어떻게든 기존의 틀에서 벗어나 형식적 시도를 계속해나가려는 지점이 굉장히 중요하고 흥미롭다는 점에서 관객 분들의 지지와 지속적 관심이 정말 중요하다는 말씀을 드리고 싶습니다.

계속 극장에 온다는 것은 일종의 경험이자 학습인 것 같아요. 특히 독립영화관은 처음에 오기는 어렵지만 한 번 왔을 때 좋은 경험들이 생기면 다음에 또 계속해서 오게 되더라고요. 오늘 이 영화에 흥미가 생기셨다면 감독님의 다른 작품들을 찾아보시면 어떨까 싶고요, 그러다 또 비슷한 장르나 소재의 작품들이 상영될 때 극장을 찾을 수도 있지 않을까요. 일단 좋은 프로그램들이 보이면 극장에 오셔서 그것들을 많이 누려서 가져가셨으면 좋겠습니다.

보통 사람들의 세상
〈내 친구 정일우〉

변성찬: 〈내 친구 정일우〉를 공개했을 당시, 이 작품은 〈상계동 올림픽〉과 함께 상영하면 좋겠다는 생각을 했습니다. 이번 기획전에서 함께 상영하게 되었는데요, 먼저 〈상계동 올림픽〉에 대한 얘기부터 출발하고 싶습니다. 〈상계동 올림픽〉이 잊히지 않고 상기되게 만드는 힘 중의 하나가 제목에도 있다는 생각이 듭니다. 작품이 시작할 때 몽타주를 보면, 올림픽 홍보 영상이 먼저 나오고 그것이 상계동의 이미지와 충돌하는 방식이잖아요. 순서로 보자면 '올림픽 상계동'이 되는데, 그렇게 지을 수는 없을 테고, 작품의 제목을 언제 어떤 방식으로 결정하셨을까요?

김동원: 편집하던 시기가 88년 초라 올림픽 홍보가 굉장히 많았을 때고, 당시 상계동뿐만 아니라 200여 군데가 올림픽 때문에 재개발이 진행되고 있었죠. 서울에만 그렇게 많은 철거 촌이 있었는데, 당시 중동의 건설 경기 붐이 끝나서 건설 장비들이 많이 들어오면서 건설 회사들의 로비가 많았고, 한편으로는 올림픽을 앞두고 '도시 미화', '불량주택 정비사업' 같은 이름으로 대대적인 재개발이 시작됐죠. 제가 91년도에 만든 〈벼랑에 선 도시빈민〉을 보면, 많은 이들이 전월세방값 폭등 등으로 자살을 많이 하던 때였고요. 올림픽을 넣어서 제목을 짓는 것은 굉장히 자연스러웠어요.

변성찬: 〈내 친구 정일우〉 역시 제목이 직설적인데, 영화를 보고 나면 정일우 신부가 어떤 한 사람, 개인의 친구라기보다는 우리 친구 정일우잖아요. 그런데 왜 '우리'가 아닌 '나'일까라는 생각도 들었습니다. 영화를 보고 있으면 '나'라는 자리는 비어있고, 그 속에 누구든지 신부님을 기억하고 추모하고 싶은 사람들을 그 자리에 불러 오게 만들죠.

한편 〈상계동 올림픽〉과 〈내 친구 정일우〉를 묶어서 상영했을 때 가장 먼저 주목하게 만드는 건 감독님 자신이 '나'라는 자리에 들어간다는 사실입니다. 특히 〈내 친구 정일우〉는 두 분의 만남으로 시작되는데, 놀라웠던 것 두 가지는, 감독님의 작품 중에서 가장 말을 많이 하신다는 것과 〈상계동 올림픽〉과 겹치는 장면이 거의 없다는 것입니다. 3년 동안 그 안에 계시면서 일상적으로 촬영을 하신 거죠. 비록 〈상계동 올림픽〉이 27분에 불과하고 긴급하게 알려야 한다는 속보의 기능을 한다는 맥락은 알겠지만, 그렇다 하더라도 카메라가 보았고, 기억하고 있는 것들이 겹치지 않고 많이 담겨 있습니다. 그래서 〈내 친구 정일우〉를 보면서 오히려 〈상계동 올림픽〉의 맥락들을 알게 되고 다시 보게 만들었습니다. 감독님이 촬영하시고, 기억하시는 신부님의 소스가 어느 정도 되며, 또 어떤 방식으로 존재하거나 혹은 그냥 그대로 두셨을까요?

김동원: 우선 〈내 친구 정일우〉라는 제목은 많은 사람들이 너무 촌스럽다고 싫어했습니다. 저는 여기에 등장하시는 분들이 다 친구였다고 말씀하시는 데서 힌트를 얻었고, 이 영화를 보는 사람들의 친구가 됐으면 좋겠다는 바람으로 좀 촌스럽지만 제목으로 썼습니다. 〈상계동 올림픽〉에서는 정일우 신부님이 거의 나오지 않고, 찍더라도 옆에 살짝 걸쳐서 나오죠. 사실 그때만 하더라도 외국 사람이 너무 센터에 있으면 안 된다는 생각을 했어요. 상계동 당시 두 시간짜리 비디오테이프로 한 80개를 찍었으니 굉장히 많이 찍었지만 대부분 철거 장면들이고 신부님을 찍은 건 거의 없었어요.

〈상계동 올림픽〉 이후 10년이 될 때쯤 속편을 만들고 싶다는 생각이 있었고, 상계동 주민들이 어떻게 살고 있고, 철거 경험에서 무엇을 배우고 그것이 어떻게 삶에 녹아 있는지 등을 생각했습니다. 영화에도 나오지만 2007년에도 주민들을 찍긴 했었지만, 주민들의 어떤 삶이나 생각이 제가 기대하던 것과 달랐습니다. 보다 나은 삶을 살고 계시지도 않았고 상계동 기억을 지우고도 싶어 하시고⋯ 아무튼 그때까지도 정일우 신부님을 중심에 놓고 생각해본 적은 없었습니다.

관객 1: 영화에서 정일우 신부님은 아주 좋은 기운을

보통 사람들의 세상

뿜어내는 캐릭터였습니다. 내게도 저런 사람이 옆에 있으면 참 좋겠다는 생각을 하게 되는데, 이것은 감독님께서 영화로 만들어냈기 때문에 저렇게 비춰지는 것이지, 현실에서는 저런 사람이 없다는 생각도 들었습니다. 감독님께서는 실제 신부님의 캐릭터를 어떻게 보셨는지 듣고 싶습니다.

김동원: 다큐멘터리, 특히 어떤 사람에 대한 휴먼 다큐멘터리를 만들게 되면 할 수 없이 미화가 되기 마련이지요. 저는 미화시키는 것을 정말 경계하면서 만들었고, 가능한 한 신부님을 특별한 사람이 아닌 보통 사람을 묘사하고 싶었습니다. 영화를 본 사람들은 거의 성인에 가까운 특별한 사람처럼 느끼는데, 저는 전혀 그렇지 않아요. 오히려 보통사람으로서 그렇게 된 과정을 더욱 중요하게 담고 싶었습니다. 예를 들어, 〈송환〉에서도 장기수 할아버지들이 특별한 사람처럼 묘사되는 걸 경계했고, 그들의 특별한 신념이 아닌 누구나 다 가질 수 있는 오기로 보여주고 싶었고….

　　사실 정일우 신부님의 경우는 갈등 요소가 없어요. 그분과 싸운 사람은 주사파 발언을 한 박홍 총장밖에 없었거든요. 그래서 박홍 총장을 인터뷰하려고 했는데 이미 병상에 계셨기 때문에 못했지요. 신부님이 화를 냈다든지, 신부님과 대척했던 사람을 찾으면 보통 사람이라는 게 더 드러났겠지만 찾기가 힘들었습니다. 그래서 말씀하신 것처럼 현실에는 없는 사람 같은 인상을 받을 수 있지만, 정일우 신부 주변에서 감화를 받았다던가 원래 그런 생각을 하면서 사는 사람들은 꽤 많아요. 사실 특별한 분이지만 유일무이하진 않다고 생각하고 싶습니다.

변성찬: 제가 정일우 신부님을 보면서 인상적이었던 부분은, '보금자리'라는 가난한 자들의 공동체가 바깥의 외압 때문이 아닌 내부에서의 갈등으로 무너졌을 때, 그 분의 움직임은 그것을 청산하는 것이 아니라 다른 자리로 옮긴다는 거죠. 단순히 희망과 절망이라는 말로는 이 분이 갖고 있는 독특한 계산법을 이해할 수가 없고, 활력, 생기, 생명력 등에 대해 말씀을 하시지만, 그것이 단지 종교적, 혹은 신에 대한 믿음과는 다른 것 같다는 생각이 듭니다.

관객 2: 저는 이 영화를 여러 번 봤는데 오늘도 잘 봤습니다. 항상 볼 때마다 여쭤보고 싶었던 질문은, 이 영화는 전체적으로 4:3 비율로 이루어져 있는데. 딱 세 개의 컷에서 16:9 화면으로 바뀌면서 정 신부님께 질문을 던지는 식으로 이루어져 있습니다. 저는 이 부분이 영화를 만들 당시에 감독님의 질문이나 사회, 혹은 세상 사람들에게 던지고 싶은 메시지 같은 거라고 느꼈는데요.

김동원: 예전에 찍었던 화면은 당연이 4:3이 더 많았고요. 사후 인터뷰나 촬영은 16:9였기 때문에 16:9로 늘릴지, 4:3으로 줄일지 고민을 했는데 기본은 4:3으로 되었습니다. 그 외 강조하고 싶은 부분들은 화면 비대로 넣었습니다.

관객 3: 영화 중후반부에 신부님 말씀이랑 약간 오버랩이 되면서 세월호 장면이 잠깐 들어간 이유도 궁금합니다.

김동원: 세월호 어머니들을 보면서 제일 처음에 생각이 났던 게 상계동 어머니들이에요. 자식을 뺏긴 부모들이 길거리로 나와야 했던 상황들이 집을 뺏기고 투쟁에 앞장을 서야 했던 상계동 어머니들의 상황들과 겹쳐보였던 거죠. 우리나라 사법제도나 여러 제도들을 보면 희생이나 피해를 당한 자들이 싸워야 하잖아요.

변성찬: 정일우 신부님을 살아생전에 한 번도 직접 뵌 적이 없지만, 그분의 어눌하고도 특유한 말투 속에 담겨있는 내용들 속에서 '교회가 가난한 자들을 구원하지 않는다. 가난한 자들이 교회를 구원해줄 것이

다.'라는 말이 잊히지 않습니다. 영화를 보고 나니 그분은 감독님께서 처음에 말씀하신대로 누구든지 친구로 있어주길 가장 바라겠다고 느껴집니다. 옆에서 객관적으로 봐야 하는 입장으로서 저는 김동원 감독의 작품을 '귀차니즘의 미학'이라고 자주 얘기하는데, 아등바등하는 호흡이 느껴지지 않고 오히려 설렁설렁 완성되는 것 같지만, 그럼에도 불구하고 영화에서 나오는 힘은 도대체 무엇인지 생각하면서 '귀차니즘'이라는 표현을 했습니다. 한편으로는 정일우 신부님으로부터 받은 감각이나 지혜가 아닐까란 생각을 해보게 됐습니다.

김동원: 영화 중간에 보면 한 청년이 '가난에 대해서 많이 생각하게 되고 그렇게 되니 세상을 보는 눈이 너그러워졌다.'는 말을 하잖아요. 상계동에 들어가기 전에는 온갖 고민을 가지면서 굉장히 무력함을 느꼈는데, 정일우 신부와 함께 생활을 하다 보니, 그리고 천도빈 회원들을 만나다 보니, 가난하다는 것이 그렇게 부끄럽거나 두려운 게 아니고, 그냥 인정해버리고 내 것으로 만들어 버리면 세상에 무서운 게 없어집니다. 저는 정일우 신부님의 여러 모습 중에서도 가난을 그냥 덥석 껴안아 버리는 그 모습이 제일 통쾌했고, 저도 그 부분은 닮고자 아직까지 애를 쓰고 있습니다.

변성찬: 앞으로는 더 이상 귀차니즘의 미학이라고 하지 않고, '가난의 미학'이라고 하도록 하겠습니다. 끝까지 함께 해주신 관객 여러분과 좋은 말씀 나눠주신 감독님께 감사드립니다. 모두를 위해서 다 같이 박수 치면서 마치겠습니다.

감독: 이창민   2019년 11월 29일
모더레이터: 신은실[영화평론가]

경계인의 삶
〈디어 엘리펀트〉

신은실: 오늘 이 작품을 최인규 감독님의 〈자유만세〉와 같이 묶어서 상영한 이유를 먼저 말씀드리고 시작하겠습니다. 최인규 감독님은 이경손 감독님처럼 일제 강점기에 영화를 시작한 영화인이시고요. 〈자유만세〉 같은 경우에는 광복 이후에 처음 만들어진 극영화로 지금까지 역사에 기록되고 있는 중요한 작품입니다. 〈자유만세〉 주인공으로 나오는 연극인 출신 전창근 감독님은 이경손 감독님이 공식적으로 마지막으로 만든 것으로 기록된 〈양자강〉 시나리오를 각색하시고 주연도 하셨습니다.

이경손 감독님이 만드신 영화는 보존되어있는 것이 없어서 볼 수가 없는 상황입니다. 마지막으로 태국에 건너가기 전 상하이에서 만드셨다는 〈양자강〉을 상상하면서, 한편으로 곧 발굴되길 바라는 마음으로 이경손 감독님의 영화 대신 이창민 감독님의 〈디어 엘리펀트〉와 〈자유만세〉를 여러분께 함께 소개해드렸습니다.

이창민: 안녕하세요. 이창민이라고 합니다. 말씀해주셨던 것처럼 저도 이경손 감독에 대해서 처음에는 잘 알지 못 했고요. 전창근 감독과 만들었던 〈양자강〉, 그리고 그 이후의 상해 사변에 대한 이야기들을 들으면서 우리에게 잊혀있는 기억들이 있다는 사실을 알게 되었어요. 마침 지난해에 한국과 태국의 수

교 60주년을 기념하는 프로젝트로 제가 나가고 있는 학교의 학생들과 태국에 있는 학생들이 교류를 하는 기회가 생겼고, 관심을 가지고 있었던 부분에 대해서 한번 만들어 보면 어떨까 하는 생각에서 시작했던 기획입니다.

신은실: 저는 이 작품을 올해 여름에 《네마프(서울국제대안영상예술페스티벌)》에서 처음 봤던 걸로 기억하는데요. 그전까지는 사실 이경손 감독님의 작품을 본 적이 저도 없기 때문에 흔히 신파 영화라고 하는 일본의 원작 『금색야차』를 각색한 〈장한몽〉, 이수일과 심순애가 나오는 그 영화를 만드신 감독님이라고만 기억을 하고 있었고요. 이러한 역사를 각인하고 계신 분일 거라고는 알지 못했었습니다.

이 영화를 봤을 때 다시 공부할 수 있어서 굉장히 좋았고요. 한국 태국 수교 60주년을 맞아서 다른 여러 소재를 찾으실 수 있었을 텐데 이렇게 이경손 감독님으로 영화의 소재를 좁힌 과정이 더 듣고 싶습니다.

이창민: 저도 이경손 감독에 대해 영화를 만들려고 시작했던 것은 아니었고요. 한국과 태국의 수교를 기념하기 위해서 가장 먼저 태국으로 이주한 한국인은 누구였을까를 찾던 중에 흥미로운 사실을 발견하게

되었는데요. 이경손이라는 사람이 처음으로 태국에 갔고 태국 초대 한인 회장이었다는 사실을 남양주에 있는 '왈츠와 닥터만' 커피 박물관에서 조사를 했더라고요.

왜 커피 박물관에서 조사를 했을까 했더니, 이경손 감독이 당시에도 예술적인 소양이 많은 사람이었어요. 성우도 했었고 시인이었고 또 동화작가이기도 했었어요. 굉장히 많은 문화적 활동을 하면서요. 당시 문화인들이 많이 오가던 관훈동 골목에 최초의 서양식 다방을 만들고 처음으로 커피를 팔았던 기록을 가지고 있더라고요. 그래서 그쪽에서 연구를 좀 진행했었다는 기록을 봤어요.

이제 그 분들이 조사를 하러 갔을 당시에 이경손 감독의 손자인 제임스 플레처(James Fletcher)가 국제 보건 기구에서 HIV를 연구하는 의사가 되었는데 미들네임이 경손입니다. 제임스 경손 플레처가 태국 방콕에 있는 연구소에서 일 하고 있었고요. 그래서 그 인연이 닿아서 한국영상자료원에 타자기를 기증을 하게 된 히스토리를 듣고 제가 연락처를 받아서 메일을 보낸 거죠.

저는 계속해서 태국에 살고 있을 거라고 생각을 했는데 제임스 플레처는 보스턴에 있는 연구소로 이동을 했고요. 플레처 부부도 영국에 거주를 하고 계시는 상황이라 자료나 편지를 계속해서 주고받

354   2장: 기억들

앞습니다. 지금은 세 편의 편지가 가고 세 편의 편지가 오는 것으로 편집을 했지만요. 편집을 하면서 주고받았던 편지를 보니까 제가 받은 편지만 열일곱 통 정도 되더라고요. 자신의 아버지에 대한 기억을 찾고자 하는 애정이 많으신 분이여서요. 한-태 수교 컨퍼런스가 있었던 2018년에도 그리고 첫 상영이 있었던 올해 8월에도 한국을 방문해주셨습니다. 한국을 방문해주셔서 영상자료원에 여러 자료들을 전해주고 가셨습니다.

신은실: 저도 한국영상자료원에 어떤 자료들이 남아있는지 이 영화를 보고 데이터베이스에서 찾아봤었는데요. 방금 감독님이 말씀해주신 실물 자산이라고 말할 수 있는 자료는 유족들이 2014년 처음 한국에 오셨을 때 기증한 타자기 하나 밖에 한국에 남아있는 자료가 없더라고요. 영화 초반에 보여주는 타자기가 해방 전의 중요한 조선 영화의 활동가이셨던 이경손 감독님을 증언하는 오직 하나의 물적 증거라고 생각하니까 굉장히 서글퍼지기도 했었거든요. 그래서 가족들이랑 얘기하신 기억이나 증언이 또 중요했을 거라는 생각이 드는데요. 정작 영화에서는 만나기까지의 과정이나 그분들을 찾고 이경손 감독님의 흔적을 찾는 과정을 주로 보여주죠. 만나서 하신 말씀들은 인터뷰나 다른 방식으로 자세하게 들려주

경계인의 삶

시지는 않고요. 그분들과의 첫 만남을 스틸로 처리하시고 간략하게 상황을 보여주시게 된 사연이랄까 그런 부분을 여쭤보고 싶습니다.

이창민: 실제로 그분들이 오실 거라고 상상하지 못했고요. 그분들이 오신다는 이야기도 그때 제가 태국에 있다 보니 연락이 잘 되지 않는 상황에서 갑자기 알게 되었어요. 그래서 그분들과 긴 이야기를 나눴습니다. 인터뷰를 한 여덟 시간 아홉 시간 정도 했던 것 같은데요. 실제로 나누었던 중요한 이야기들은 정서적인 이야기가 많았죠. 가족들이니까요. 편지 내용에 다 포함이 되어 있고요. 영화의 구성 상 그분들을 만나서 또 다시 이야기가 펼쳐지기는 너무 같은 이야기들이 반복될 수 있겠단 생각을 했어요. 앞쪽 편지 부분에서 최대한으로 그분들을 살릴 수 있도록 하고요. 결국 그때 사진들을 가지고 계속해서 이야기를 나누었기 때문에 편지를 재연하는 동안 충분히 그것들이 표현되었다고 생각했습니다.

신은실: 저도 특히 감성적인 부분들에서 디아스포라의 정서가 잘 느껴지기도 했는데요. '카카듀'라는 커피점을 운영하면서 서울의 문화예술계에서도 굉장히 중요한 역할을 하셨지요. 당시 조선일보에 영화소설을 발표하기도 하고 심훈 선생님과 라디오 극

연구회를 하며 연극분야에서도 굉장히 활발하게 활동하셨고요. 〈자유만세〉의 주연 전창근 감독님도 처음 영화 카메라 앞에 서신 것이 20년대에 이경손 감독님께서 춘원(이광수)의 원작을 영화화하신 〈개척자〉라는 작품입니다. 이렇게 영화사에도 중요한 역할을 하셨고, 전천후로 창작자로서 아주 활발한 활동을 하셨던 감독님이신데요. 태국에 가서 이민자로서 가족들의 생계를 책임지시는 가장의 역할이 굉장히 무거웠을 것으로 생각되는데, 가족들에게 영화를 다시 하려고 시도했거나 그런 소망이 있었는지 구술 등을 통해 들으신 바가 있나요?

이창민: 제가 들었던 이경손 감독은 굉장히 신비로운 인물이었습니다. 한국에서 살았기 때문에 일본어를 유창하게 했었고 상하이에 체류했던 시기가 3, 4년 밖에 되지 않는데 중국어를 유창하게 하는 상태에서 태국에서 처음으로 얻었던 직업이 영어 교사였습니다. 영어로도 저술을 두 편 정도 남긴 적이 있고요. 이경손 감독은 영국 문단에 등단을 하고 싶어 했기 때문에 방콕에 있으면서 계속해서 그러한 시도를 했던 것으로 보이는데요. 하지만 그 시도들은 좌절되었고요. 전창근 감독과 달리 해방 이후에는 영화에 대한 것들은 하지 않았고 중고 자동차 부품을 수리는 일을 계속했고요. 66년 방콕 아시안 게임 이후

경계인의 삶

에 한국 영화를 잠깐 한번 수입해서 교민들과 함께 했는데 그것 또한 크게 성공하지는 못했다는 정도의 기억을 들었어요.

이에 대해서 이려 씨가 한국에 오셨을 때도 계속해서 이야기를 나누었습니다. 근데 제가 갖고 있는 한 가지 가설이자 추측이 있는데요, 전창근 감독은 실제로 상하이에서 이경손 감독과 영화를 같이 만들었고 상해사변 때 이경손 감독은 방콕으로 도망을 가지만 전창근 감독은 조선으로 돌아오게 됩니다. 조선으로 돌아와서 안타깝게도 친일 영화를 만들게 되고 해방 이후에는 미군정을 찬양하는 영화를 만들고요. 제가 오늘 〈자유만세〉를 처음 봤는데요. 그 안에 계속해서 속죄의 정서가 등장하더라구요. 사람이 '한 번 잘못하면 절대로 용서 받지 못 하는 것인가' 이런 정서가 나올 때 그런 배경이 반영되어있다는 느낌을 굉장히 많이 받았습니다. 어찌되었건 전창근 감독이나 최인규 감독님은 이후 한국영화사에서 굉장히 중요한 위치가 되셨고요.

그러한 상황에서 왕래가 자유로워졌다고 해서 '온전한 해방이 없는 나라에 돌아오고 싶어 했을까?' 아니면 '계속해서 그냥 경계인으로 살고 싶어 했을까?' 제 자신에게 물어봤을 때에도 후자였거든요. 그런 것들이 이경손 감독의 삶의 비애감이라고 저는 느꼈었습니다.

신은실: 감독님 말씀을 들으니 저도 동의되는 부분이 있는데요. 설명 해주신 대로 〈자유만세〉의 주연이셨던 전창근 감독님, 연출하신 최인규 감독님의 사상적 위치와 해방 전후에 한국사의 복합적인 문제들이 겹쳐서요. 해방 정국의 상황에서 이경손 감독님의 정치적 판단 같은 것들을 상상해보게 되었는데요. 이를테면 〈양자강〉 같은 경우에는 당시 중국을 지배하고 있었던 국민당 정부에서 그 영화를 굉장히 싫어해서 상해에서 상영을 하지 못하게 했고요. 〈디어 엘리펀트〉에 좀 전에 나왔던 기사처럼 당시 조선의 민족 영화사가 수입을 해서 고국의 동포들에게 소개를 하는 영화였다고 하는데요. 그 영화를 만드실 즈음 중국에서 사회주의 관련 잡지 발간에도 이경손 감독님이 관여하신 적이 있다고 하고요. 전창근 감독님처럼 일찍 돌아오지 않으셨어도, 이를테면 〈자유만세〉처럼 해방된 조국에는 돌아오실 수 있지 않았을까 생각을 해봤어요. 그런데 태국과 교류를 하게 되는 49년에 본인이 돌아오시는 게 아니라 가족들을 다 태국으로 불러들이셨어요. 이런 걸 보면, 당시에 남북이 따로 정부를 수립하고 분단이라는 비극의 역사가 시작된 조국에 대해서 긍정적이지는 않은 인식이 있으셨던 게 아닐까요.

이창민: 그 부분은 약간 수정이 필요한데요. 49년에

영사급 수교 관계가 맺어지는 것은 아니었고요 정부 수립을 인정하는 정도의 외교 관계가 시작되고 나서 종로경찰서로 전보가 하나 도착합니다. 그게 처음에 나왔던 자기 형을 찾는 전보였고요. 형은 유명한 한의사였다고 합니다. 그래서 전보를 쳐서 자신의 아내가 불임인데 약을 좀 지어 보내달라고 했대요. 그때 온 사진은 덕수궁에서 찍어서 한국과 태국으로 온 거였고요. 여권도 같이 왔기 때문에 방문 혹은 귀환 준비를 했던 것 같습니다. 그런데 그 여권과 사진이 도착한 시기가 1950년 4월에서 5월입니다. 그래서 한국 전쟁 때문에 못 왔다고 생각했고요. 그 이후에는 또 다른 이유들 때문이 아닐까. 그렇게 추측하고 있습니다.

신은실: 이런 저런 생각을 해보다 보니 문화사적, 사상사적인 삶의 역정을 개척해 오셨던 분께서 박정희 대통령을 맞는 교민 대표가 되어서 분단된 조국의 위정자를 맞는 느낌은 어떠셨을까요. 물론 1966년 태국 아시안게임은 72년 유신 같은 엄혹한 상황이 시작되기 전이긴 하지만요. 그런 것도 굉장히 많은 상상을 하게 되더라고요. 교민회 활동을 하신 상황에 대해서 더 조사하신 일화나 자료가 있을까요?

이창민: 교민회가 참 안타까웠던 것이 이경손 감독님

이 하실 때보다 더 쇠락했죠. 그 건물 전체가 교민회여서 교민회장들 사진도 쭉 걸려있었던 것 같은데요. 제가 가봤을 때는 아주 조그만 방 하나만 교민회 사무실로 사용되고 있었고, 그 옆은 다 임대를 줘서 교민회가 꾸려나가는 상황이었습니다.

이경손 감독이 처음 태국 한인회장이 된 것은, 한인회가 없던 상태에서 방콕 아시안 게임의 선수단과 내외 귀빈들을 맞이하기 위해서 조직적으로 만들어진 것이라고 알고 있습니다. 그 역할을 수행했던 것 때문에 이경손 감독이 그 이후에 「신동아」라든지 한국의 언론사들에 특집기사를 한 번씩 냈고요. 평생의 회고를 하는 상해시대의 자전이라든지 이런 글들이 남아 있게 된 계기이기도 하기 때문에 저로서는 리서치 과정에서는 아주 큰 도움이 되기도 했습니다.

관객 1: 영화 초반에 TV 모니터로 〈말 없는 사나이(The Quiet Man)〉(1952)의 화면이 좀 오랫동안 나오는 것 같아요. 이 영화랑 어떤 관계가 있는지 궁금합니다.

이창민: 말씀하신 장면은 비행기 안에서 좌석 모니터에 나오는 장면을 찍은 것인데요. 그 이유는 처음에 이 영화를 기획할 때 제가 이경손 감독님의 흔적을

경계인의 삶

찾아가는 3일이면 3일, 7일이면 7일 간의 여정으로 편집을 하려는 계획이 있었기 때문입니다.

1일 차의 이동을 표현하기 위해서 모니터들을 찍다가 지도도 찍고. 비행기 안의 모습을 찍다가 대한항공 영화 카테고리를 보니 고전 영화라는 게 있었어요. 그런데 고전 영화를 클릭하면 한국 고전 영화가 나오는 게 아니고 할리우드 클래식이 나옵니다. '그것도 재미있는 시작이다'라는 생각이 들어서 그것들을 찍고 봤더니 저도 좋아하는 영화인 〈말 없는 사나이〉가 있었습니다. 〈말 없는 사나이〉의 존 포드(John Ford) 감독도 아일랜드계 미국인이고요. 그 아일랜드계 미국인으로서 〈나의 계곡은 푸르렀다(How Green Was My Valley)〉(1941) 같은 영화도 있긴 하지만 귀향을 다룬 작품은 제가 알기로는 〈말 없는 사나이〉가 유일한 것으로 알고 있고요. 그래서 그 귀향 장면을 찍어두고 싶다는 생각을 했습니다. 그래서 그 장면을 길게 찍어뒀었는데요. 편집을 하던 중에 이려 씨가 보내준 편지를 쭉 읽다가 정말 우연히 모니터 한 쪽에는 〈말 없는 사나이〉의 푸티지가 있었고요. 다른 한 쪽에는 메일을 주고받은 것을 정리해서 띄워두고 있었는데요. 그걸 읽던 중에 자신의 집을 회상하는 장면과 이 그림이 굉장히 잘 어울린다는 생각을 했고 그렇게 편집을 해야 되겠다는 생각을 했어요. 그날의 기억이 되게 인상적이었는데요. 편집이 너무 되지 않아 혼자 마치 정신이 나간 사람처럼 종로 작업실 근처 광화문 일대를 헤매고 다니던 중이었는데요. 그 때 마침 KBS의 《책과 세계》라는 팟캐스트를 듣고 있었는데 『코끼리의 후퇴』라는 책을 강유원 선생님이 소개하시는 것을 들으면서 많은 것들이 연상이 되었습니다.

제가 처음부터 코끼리가 궁금하긴 했었습니다. 태국 하면 저에게 떠오르는 것이 코끼리였고요. 그런데 그 날의 산책으로 이 코끼리랑 이경손이 왜 나는 계속해서 연상이 될까 라는 질문에 대한 해답을 얻었던 것 같아요. 코끼리는 중국 중부부터 동남아시아 일대를 밀림에서 자생하던 무리를 지어 살던 동물인데요. 지금은 아주 극소수의 지역에서만 자생하고 있어요. 그 이유는 인간이 밀림을 개발하는 것과 또 전쟁 때 무기로 많이 코끼리를 사용했기 때문이라고 하더라고요. 코끼리가 소멸해가는 것과 이경손이 놓인 시대의 파도가 비슷하지 않았나 생각해서 그렇게 구성을 하게 되었습니다.

신은실: 그러면 코끼리와 사람은 공존할 수 없다는 텍스트는 『코끼리의 후퇴』에서 인용하신 거네요? 저도 이려 선생님의 편지에서, 어릴 적 아버지와 함께 유년을 함께 했던 추억 속 집의 수풀이나 초원에 대한 묘사가 〈말 없는 사나이〉 그 장면과 참 잘 어울린

다는 생각을 했어요. 그리고 아일랜드가 영국의 이웃나라고 이려 선생님이 영국에 사신다고 하니까 저 영화를 생각하셨나 그 정도로 추리를 했었거든요. 지금 감독님 말씀을 들으니까 우연을 가장한 운명처럼 〈디어 엘리펀트〉 속 이경손 감독님과 기억들이 감독님께 다가갔던 것이 아닐까요. 〈디어 엘리펀트〉를 꼭 만들었으면 하는 소망이 있었던 것이 아닌가하는 생각을 해보게도 됩니다.

마지막으로 〈디어 엘리펀트〉라는 제목에 대해서 여쭤보고 싶은데요. 감독님께서 말씀해 주셨듯이 코끼리를 원래 전쟁에서 무기로 많이 썼다고 하고요. 특히 고대 전쟁에서 코끼리를 타고 싸우는 부대가 전쟁의 맨 앞에 섰기 때문에 우리가 흔히 전위라고 하는 '아방가르드' 어원이 코끼리 부대에 있다고도 하더라고요. 코끼리가 지난 한국영화사에서 고독한 선각자로서 또 디아스포라 이민자로서의 삶을 지속하셨던 이경손 감독님에 대한 이미지일 수도 있지만요. 어쨌든 〈디어 엘리펀트〉라는 영화 제목으로 코끼리를 적시한 직접적인 이유가 궁금합니다.

이창민: 만약 정말로 제가 코끼리의 성격 때문에만 코끼리를 썼다면 태국에서 찍은 장면이 없었을 텐데요. 이 기획은 사실 제 아내와 제가 태국에 가야한다는 사실을 알게 되었을 때 태국 음식점에서 똠얌꿍

을 먹으면서 시작되었거든요. 그래서 태국 음식, 왕이 있는 나라, 그리고 태국 음식점에 수많이 붙어있는 코끼리 그림들 이런 것들이 너무 인상적이었어요.

영화 속 코끼리는 사실 저에게 슬픈 의미예요. 동물원에 있는 코끼리를 보셔서 아시겠지만 연결되지 않은 쇠사슬이 발에 감겨 있습니다. 그리고 이마에도 굉장히 많은 상처들이 있잖아요. 코끼리는 밀림에서 무리를 지어서 살아야 되는데요, 코끼리가 굉장히 많이 먹고 하다보니까 동물원에서 많이 키우지도 못하고 그렇다고 해서 많은 공간을 줄 수도 없죠. 그래서 이마에 있는 상처들은 코끼리가 스트레스를 받아서 기둥을 자꾸 들이받아서 생기는 상처들입니다.

마지막에 나오는 아기 코끼리를 보시면 밀림 비슷한 곳에서 쇠사슬이 묶인 채로 연결된 채로 있는 걸 보실 수 있는데요. 그 쇠사슬 사이에 유리조각 같은 것들이 많이 박혀 있습니다. 힘으로 끊으려면 충분히 끊을 수 있지만 힘으로 끊으려고 하면 그 쇠사슬이 다리로 파고들게 되거든요. 그런 학습을 끝내고 나면 쇠사슬을 풀어줘도 멀리 가지 않는 거죠. 그렇게 해서 동물원에 보낸다는 사실을 알고 있었고요. 그래서 항상 코끼리를 찍을 수 있는 곳마다 코끼리를 찍었었습니다.

편집 과정을 거치면서 발견한 것은, 유가족

경계인의 삶

들도 "왜 우리 아빠는, 우리 아버지는 여권까지 받아 놓고 한국에 가지 않았을까" 궁금했었는데요. 유가족들은 한국 역사를 알지 못하니까요. 왜냐하면 그 여권에는 단기로 연도가 표시되어 있기 때문에 그분들이 알 수가 없습니다. 그분들은 번역기를 돌려서 뜻을 파악할 수밖에 없었거든요. 이게 한국 전쟁 때문이었다는 사실을 제가 발견했고 정말 너무 슬펐습니다. 왜 이 사람은 이렇게 이런 곡절로 살았어야만 했을까. 그리고 나는 왜 이 이야기를 만들고 있을까 생각하면서요. 이경손 감독이 마치 그 거대한 에너지를 발휘하지 못하고 역사의 흔적으로 사라져버린 그런 코끼리 같다는 생각을 해서 그렇게 제목을 정했습니다.

많은 분들이 장편은 만들 생각은 없는지 물어보세요. 제가 한 가지 생각하고 있는 사실은, 한국 영화에서 현존하는 가장 오래된 영화인 〈청춘의 십자로〉가 상하이 필름 아카이브에서 발견될 때 그 필름 캔에 붙어있는 제목이 이경손 감독의 〈장한몽〉이었잖아요, 그래서 상하이에 가면 〈장한몽〉이 있을지도 모르겠다는 생각을 하고 있습니다. 그래서 상하이에 갈 정도의 예산이 마련되면 장편을 하지 않을까 혼자서 생각하고 있는데요. 그냥 제가 생각 하고 있는 아흔 아홉 가지 정도의 영화 중 하나일 뿐입니다. 이 영화는 이렇게 마무리가 되었지만 이경손에 대한 이야기는 계속 소설이든 논문이든 연구가 되고 극영화로도 만들어질 수 있지 않을까 생각하고 있습니다.

신은실: 일제 강점기에 '히나쓰 에이타로'라는 일본이름으로 친일 영화를 만드시던 허영 감독님이 동남아시아에 가서서 만든 친일 선전 영화 (〈콜링 포 오스트레일리아〉(1943년 추정))가 올해 새롭게 조명되고 있습니다. 근데 허영 감독님은 최인규 감독님이나 전창근 감독님과 같은 전철을 밟지 않으시지요. 해방 이후에 인도네시아에서 수카르노와 함께 민족 운동에 참여해 독립 행사를 영화로 찍으시고요. 우스마르 이스마일(Usmar Ismail) 같은 인도네시아 영화 감독들과 인도네시아 영화계를 독립 이후에 새롭게 건설하는 역할을 하셨어요. 이경손 감독님과는 조금 다르지만 마찬가지로 동남아시아 디아스포라가 되셨던 분인데요. 이경손 감독님의 영화도 우리한테 돌아오는 날이 있지 않을까, 우리가 꼭 영화를 더 찾아서 보고 싶다, 그런 소망을 가져봤습니다. 지금 말씀을 들으니, 다시 한 번 오늘 〈디어 엘리펀트〉를 보고 얘기할 수 있었던 이 자리가 굉장히 소중하고 감사했습니다.

이창민: 한국영화 100주년을 기념하는 이렇게 뜻깊

경계인의 삶

은 자리에 오게 되어서 개인적으로 영광스럽게 생각하고 있고요. 작업을 계속 할 수 있는 큰 힘이 될 수 있을 것 같습니다. 계속해서 어떤 기억을 찾아가는 영화들, 혹은 기억을 어떻게 영화로 재현할 것인가에 대해서 탐구하고 노력하고 있으니까요, 다음에도 지나시다가 저의 이름이 보이면 관심 갖고 찾아주시면 좋을 것 같습니다. 감사드립니다.

감독: 정성일   2019년 12월 1일
모더레이터: 변성찬(영화평론가)

영화를 훔친다는 것
〈녹차의 중력〉 & 〈백두 번째 구름〉

변성찬: 지난주에 개봉도 겹쳐서 감기 몸살이신데 멀리까지 와주셔서 감사드립니다. 방금 상영된 두 편의 작품 〈녹차의 중력〉과 〈백두 번째 구름〉은 정성일의 '임권택 프로젝트' 시즌 3이라고 할 수 있을 것 같아요. 임권택 감독님의 첫 작품이 62년도에 시작됐으니까 60년 가까이 작품 활동이 이어지고 있는 거죠. 올해 한국영화 100주년이라는 큰 틀에서 보자면, 임권택 감독님은 절반이 넘는 기간 동안 영화를 만들어오셨고, 그 기간의 절반인 30년 이상 평론가 혹은 영화감독 정성일은 장인의 정신으로 임권택 감독님을 집요하게 쫓아다녔습니다. 시즌 1이 80년대 후반과 2000년대 초반에 책이라는 형식으로 나왔다면, 시즌 2는 영상자료원에 연재 중인 「임권택X102」, 그리고 시즌 3이 영화 만들기가 되겠지요. 감독님은 「임권택X102」가 '다시 보고, 다시 쓰기' 프로젝트라고 말씀하셨는데, 글쓰기와 영화 만들기라는 서로 다른 방식이 시작되는 시점의 선후관계가 궁금합니다.

정성일: 2012년부터 한국영상자료원 홈페이지에 「임권택X102」라는 이름으로 임권택 감독님의 영화 전작을 한편씩 다시 보고 다시 영화평을 쓰고 있는데, 지금 보신 두 편의 다큐멘터리와의 인과관계는 없다고 볼 수 있습니다. 제가 임 감독님 영화의 다큐멘터

2장: 기억들

리를 찍어야겠다고 결심한 시기는 2002년으로 거슬러 올라갑니다. 당시 임 감독님은 〈취화선〉을 촬영하고 계셨고, 그 영화가 모두 162회 차 촬영을 했었는데 저는 그 중 98회 차를 현장에서 먹고 자면서 지켜보았습니다. 명목상으로는 영화주간지 「씨네 21」에서 현장을 지켜보고 기사를 써달라는 것이었습니다. 제 욕심은 임 감독님 영화 전편의 연출 과정을 지켜보자는 것이었습니다. 물론 「씨네 21」에서도 제 욕심을 잘 알고 있었습니다. 현장을 지켜보다가 다큐멘터리 작업을 결심하게 되었습니다. 두 가지 이유가 있었습니다. 임 감독님의 영화 연출 현장을 그저 어느 날 하루 가서 견학하는 것으로는 경험적으로 큰 의미가 없다는 것을 알고 있었기 때문에 처음부터 끝까지 보기로 했습니다. 그때는 162회 차나 찍으실지 몰랐지요. 여름에 시작해서 그 해 겨울이 끝나갈 무렵에 촬영을 마쳤으니까요. 다른 하나는, 현장에서 지켜보다보니 이건 어떤 비평의 글쓰기라는 방법으로는 현장에서 벌어지는 연출의 총체적 결정을 기록하는 것이 불가능하다는 걸 깨달았습니다. 말하자면 임권택 감독의 영화 만들기를 좋은 뜻으로 '훔쳐올 수 있는' 방법은 그 과정을 지켜보는 것이지, 어떤 한 순간을 기술하는 것만으로는 부족하다는 생각이 들었습니다. 그때가 임 감독님에 관한 다큐멘터리를 찍어야겠다고 결정한 시간이 되었던 것 같습니다.

영화를 훔친다는 것

변성찬: 〈녹차의 중력〉이 롱테이크와 같은 지켜보기가 핵심인 영화라면 〈백두 번째 구름〉은 그것을 기반으로 하면서도 김훈 소설의 문장, 현장과 모니터 등등의 몽타주가 사용되고 있다는 점에서 차이가 있는 것 같습니다. 정성일 감독이 임권택 프로젝트에 대해 얘기할 때 입버릇처럼 튀어나오는 '배우다', '훔치다'라는 용어가 있죠. 그만큼 절실하다는 거죠. 옛날부터 배움에는 돈이 필요 없다고 했지만 훔쳐서라도 뭔가를 캐치하고 싶다는 절절함이 있는 것 같습니다.

〈녹차의 중력〉에서 저한테 제일 흥미로웠던 장면은 강연하시는 장면과 영세 받으시는 장면입니다. 우선 강연 장면에서는 주위에 전혀 한 눈을 팔지 않고 오로지 임권택 감독만을 바라보는 선택에서 궁금한 점이 있었고, 다음, 성당에서 영세 받으시는 과정 전체를 보고 있으면, 임권택 감독님이 그 순간에는 거장이 아니라. 엄마 따라 첫 초등학교 간 어린 아이처럼 뭔가 긴장하고 두려워하는 모습이 보여서 흥미로웠습니다. 근데 또 카메라는 혹시 엄마 치맛자락 붙잡고 있다가 엄마 놓치면 어떡할까 싶어서 계속 임 감독님을 쫓아다니는 느낌? 그러니까 찍히고 있는 임 감독님이나 그것을 담고 있는 카메라에서 느껴지는 어린애 같은 풋풋함이 제게 굉장히 인상적으로 다가왔습니다.

정성일: 임권택 감독님에 관한 영화를 만들면서 두 가지 원칙을 먼저 세웠습니다. 가령 다른 사람들에게는 힘들 수 있지만 제게는 너무 쉬운 방법인, 현재 남아있는 임 감독님의 102편의 영화에서 현재 프린트가 남아있는 76편의 영화의 명장면을 쭉 보여주면서 '자, 임권택 감독님은 이런 사람입니다. 이런 영화를 찍었습니다. 이런 훌륭한 연출을 하셨죠'라고 보여주는 방식이 있죠. 하지만 이건 하지 않았습니다. 왜냐하면 그건 영화를 보는 방법, 연출을 바라보는 방법이 아닙니다. 그리고 그건 제가 임 감독님에게 다가가고 싶은 방법도 아닙니다. 말하자면 이 원칙이 강연의 경우에 적용이 됐습니다. 여기서 나오는 강연은 임 감독님께서 당신의 작품을 데뷔작부터 〈춘향뎐〉(2000)에 이르기까지 쭉 설명하는, 그래서 아주 드물게도 자신의 영화를 처음부터 거의 자신의 영화감독으로서의 삶 전체를 따라가는 거의 유일한 강연이었습니다. 이것을 보여주는 가장 쉬운 방법은, 감독님이 작품을 설명할 때마다 거기에 해당하는 장면들을 화면에 강의와 번갈아 보여주면서 마치 감독님이 자기 영화를 코멘터리 하듯이 진행하는 것을 보여주는 것이겠죠. 하지만 만약 그렇게 된다면 사람들이 그저 그 장면만 보게 되겠죠.

강연을 찍으러 부산 동서대학교에 내려갔었을 때, 그 학교에 임권택 예술대학이 있습니다, 그

영화를 훔친다는 것

때 촬영자에게 얘기를 했습니다. "어떤 경우에도 이 카메라를, 카메라 사이즈가 결정되면, 그 카메라 사이즈에서 가운데는 항상 임권택만 찍는다." 촬영자가 물었습니다. "그러면 거기서 뭘 찍고 싶으신 건가요?" "나는 그 영화들을 이야기할 때 감독님의 말씀이 궁금한 게 아니라, 자신의 옛 영화를 이야기하고 있는 감독님의 표정이 궁금하다. 그리고 나는 그 표정을 보기 위해서 이 영화를 사람들이 볼 거라고 생각한다." 말하자면 자신의 영화를 이야기하는 임권택이 궁금한 거지, 임권택 감독님께서 말씀하시는 그 내용은 이미 다른데 서도 이미 보았을 것이다. 하지만 그 내용들을 읽은 사람들이 임 감독님이 당신의 영화를 이야기하는 심정을 본 적은 없을 것이다. 나는 그 심정이 궁금하다는 것이죠. 다시 촬영자가 "그렇다면 감독님이 말씀하시는 영화는 어디에 있나요?" 라고 물어봤습니다. 제가 대답했습니다. "그 어둠 속에서 감독님이 당신의 영화를 얘기하실 때 감독님의 얼굴에 그 영화들이 반사되어, 마치 감독님의 얼굴을 스크린처럼 비춰 그 위에 비춰 보이는 그 번쩍거림. 나는 그걸로 충분히 만족스럽다." 라는 이야기를 했습니다.

가끔 사람들이 〈녹차의 중력〉을 보고 난 다음에 "특별한 얘기가 없는 것 같아요. 여기에는요." 라는 얘기를 합니다. 종종 이 영화에서 다른 데서 보지 못한 어떤 비밀, 비하인드 스토리, 여기서만 하는 어떤 고백을 기대하는 사람들이 있습니다. 저는 처음부터 그런 기대가 없었습니다, 저는 이미 임권택 감독님과 긴 시간 인터뷰를 하면서 많은 이야기를 들었고 그것을 기록했습니다. 그런데 갑자기 감독님이 그런 이야기를 꺼낼 이유도 없고 그럴 리도 없다는 걸 잘 알고 있었습니다. 그리고 그런 내용은 책으로 보면 됩니다. 그래도 그런 걸 물어보는 사람들이 있습니다. 그럴 때마다 대답을 합니다. "아니에요. 나는 여기에서 임권택 감독님을 보라고 찍은 거지, 이야기를 들으라고 찍은 것이 아닙니다." 그러한 원칙은 임권택 감독님이 세례 받는 장면에서도 마찬가지였습니다. 감독님은 오랫동안 종교를 갖지 않았습니다. 〈만다라〉(1981)를 찍을 때도 불교를 이해하고 있었지만 신자였던 건 아니었습니다. 〈개벽〉(1991)을 찍을 때에도 천주교 신자였던 것은 아니었습니다. 또 〈불의 딸〉(1982)을 찍을 때에도 기독교 신자는 아니었습니다. 오랫동안 종교를 갖지 않으셨던 이분께서 세례를 받았던 까닭은 그 감독님의 아내 분, 사모님의 설득 때문이었습니다. 사모님과 함께 성당에 가지만 여전히 임 감독님에게 성당의 미사 과정은 낯선 순간들이었습니다. 이곳에 가면서 느끼는 그 낯선 기분, 그러면서 한편으로는 하느님께 자기를 기댈 때 느껴보는 그 어리둥절함, 그 나이에 지금 세

영화를 훔친다는 것

례명을 받는다는 것은 어떤 느낌일까? 저는 영화를 통해 제가 느껴보는 게 아니라 그걸 영화가 느껴보기를 바랐습니다. 그리고 그걸 영화가 어떻게 느껴보는지를 제가 보고 싶었던 것이었습니다. 말하자면 저는 거기에서 임권택 감독님을 본 것이 아니라, 영화가 임권택 감독님을 느껴보는 걸 보고 싶었던 것이었습니다.

저는 가톨릭 신자도 아니며 미사의 과정도 잘 알지 못합니다. 고백하자면 편집할 때 굉장히 힘들었습니다. 그 과정을 알 수가 없었기 때문에 이렇게 긴지도 몰랐고, 그 과정들을 다 찍고, 게다가 두 대의 카메라를 써서 찍었는데 나중에 편집을 하기 위해서 다시 보니, 어디가 앞이고 뒤인지 잘 모르겠는 거예요. 그래서 실제 편집실에 가톨릭에 대해 잘 알고 계신 분을 모셔다가 "이게 앞인가요? 뒤인가요?" 물어보면서 편집을 해나갔습니다. 거기에서도 마찬가지로 임권택 감독이 세례를 받는다, 가 관심이 아니라 세례를 받고 계신 임권택이라는 사람이 무엇을 느껴보고 있을까? 를 보고 싶었습니다. 좀 전에 변성찬 선생님이 "마치 어린아이 같다." 고 말씀하셨는데 정확한 표현이십니다. 왜냐하면 이 낯선 장소에 온 건 마치 어린아이가 처음 와보는 장소에 온 듯한, 그 어리둥절함이 있거든요. 그걸 영화가 느껴보고 싶었던 걸 제가 보고 싶었으니까요.

2장: 기억들

변성찬: 임권택 감독님이 다른 때와는 달리 긴장하고 쭈뼛쭈뼛 거리는 모습까지는 충분히 짐작이 됐는데, 카메라가 뭔가 불안해 보이는 느낌의 정체를 알 것 같습니다. 정성일 감독이나 임권택 감독이나 그 공간은 나이를 먹어 새롭게 넘어야 될 어떤 문턱 같은 순간이고 공간이었던 것 같습니다.

〈백두 번째 구름〉 같은 경우는 아까 말씀드렸던 것처럼 몽타주 또는 사이가 굉장히 중요하고. 그것을 관객들이 지켜보기를 권유하는 영화이죠. 그런데 영화를 보다 보면 카메라 모니터라고 해야 할까요? 거기에 빨간 프레임이 같이 보이는데 이유가 있을까요?

정성일: 이 영화에는 세 종류의 카메라가 있는데. 하나는 임권택 감독님을 찍은 촬영 분량, 말하자면 제가 찍은 촬영 분량이고, 다른 하나는 임권택 감독님이 현장에서 들여다보기 위해 모니터 위에 올린 고프로라는 카메라였고, 세 번째는 영화 〈화장〉(2014)의 김형구 촬영감독이 찍은 촬영 소스를 그냥 통째 가져온 것이었습니다. 이때 영화 현장에서 모니터에 화면 사이즈를 기록하기 위해 이 빨간 라인이 그려지죠. 말하자면 이 프레임 안이 영화에서 사용하는 분량이라는 걸 표시하는데, 이 비디오 모니터에 있는 화면 소스 전체를 다 들고 왔기 때문에 이 빨간 박

스까지 같이 들고 온 셈이죠. 즉 기계가 기록하고 있
는 프레임 박스인 거죠.

변성찬: 사실 〈녹차의 중력〉과 〈백두 번째 구름〉을 합
쳐보면 '이중적인 순환의 영화다'라는 생각이 듭니
다. 임권택 감독님은 영화를 준비하는 과정과 만드
는 과정을 백두 번째 하고 계시는 건데, 〈녹차의 중
력〉이 영화를 준비하고 기다리는 과정과 모습이었다
면 후편인 〈백두 번째 구름〉은 현장에서 영화를 만드
는 것을 보여줌으로써 순환의 과정을 보여주지만 그
대상의 성격에 따라서, 또 전체 구성에서도 미묘한
순환의 지점들이 있습니다. 〈녹차의 중력〉 같은 경
우, 아드님의 입을 빌려서 아주 어린 시절부터의 생
애사가 소개되는데, 〈화장〉의 촬영과정을 다 지켜본
후에 정성일의 카메라가 다시 되돌아가는 것은 바로
〈녹차의 중력〉서두에 나왔던 그 장성이라는 공간, 그
시원적 장소로 다시 되돌아가서 어떻게 보면 그곳
에 붙들려서 못 빠져나오는 것처럼 그 자리를 계속
응시하고, 일종의 제의처럼 느껴지는 장면이 있습니
다. 이러한 구성을 하시게 된 이유를 듣고 싶습니다.

정성일: 이 얘기를 먼저 해야 될 것 같습니다. 임권택
감독님을 처음 찾아뵈었을 때를 기억합니다. 1987
년 11월 둘째 주 화요일 오전 11시에 약속을 해서 남

산에 있는 지금은 없어진 '난다랑'이라는 커피숍에서 처음 뵈었습니다. 그때 제 나이가 스물일곱 살이었죠. "감독님. 감독님의 인터뷰를 하고 싶습니다." 그러자 감독님께서는 그냥 짧게, 잠시 생각한 다음에 짧게 대답하셨습니다. "허. 나한테 뭐 들어볼게 있겠소." 하셨습니다. 세월이 흘러 감독님을 찾아뵙고 "감독님 영화 현장을 찍겠습니다." 감독님이 똑같이 대답하셨습니다. "허. 거기 찍을 만한 게 있겠소." 였습니다. 영화에 첫 장면은 처음부터 결정돼 있었습니다. 감독님이 녹차를 따라주는 데서 첫 장면을 찍어야겠다고 처음부터 생각했습니다. 왜냐하면 87년도에 첫 인터뷰가 끝난 다음 임권택 감독님 댁을 제가 처음 방문했을 때 손수 녹차를 끓여주셨습니다. 그리고 그건 매번 그러하셨습니다. 지금도 방문하면 맨 처음 인사를 나누면서 녹차를 손수 끓여주십니다. 그리고 매번 지켜보았습니다. 집에 손님이 오면 감독님께서 늘 손수 녹차를 끓여주셨습니다. 그 녹차는 진짜 맛있었습니다. 저는 '녹차를 사람들이 왜 마시지?' 라고 생각했었던 철없는 나이였죠. 이 집에서 녹차가 맛있다는 걸 처음 알았습니다. 그래서 첫 장면은 감독님이 30년간 손님이 올 때 그것이 누가 되었건 그 사람에 대한 환대 인사로 직접 타주시는 녹차에서 시작하자는 생각을 했습니다.

문제는 감독님 자신도 미처 생각하지 못했

영화를 훔친다는 것

던 일인데, 다큐 촬영을 하면서 금방 다음 영화 작업을 시작하게 될 줄 알았는데 그렇게 되지 않았습니다. 다음 영화를 금방 들어갈 수 없는 사정이 생겼습니다. 감독님도 문제가 생겼지만 저도 문제가 생겼습니다. 일상생활을 찍는 것은 하루 이틀이면 됩니다. 감독님은 변화가 없는 일상을 지내세요. 아침 네 시 반에서 다섯 시에 일어나 신문을 보시고, 아침 드시고, 오전동안 책 보시다가 점심 드시고, 산책 갔다 오시고, 저녁 드시고 주무셔서 다음 날 네 시 반에 일어나시고… 무한 반복입니다. 심지어 매일 일상을 찍는 저를 보고 감독님이 걱정하시더라고요. "이거 매일 똑같은 걸 찍어도 괜찮겠어요? 이래서 영화가 되겠어요?" 상대는 영화를 102편 넘게 찍은 감독입니다. 제 마음을 훤히 들여다보고 계신 거죠. 그러다가 그 해 여름 제가 지금은 없어진 《시네마디지털 서울》이라는 영화제에 프로그램 디렉터를 하던 때였습니다. 거기에 심사위원으로 중국 다큐멘터리 감독인 왕빙(王兵)이 왔습니다. 저는 이 사람 영화가 아주 궁금했습니다. 이 사람 영화를 보면 무언가 기적을 찍는 것 같은 느낌이 들기 때문입니다. 영화를 보고 나와서 혼자 휴식을 취하면서 하늘의 구름을 보고 있는 왕빙에게 대뜸 "당신 촬영 현장을 가서 봐도 되겠습니까?" 하자 약간 당황한 표정으로 저를 보다가 "어 괜찮습니다." 하더군요. 그렇게 허락을 받고

　　　　　　　　　　　2장: 기억들

임권택 감독님의 영화를 찍던 중간에 〈천당의 밤과 안개〉(2018)를 찍으러 중국의 윈난에 있는 정신병원에 가게 됐습니다. 그리고 돌아왔는데 그때도 영화를 안 찍고 계시더라고요. 그렇게 해를 넘기다보니 〈녹차의 중력〉의 촬영 분량을 버릴 생각도 들었습니다. 2년이 지난 다음에 〈화장〉이라는 영화 촬영이 시작되었을 때 굉장히 고민했습니다. 일상생활과 영화 촬영 현장이 한 편의 영화 안에서 서로 연결되기 힘들다는 생각이 들었습니다. 처음에는 두 편으로 나눌 생각이 아니었으니까요. 그런데 생각을 해보니까아, 이 감독은 영화 대여섯 편 찍는 정도가 아니라 백두 번째 영화를 만드는 사람이고, 이 분의 삶은 영화를 찍는 시간, 기다리는 시간, 또 찍는 시간, 기다리는 시간… 그러니까 생애 전체에 걸쳐서 이 시간의 무한 반복인거죠. 그렇다면 이 사람에게는 영화를 찍는 시간만큼 기다리는 시간에 의미가 있겠다는 생각이 들었습니다. 그래서 기다리는 시간과 〈화장〉의 첫 날 첫 테이크부터 마지막 날 마지막 테이크까지 찍는 두 편의 영화가 되었습니다.

결과적으로 저는 굉장히 잘한 판단이었다고 생각합니다. 왜냐하면 여러분들께서 금방 보신대로 두 편의 영화는 완전히 다른 리듬을 갖고 있습니다. 말하자면 기다리는 시간과 영화를 찍는 시간은 임권택 감독님에게 같은 삶의 리듬이 아니었던 겁니다.

영화를 훔친다는 것

그러므로 당연히 영화도 서로 다른 리듬이어야만 했던 것이죠. 일부러 두 편 모두 동일한 편집자가 작업을 했는데, 〈녹차의 중력〉 편집이 끝난 다음에 두 달을 그냥 쉬었습니다. 두 달 동안 〈녹차의 중력〉을 잊어버린다고 생각하고 두 달 후에 전혀 다른 영화를 편집한다는 마음으로 작업을 시작했습니다.

변성찬: 본래는 〈화장〉의 첫 테이크에서 마지막 테이크로 끝나는 것처럼 되어 있었는데, 다시 장성을 찾아가는 구성은 언제쯤 생각을 하셨던 걸까요?

정성일: 〈화장〉의 마지막 날 마지막 테이크까지 다 찍었는데 그날 선물처럼 눈이 내렸어요. 하지만 뭔가 이게 마지막 장면이 아닌 것 같았습니다. 이 판단에 대해서는 설명하기 어렵군요. 뭔가 더 찍을게 남은 것 같다는 생각이 들어서 '일단 촬영은 여기서 끝이지만 뭔가 더 기다리자'고 했습니다.

장성은 감독님의 고향이죠. 30년 동안 옆에서 본 감독님은 정말 뼛속 깊은 호남 사람입니다. 현장에 쫓아 내려가 호남의 풍경을 찍는 모습을 곁에서 보면서, 거기서 풍경의 흥취를 느껴보는 모습을 지켜보면서, '아 이 사람은 호남 사람이구나.'를 느끼게 합니다. 촬영 현장에서 이런 말씀을 하셨어요. 호남 어디든, 이를테면 〈서편제〉(1993)에서 그 유명한

'진도 아리랑'을 부르면서 걸어오는 롱 테이크 장면을 완도 저 너머 청산도에서 찍을 때, "나는 이 고장에 와서 산을 보고, 논두렁을 보고, 이렇게 휘어진 길들을 보고 있으면 마음이 그렇게 편한 거예요."라는 말씀을 하셨습니다. 임권택 감독님이 이미 여러 지면에서 밝힌 사실이지만, 감독님의 부모 두 분이 빨치산 활동을 하셨고, 집안이 완전히 좌익으로 몰린 상태에서 백색 테러를 당하는 와중에 당시 학급의 반장이었던 18살 고등학교 아이는 더 이상 이 고향에서 숨 막혀 살 수가 없어 급우들이 내는 급식비를 들고 전쟁이 진행 중이던 상황에서 무작정 부산으로 가출을 합니다. 당시 감독님의 집은 고향에서 지주 집안이었고, 감독님은 그 집의 장손이었으니까 노동을 해본 적이 없었죠. 노동을 해본 적이 없는 이 사람이 부산에서 막노동을 하면서 갑자기 지게 등을 짊어지니 밤에 허리, 어깨 죽지가 너무 아파서 잠을 잘 수가 없었던 거죠. 잠을 자기 위해 돈 벌면 그걸로 소주를 사서 병 채로 마셨답니다. 그렇게 6개월을 지내니 손이 떨리기 시작하더래요. 수전증에 걸린 거죠. 이 수전증은 임권택 감독님을 평생 쫓아다녔습니다. 지금도 손을 떠십니다.

　　　말하자면 호남에 와서 영화를 찍으면 편하지만, 대신 고향 장성에는 가지 않으려고 무지 애를 썼답니다. 무서운 곳, 두려운 곳 혹은 자기에게 어떤 상

　　　　　　　　　　영화를 훔친다는 것

처인 곳. 그래서 고향에서 어떤 행사가 있다고 하면 어떤 핑계를 대서라도 다 고사하십니다. 그런데, 그런 분이 자기 고향에서 〈화장〉이란 영화를 상영하기 위해 내려간다고 했었을 때, 그냥 조건 반사적으로 '아! 여기서 내가 엔딩을 찍겠구나.'라는 생각을 했습니다. 감독님은 그냥 의례적인 행사만 하고 다시 서울로 올라 가셨지만 뭔가 이 고장, 그 장성이라는 곳에 감독님의 어떤 흔적을 보고 싶었습니다. 저는 이 영화를 찍을 때 장성을 처음 가봤습니다. 아마 광주에서 장성까지는 버스를 타고 한 시간 반 정도 되는 거리라고 알고 있습니다. 매우 작은 도시이고 또 지금도 여전히 예전이 남아있는 고풍스러운 고장이지요.

감독님이 서울로 돌아가신 다음에도 저는 여기저기 다니면서 이곳저곳을 찍어보았습니다. 그러다가 장성 근처에 감독님의 영화 중 한 편인 〈태백산맥〉(1994)의 세트장이 있다는 것을 알게 되어 가게 됐습니다. 임권택 감독이 고향을 떠나게 된, 그 한국전쟁에 관한 이야기를 찍은 세트장이죠. 아마도 〈태백산맥〉을 보신 분들이라면 아시겠지만, 〈백두 번째 구름〉에서 카메라를 세워두고 완전히 해가 떨어질 때까지 7분 20초 동안 보여주는 장면이 있죠. 이 장면이 〈태백산맥〉의 한 쇼트와 똑같은 구도라는 걸 알아보신 분들도 계실 겁니다. 일부러 그 위치를 찾았습니다. 물론 풍경이 다소 변하기는 했지만 〈태백산맥〉에서 굉장히 인상 깊은 장면이었죠. 어둠이 밀려오기 시작할 때, 그냥 멋대로 생각해보았습니다. 18살 소년이 돌아올 수 없는 길, 고향을 등지는 그날 저녁은 어떠했을까? 낮에 떠났을 리는 없겠죠. 그 시절에 고향에서 누가 떠난다면 '너 어디 가니?' 라고 누군가가 반드시 물어봤을 테니까요. 어둠이 몰려오기를 기다리고, 아마도 걸어서, 걸어서 갔을 겁니다. 한국전쟁 중에 버스가 다녔을 리도 없고, 버스 타고 갔을 리가 없잖아요. 그렇다면 장성에서 부산까지 걸어갔다고 한번 생각해 주시기 바랍니다. 아니 그냥 지금 우리가 이야기하고 있는 여기 광주에서 부산까지 걸어갔다고 한번 생각해 주십시오. 감독님은 "이러다 죽지. 그냥 길거리에서 죽겠구나. 이 심정으로 떠난 거예요"라고 말씀하셨습니다. 그 아이의 심경은 어떠했을까를 카메라 옆에서 생각했습니다.

누군가에게는 이 장면이 7분 20초씩이나 돼야 할까? 라는 생각이 들 수도 있습니다. 저는 그 아이의 심정을 7분 20초 정도로 생각해도 괜찮다는 생각이 들었습니다. 적어도 한국 사람으로서, 1950년 한국전쟁에 희생당한 분들이 임권택 감독님뿐이겠습니까? 그 시절의 우리들의 아버지, 어머니들, 수많은 분들이 각자의 방식, 각자의 이유로 희생당했겠

영화를 훔친다는 것

죠. 말하자면 그 사람들을 우리가 7분 20초 정도 생각하는 시간을 갖는 건 의미 있는 일이 아닐까라는 생각이 들었습니다. 그리고 그걸 김소희 명창의 소리와 함께 한다면 저는 견딜 수 있을 거라는 믿음이 있었습니다. 그래서 그렇게 작업을 했습니다. 너무 장황하게 이야기했나요?

변성찬: 아닙니다. 임권택 감독님이 열여덟 무렵에 가출했다는 것까지는 알고 있었는데, 반장을 하면서 급식비 횡령을 했다는 사실은 처음 알았고, 부산까지 걸어가셨다는 것도 처음 알았고, 그 7분여의 시간이 더욱 충분히 짐작이 갑니다.

관객 1: 제목을 〈녹차의 중력〉, 〈백두 번째 구름〉으로 한 상징적인 의미가 있을까요? 〈녹차의 중력〉은 영화의 시작이 녹차를 처음 따라 주는 것에서 시작하면서, 임 감독님의 삶의 무게를 의미하는 것이란 짐작을 했는데요. 〈백두 번째 구름〉은 구름처럼 무상한 삶의 흐름, 변화를 얘기한다고 느껴지기도 했습니다.

정성일: 〈녹차의 중력〉은 짐작하시는 대로가 맞습니다. 맨 처음에는 그냥 녹차로만 갈까 생각했었어요. 근데 녹차가 커피와 다른 건 녹차가 녹아들어가는 시간이겠죠. 맨 처음에 뜨거운 물을 부으면 녹차 잎

이 떠 있다가 가라앉기 시작할 때의 그 시간. 감독님의 녹차가 맛을 우려내기까지의 그 시간을 의미하죠. 〈백두 번째 구름〉이라는 것에서 백두 번은, 물론 〈화장〉이라는 영화가 백두 번째 영화인 부분도 있지만, 감독님께서 현장에서는 종종 이런 말씀을 하셨어요. "나는 집에서 죽지 않을 거예요. 길에서 죽을 거예요. 영화를 찍다가 길에서 죽을 거예요." 물론 그냥 하시는 말씀이지요. 말씀이어야 하죠. 이때 '임권택 감독님의 영화들이라는 건 결국 하늘에 떠 있는 구름들처럼 길에서 흘러가고 있구나.'라는 생각이 들었습니다.

　　구름에 대한 한 가지 제 소혜(小慧)를 첨언드리고 싶습니다. 어느 추운 겨울 날, 바람이 몹시 심하게 불던 겨울날 전철을 탔습니다. 전철이 지하로 가다가 지상으로 올라올 때가 있는데, 우두커니 그 창문에 기대어 서서 바깥을 봤습니다. 마침 그 전철이 한강 철교를 지나가고 있었는데 하늘에 구름 한 점이 떠있었습니다. 바람이 아주 모질게 불고 있는데, 저 구름은 그냥 무심하게 떠 있었습니다. 정말 무심하게. 그 모진 바람 따위는 관심도 없다는 듯이. 그냥 저도 모르게 중얼거렸습니다. '저 구름처럼 살고 싶다…' 물론 저는 그런 경지가 되지 못할 것 같습니다. 하지만 임권택 감독님의 영화는 매번 그런 구름 같지 않았을까? 라는 생각을 해보았습니다. 그런 의

387　　　　　　　　　　　　　영화를 훔친다는 것

미에서 새로운 임권택 감독님의 영화는 '백두 번째 구름'과 같았다고나 할까요. 그런 의미의 제목이었 습니다.

변성찬: 사실 시간이 좀 있으면 꼭 물어보고 싶었던 질문 중에 하나가 '정성일에게 구름이란 무엇인가?' 였었거든요. 아까 말씀하신 것처럼 두 영화는 임권 택 감독님의 삶의 리듬이 다른 것만큼이나 다른 리 듬 또는 방법으로 만들어진 영화죠. 그러면서도 공 통적으로 순환하는 이미지들이 있는데 그 중에 하 나가 구름인 거죠. 〈녹차의 중력〉에서 구름 이미지 로 시작하는 것을 보고 〈백두 번째 구름〉의 시작은 왜 구름이 아니지? 했는데, 구름의 그림자더라고요. 그런데 아까 말씀하셨던 왕빙과의 일화 속에도 구름 얘기가 나오고요. 또 〈천당의 밤과 안개〉에서도 기회 만 되면 구름을 보게 되는데. 개인적인 뭔가가 있는 것 같아 질문을 드리려고 했었습니다.

관객 2: 영화를 평론하는 것과 직접 만드는 것 중에 어떤 게 더 좋으신가요?

정성일: 첫 번째 영화 〈카페 느와르〉를 찍었을 때 똑 같은 질문 받은 적이 있었는데, 대답은 동일합니다. 영화를 만드는 게 훨씬 쉬워요. 그리고 저는 정말 현

장이 좋아요. 사랑한다고까지 말하고 싶어요. 아주 단언할 수 있어요. 어떤 의미냐면, 변성찬 선생님도 같은 무게에 시달릴 텐데, 영화비평은 어찌되었건 자기가 책상에서 혼자 끝을 봐야 됩니다. 그러니까 내가 혼자 알아서 여기서 그냥 결관을 내고 마무리를 지어야 합니다. 영화를 찍으면서 너무 좋았던 건 의논할 사람들이 항상 곁에 있는 거예요. 첫 영화를 찍으면서 영화 시작하기 전날 다 모이는 자리들이 있습니다. 제가 일어나서 애기를 했습니다. "첫 영화입니다. 그러니까 저는 아마 어마어마하게 시행착오를 할 겁니다. 저한테 망설이지 말고 조언을 해주십시오. 문제가 생겼으면 언제든지 저에게 얘기해 주십시오. 저도 계속 질문을 할 겁니다. 그게 여러 감독님들, 촬영, 조명, 미술, 의상 담당 뿐만 아니라 막내도 상관없습니다. 언제든지 이야기 해주세요." 그리고 실제로 그렇게 찍었습니다.

저는 영화 현장에서 제일 좋아하는 게 의논입니다. 저의 유일한 방법이고요. 그런 점에서 비평이 훨씬 힘들어요. 너무 힘들어요. 쓰면 쓸수록 더 힘들어요. 왜? 너무 외로워요. 질문하신 분께서 영화 찍는 것에 관심이 있으시다면 이번 겨울에 친구 분들과 영화를 꼭 찍으시길 바랍니다. 스마트 폰이 있으시잖아요, 그걸로 찍으면 됩니다.

변성찬: 공연히 옆에 있는 사람 마음까지 흔들게 하시네요.

관객 3: 영화 너무 재밌게 잘 봤습니다. 저는 정성일 평론가님의 강의도 듣고 책도 읽었습니다. 〈백두 번째 구름〉에 나오는 산에 대해 질문하고 싶은데요. 산이라는 게 시간의 흐름이나 분위기를 환기할 때 자주 쓰이잖아요. 이 영화에서도 몽타주 장면에서 산이 나오고, 나중에 장성에서도 산이 나오는데, 혹시 산들의 조응을 위해 넣은 걸까요? 그렇다면 평론가이자 감독님 입장에서는 조금 쉬운 선택이 아닐까란 생각도 들어서요.

정성일: 잘 보신 거예요. 마지막 7분 20초 동안의 산이 아니었으면 첫 장면의 구름은 그렇게 안 썼을 거예요. 예를 들어 마지막에만 산이 딱 나온다면 제가 제일 경계하는 표현인데, 마치 '예술인 척 한다'는 느낌이 들 것 같았어요. 그래서 미리 선수 쳐서 보여주고 싶었지요. 어디에 넣어서 보여줘야 되나 고민을 했는데, 지금까지 만든 네 편의 영화에서 첫 장면으로 나오는 구름과는 다르게 보여주고 싶었고, 산에 구름이 지나가는 장면으로 시작하게 되었습니다.

관객 4: 너무 당연한 질문일 수도 있는데, 정성일 감

독님이 이렇게 임권택 감독님에게 푹 빠진 이유가
궁금합니다.

정성일: 약간의 시간을 허락해 주신다면 설명할 수
있습니다. 지금과 1970년대의 한국영화는 완전히
달랐습니다. 1970년대의 한국 영화의 상황은 진짜
나빴습니다. 검열과 제작환경이 모두 나빴습니다.
결국 그 결과는 영화가 나빴습니다. 저는 그때 한국
영화에 대해서 심지어 적대감을 갖고 있었습니다.
그래서 중학교 고등학교 시절에는 한국 영화를 거의
보지 않았습니다. 그러다가 대학교를 입학하고 나서
제 동료들과 마찬가지로 문학 계간지들을 읽기 시작
했습니다. 그때 한국 문학의 논쟁 중의 하나가 '한국
문학이란 무엇인가' 였습니다. 영화에 헌신하던 저는
'한국문학이란 무엇인가?' 라는 질문을 '한국 영화
는 무엇일까?' 라는 질문으로 바꿔놓고 생각하기 시
작했습니다. 그때부터 한국 영화를 의무적으로 보기
시작했습니다. 좋아서 본 게 아니라 그냥 하나의 의
무처럼 봤습니다. 왜? 한국 사람이니까. 그렇다고 해
서 한국 영화가 갑자기 좋아지지는 않았습니다. 일
단 영화 문법적으로 대부분 틀렸고, 시나리오는 너
무 나빴고. 이런 모든 문제점들이 보였지만 하여튼
꾸준히 봤습니다.
　　대학교 2학년 올라가던 4월 달이었는데, 그

때는 학교가 휴강을 밥 먹듯이 하던 시절이었습니다. 그 날도 휴강을 했고, 그래서 학교 앞 극장에 들어갔습니다. 포스터도 보지 않고 들어갔습니다. 습관적으로 극장에 간 거죠. 그때는 그렇게 영화를 보았습니다. 극장에는 저 밖에 없었습니다. 작은 극장이었었고. 운 나쁘게 한국영화였습니다. 운 나쁜 한국영화 중에서도 특별하게 나쁜 영화들의 공통점이 있었는데, 당시 일제강점기 조선 총독부가 나오면 항상 실망스러웠습니다. 그런데 첫 장면이 조선 총독부에요. '이거 망했구나. 하여튼 들어왔으니까 본다.'는 자세로 봤습니다. 하명중 배우가 나왔습니다. 일본인 조선총독부 간부로 독고성 배우가 나왔고요. "창씨개명을 해야 되는데 조선 놈들이 말을 안 듣는다… 특히 수원에 사는 놈들이 말을 안 듣는데, 수원 사람들이 가장 존경한다는 설진영이라는 지주를 설득하면 수원 사람들이 창씨개명을 할 테니 내려가서 설진영 노인을 설득하시오." 이게 시작이었습니다. 그런가보다 했습니다. 그냥 아무 생각 없이 화면을 쳐다본다는 심정으로 바라보고 있었습니다. 그런데 영화가 시작되고 15분 정도가 지나갈 무렵이었습니다. 수원에 내려가서 설진영 노인을 만나러 가기 시작하는 순간부터 지금까지 본 적이 없는 이상한 리듬이 나오기 시작한 겁니다. 장면이 아름다워서가 아닙니다. 그 영화의 이상할 정도로 아름다운 리듬과 만났을 때 처음에는 영화가 너무 지루해서 잘 못 본 줄 알았습니다. 영화는 시간의 예술이기 때문에 시간의 경제성이라는 문제는 굉장히 중요한 문제입니다. 여기서부터 영화는 하명중 배우와 주선태씨가 연기하는 설진영 노인을 만나는 대목을 거의 낭비하는 듯한 쇼트 진행으로 보여주고 있었습니다. 그런데 그 낭비가 굉장히 아름다웠습니다. 순간 내가 이런 자세로 누워서 볼 영화가 아니란 생각에 정신을 차리고 제대로 보기 시작했습니다. 물론 그렇다고 해서 그 다음 장면이 모두 좋은 건 아니었습니다만 어떤 순간에 한 장면이 좋아지기 시작하자 일찍이 본 적 없이 아름다웠습니다. 특히 영화의 후반부에서 설진영 노인이 손자 때문에 창씨개명을 하고 돌아올 때 포플러 나무가 바람에 막 휘날리며 롱쇼트로 걸어오는 장면은 정말 훌륭했습니다.

　　　극장을 나오면서 '이 사람은 뭔가?' 그때 처음 이름을 본 겁니다. 내가 안중에도 없던 이름. 감독 임권택. 아니 처음 듣는 이름. 방금 말씀드린 영화는 임권택 감독님의 78번째 영화 〈족보〉(1978)였습니다. 그리고 그때부터 감독님의 영화를 쫓아가기 시작했습니다. 당시 한국에 손꼽히는 감독님들의 훌륭한 영화들이 있었지만 궁금하지는 않았습니다. 왜? 그 영화들보다 같은 방법으로 훨씬 잘 찍은 할리우드 감독들, 유럽 감독들의 이름을 알고 있었으니까요.

　　　　　　　　　　　　영화를 훔친다는 것

하지만 임권택 감독의 영화가 보여준 아름다운 순간은 제가 일찍이 경험하지 못한 것이었습니다. 그래서 이 사람을 알면 한국 영화가 뭔지 알 것만 같았습니다. 이것이 제가 감독님에게 빠지게 된 이유이자 시작입니다.